KB260707

교회 없이 사는 목사와 법 없이도 살 만한 변호사의
더불어 사는 홍익세상 만들기 프로젝트

더불어 바이러스

duboora virus

더불어 바이러스

초판 1쇄 인쇄일 2017년 1월 13일
초판 1쇄 발행일 2017년 1월 18일

지은이 김창환 · 송상호
펴낸곳 도서출판 유심
펴낸이 구정남 · 이헌건
마케팅 최진태

주소   서울특별시 마포구 서강로 133(노고산동 57-39) 병우빌딩 8층 811호
전화   02.832.9395
팩스   02.6007.1725
URL   www.bookusim.co.kr
등록   제2016-000278호(2014.7.8)

ISBN   979-11-87132-07-3 03200
값   14,000원

교회 없이 사는 목사와 법 없이도 살 만한 변호사의
더불어 사는 홍익세상 만들기 프로젝트

더불어 바이러스

duboora virus

글 김창환·송상호

도서출판 유심

새로운 사회 담론,
더불어 바이러스

나는 한민족의 중심가치인 홍익철학이 앞으로 인류를 구할 정신이라고 믿고 지난 36년간 오로지 홍익철학의 뿌리인 국학을 알리는 길을 걸어 왔다.

국학 활동을 하는 과정에서 김창환 변호사는 '한민족의 새로운 탄생과 지구경영'이라는 국학원의 비전을 나와 함께 이루기로 약속하고 나의 제자가 되어 현재 국학원에서 사무총장을 맡고 있다.

송상호 목사는 그의 저서 《우리 아이 절대 교회 보내지 마라》를 보고 기존의 종교라는 관념을 넘어 새로운 시야를 가지고 있는 사람이라고 느껴져서 만나보게 되었고, 내가 설립한 국제뇌교육종합대학원대학교에서 강의를 하기도 하였다.

현재 대한민국뿐만 아니라 전 세계는 극단적 이기주의로 인하여 인간성이 파괴되었고, 양극화로 인하여 대다수의 인류가 극도의 빈곤에 시달리고 있으며, 지구환경은 인류의 생존을 위협할 정도로 심각한 상황이 되었다.

이제 개인주의적이고 욕망 중심적인 물질문명이 상호 소통하고 화합하는 정신문명으로 바뀌어야 한다. 이것만이 현재 인류가 직면한 위기를 극복할 유일한 길이다.

나는 이러한 정신문명의 핵심이 바로 한민족의 '홍익정신'이라고 믿는다.

홍익세상은 곧 모든 인류가 더불어 사는 평화로운 세상이다. 그리고 인류는 더 이상 지구를 개발의 대상으로 생각할 것이 아니라 전 인류가 지켜야 할 절대가치로 보아야 한다.

두 저자가 쓴 《더불어 바이러스》를 통하여 새로운 사회적 담론의 장이 형성되기를 바란다.

이제는 이 시대의 위기를 국가나 특정한 집단, 개인의 책임으로 돌릴 것이 아니라 대한민국 모든 국민, 나아가 전 인류가 책임감을 느끼고 스스로 의식이 변화해야 한다. 나 혼자만 잘 사는 것이 아니라 모두가 행복할 수 있는 세상을 설계해야 한다. 그리고 인간뿐만 아니라 지구도 함께 행복해야 한다. 그것만이 지속가능한 번영을 담보할 수 있는 길이다.

이제 때가 되었다. 《더불어 바이러스》가 인류 의식혁명의 시발점이 되기를 기대한다.

국학원 설립자 일지·글로벌사이버대학교 총장 이 승 헌

'홍익정신'이 바이러스처럼
퍼져 나가기를

국학원 사무총장인 김창환 변호사와 송상호 목사가 함께 쓴 《더불어 바이러스》가 출간된 것은 지금 이 시대에 참으로 의미 있는 일입니다. 그만큼 읽을 가치가 충분한 책입니다.

이 책을 읽으면서 이 시대에 우리 대한민국이 나아가야 할 방향에 대해서 생각해 보았습니다. '한민족의 새로운 탄생과 지구경영을 위하여'라는 설립 목적을 가진 국학원은 우리나라의 건국이념이자 교육이념인 홍익정신을 교육하고, 홍익인간을 양성하여 그러한 세상을 펼쳐 나가는 곳입니다. 이 책에서 말하고자 하는 내용과 일맥상통합니다.

최근 우리 대한민국을 떠들썩하게 만든 권력형 부정부패는 결국 인간이 가지고 있는 가치를 제대로 알지 못하여 생긴 것이라 할 수 있습니다. 자신의 가치를 알지 못하면 욕망에 빠지게 됩니다. 욕망에는 만족이 없습니다. 그러나 지혜로운 우리 선조들은 인간을 욕망을 가진 존재로만 본 것이 아닙니다. 인간의 내면에 깃든 하늘의 마음, 순수한 영혼을 본 것입니다.

이러한 영혼의 생명력을 살리기 위한 수행법이 우리 민족, 한민족의 뿌리인 선도문화 속에 있습니다.

《더불어 바이러스》의 출간은, 점점 더 물질과 권력에 대한 욕망으로 분열되어 가는 우리 사회에 더불어 조화롭게 살아가는 가치에 대한 소중함을 일깨워주는 긍정과 희망의 바이러스가 될 것이라 확신합니다.

'가치창조, 인성회복' 두 단어로 추천사를 마무리하고자 합니다.

이 책에서 말하는 '홍익정신'과 《천부경》을 통해 새로운 가치 즉 더불어 살아가는 홍익의 가치가 사회적 담론이 되고, 선도문화를 통한 인성회복이 온 국민들 사이에 바이러스처럼 퍼져 나가길 진심으로 염원해 봅니다.

사단법인 국학원 원장 **권 은 미**

추천사

팍팍한 시대의 한 줄기 희망, 《더불어 바이러스》

탐욕스런 자본과 승자독식의 폐해는 이제 우리 사회를 더욱 종말에 가까운 지점으로 내몰고 있다. 소득분배의 실패와 이념의 대립, 희망의 상실 속에서 신음하는 이 시대, 문명전환을 통해 지구를 지키며, 공존공생을 모색하는 깊은 통찰을 제시하는 《더불어 바이러스》는 한 줄기 희망을 우리에게 열어주고 있다.

성공회 서인천교회 신부 김 진 세

더불어 산다는 것은 무엇일까? 재산이나 명예를 꿈꾸어도, 나 홀로는 가치가 없는 것이다. 더불어 나누고 살아야 슬픔은 반이 되고 기쁨은 배가되는 법이다. 이 책은 정서적으로 삭막한 현대를 살아가는 우리들에게 함께 함으로써 빛나는 삶의 가치를 말해주고 있다.

우리는 자신이 태어나기 이전에 우주가 이미 가져온 시간이 얼마나 될지, 또 그 과정 속에서 수많은 존재들의 삶은 어떤 숭고함이 있었을지 명쾌하게 답을 내기가 어려울 것이다.

그러나, 시공간을 초월하여 누구나 만족한 삶을 원한다는 사실만은 부정할 수 없을 것이며, 그 숭고함에 대하여 해답을 찾는 실마리는 더불어 사는 미학에서 만족하는 삶이 가능할 것이다. 이의 해법을 과감히 제시하는 저자의 '더불어 바이러스'에 함께 하고 싶다.

행복사 스님 **보 혜**

매일 탁발하면서 노숙인 작은 공동체 하루살이를 하는 나로서는 송상호 목사의 혜안이 부럽다. 아니 어쩌면 높이 나는 독수리의 눈으로 보고 예언하는 '예언자'의 추상 같은 일갈이 아닌가.

하지만 무감각하게 자본주의 탐욕의 구조에 묻혀 사는 평범한 사람들에게는, 개인적으로 깨닫고 탐욕을 극복하며 삶의 태도와 방식을 바꾼다는 게 거의 불가능하다. 그래서 국가라는 시스템이 필요하지 않은가. 이제 우리는 자본주의의 탐욕구조를 견제하는 국가 시스템을 선택해야 할 혁명적 기로에 서 있다고 본다.

부산 부활의집 목사 **김 홍 술**

더불어 쓰는
서문

"'2016년 12월 현재까지의 우리 사회, 이대로는 안 된다'에 공감하는 사람들은 모두 모여라!"

우리(김창환, 송상호 그리고 '더불어 바이러스' 회원들)가 세상에 이 책을 내놓는 이유다. 지금의 지구별과 우리가 사는 인간 세상을 한마디로 정의한다면, '총체적 위기'다. 이대로 가다간 우리 사회도 지구별도 다 말아먹게 생겼다. 우리의 조상(인류를 포함한 지구상의 모든 생물의 조상)들이 어떻게 지켜왔는데, 우리가 말아먹을 순 없지 않은가. 우리가 원했든 아니든, 21세기 현재까지 지구별에서 지구를 가장 위협하는 존재는 다름 아닌 인류다. 인류가 어떻게, 무엇을 선택하느냐에 지구별의 존폐가 달려 있다.

'인류세'에 인류가 지구별을 말아먹게 생겼다

학자들은 현재를 '인류세'(현재 시대인 '홀로세' 중 인류가 지구 환경에 큰 영향을 미친 시점부터를 별개의 세대로 분리한 비공식적인 지질시대 개념)로 진단한다. '인류세'는 생물종의 멸종이 그 어느 대멸종보다 빠른 속도로 진행되고 있다. 미국 생물다양성센터는 "우리는 6,500만 년 전 공룡의 멸종 이래로 가장 심각한 대멸종 사태에 직면해 있다"라며 "하루에도 10여 종이 멸종하는 가운데 그 속도는 과거 대멸종의 1,000배에서 1만 배로 추정된다"라고 설명했다. 이 센터는 향후 50년 내에 현존 생물종의 30퍼센트에서 50퍼센트가 멸종할 우려가 있다는 전망도 내놨다. 우리가 놓치지 말아야 할 것은 "동식물이 멸종되는 세상이라면, 인간인들 온전하랴" 하는 것이다.

흔히 지구의 종말을 이야기하면서 환경 문제를 들먹이지만, 사실은 '인구 과잉'이 최대 요인이 될 게 분명하다.

1만 년 전 지구별엔 대략 500만 명의 사람이 살았다. 이때는 사람이 무슨 짓을 해도 지구의 복원력 덕분에 언제든 복원이 가능했다. 인류학자들에 의하면, 1600년에는 5억 명, 1940년엔 20억 명, 21세기 현재는 약 70억 명의 인구다. 이 추세로 간다면 2050년엔 약 120억 명, 2150년엔 약 200억 명의 인구가 된다. 현재 지구별에 있는 가용농지(40조 와트)를 최대한 사용하고, 인류가 고안한 지구별의 에너지를 모두 농산물 생산에 투입하고, 그렇게 생산한 농산물을 골고루 잘 나누어 먹는다면(실제로는 불가능한 일이지만), 지구별의 최대 수용 인구는 160억 명이다. 즉, 2050년이 넘어가면 지구가 품을 수 있는 인구의 최대치를 넘게 된다. 식량문제만으로도 지구 멸망에 앞선 인류의 멸망이 코앞에 다가왔다는 얘기다.

무엇보다 '인구 과잉'은 '환경, 전쟁, 기아, 빈익빈부익부, 경제' 문제 등의 주요 요인이다. 우리나라의 전반적인 사회문제 또한 인구 과잉이 주요 요인이다. 더 큰 문제는 아직도 계속 인구가 늘고 있고, 게다가 (정부가 부추기든 시민이 원하든) 인구 확대를 원하고 있다는 것이다. 이젠 사람이 무슨 짓을 하지 않아도, 이미 해놓은 것 때문에 복원력의 한계를 초과하고 있다.

기아 문제, 알고 보니 물질문명의 결과

한때, 인간 세상에는 이데올로기에 따라 '자본주의진영'과 '공산주의진영'으로 양분되었던 시대가 있었지만 1991년 12월 25일, 구 소련의 붕괴와 함께 그 벽이 무너졌고, 지금은 서구의 자본주의 문화가 세계를 지배하고 있다. 문명학자 사무엘 헌팅턴은 "서구문명에 대적할 만한 문명으로 '중국과 이슬람' 문명"을 꼽았지만, 중국도 무너진 지 오래고, 이슬람도 흔들린 지 오래다. 지금은 바야흐로 '서구 자본주의 문명' 시대다. 즉 '캐피털리즘'(capitalism)의 세상이다.

이렇게 말하면, '자본주의 세상'을 뭔가 오류가 심각한 세상으로 또 몰아가겠구나 생각할 수도 있겠다.

자본주의란 재화의 사적 소유권을 사회 구성원의 양도 불가능한 기본권으로 인정하는 사회구성체를 말한다. 또는 생산수단을 가진 자본가 및 기업가 계급이, 그 이익의 추구를 위해 생산활동을 하도록 보장하는 사회경제체제를 말한다. 쉽게 말해서 사유재산을 인정하고, 이윤 추구를 인정하는 제도가 자본주의다. 어떻게 보면 아주 정당한 것처럼 보이지만, 그것이 만들어놓은 세상이 지금 우리 지구별이다.

지구촌의 식량과 기아 문제만 해도 그렇다. 지구촌에선 기아로 인해 하루 2만 5,000명이 죽어가고, 1초에 다섯 명의 아이가 죽어간다. 이렇게 어마어마한 사람들이 기아선상에 있는 이유를 '인구 과잉'으로만 보는 건, 진실을 감추는 행위다. '전쟁, 자연재해, 농업기반시설의 취약함' 등의 원인을 강조하는 것 역시 진실을 덮기 위한 속임수에 불과하다.

3장에 가서도 다루겠지만, 지구촌 기아의 원인은 바로 '자본만능주의' 때문이다.

오늘날 지구촌에서는 축산업이 급성장했다. 인구 13억인 중국의 소득수준이 증가함에 따라 축산물 소비가 늘어나자 세계적으로 목축 지역이 증가하면서 곡물 생산이 감소했다. 곡물 농사를 지을 자리에서 축산을 하니 자연스레 곡물 농지는 줄어들고 농사 인구도 감소했다. 중국뿐만 아니라 세계 여러 나라에서 고기와 축산제품의 소비가 늘어난 결과다. 이런 상황을 잘 파악한 대기업들은 앞을 다투어 축산을 활성화시켰다. 대기업은 자본을 축적하고, 시민들은 그것을 도와주고 고기와 축산제품을 얻어내는, 그런 시스템이 만들어낸 지구촌의 비극이 바로 식량난과 기아 문제다. 쌀이 남아돌아서 식량창고에 저장하는 게 문제가 되는 우리나라도, 운반비와 인건비가 많이 든다는 이유로 기아에 허덕이는 나라에 쌀 한 톨도 보내지 않고 있다. 이미 지구촌에는 동료 인간에 대한 사랑보다 자본논리가 주요한 핵심가치가 되어 있다. 이로 인해 '인간 소외'와 '인간 파괴'를 일삼아 한계지점에 왔다.

자본주의는 인류가 고안한 아주 영악한 물질문명의 꽃이다. 인간의 탐욕을 교묘하게 정당화한 물질문명이다.

'대한민국호'도 물질문명으로 인해 침몰하는 중

그렇다면, 우리가 살고 있는 '대한민국'은 그 물질문명으로부터 안녕한가. 한마디로 '아니오'다.

우리 사회는 6.25 한국전쟁 후 재기가 불가능하다고 했지만, 불과 40년도 되지 않아 '한강의 기적'을 이뤄냈다. '초고속 경제성장'으로 우리에게 많은 경제적 혜택을 선물했다. 하지만, 모든 일엔 양면이 있는 법. 초고속 성장으로 인해 2017년 현재 대한민국은 자살률과 가계부채율 등 50여 개 부문(뒤에서 자세하게 다루겠다)에서 '불명예스러운 1위'를 차지했다.

특히 자살률은 우리를 더 아프게 한다. '37분마다 1명 꼴 자살'(2013년 기준, 통계청)이 나와 당신이 일궈온 대한민국의 자화상이다. 매일 약 39명이 이 사회가 싫어서 목숨을 끊고, 1년이면 1만 4,200명이나 자살한다는 이야기다.

2014년 4월 16일, 진도 앞바다에서 발생한 '세월호 참사'는 탐욕의 우리 사회가 만들어낸 귀결이다. 초고속 성장에 따른 불균형이 우리 사회를 아프게 함에도, 여전히 성장과 부에 목말라 앞만 보고 달려왔던 우리 사회가 빚어낸 비극이다.

304명을 우리 눈앞에서 수장시켰다. 더군다나 채 피지도 못한 '아이들'을 수장시킨 아픔을 어떻게 말로 표현할까. 그럼에도 우리나라의 국정 책임자는 제대로 구조하지도, 책임지지도 않았다. 적지 않은 사람들이 "세월호 때문에 경제가 침체된다"며 불평을 털어놓았다. "이제 그만할 때도 되었다"며 지겨워하는 사람도 있다. 사람 생명보다 경제(돈)를 우선시하는 풍조는 여전했다.

여기저기서 '우리 사회의 총체적 위기'를 외치고 있지만, 위기 진단부터 근본적인 오류를 범하고 있다. 여전히 우리 사회는 '경제발전, 경제성장' 등을 우선순위에 놓고 있다. 국가의 위기를 오로지 '경제침체와 경제위기'의 수준에서 이야기하고 있다. 마치 경제침체를 넘기기만 하면 국가의 위기가 해결될 듯이 말이다. 이것은 아직도 물질문명에 목매고 있는 우리 사회의 심각한 병이다. 근본을 바꾸려 하지 않고, 문제의 원인에 또 다시 집착하는 꼴이다.

서구문명의 몰락, 그리고 문명전환의 시대

20년 전인 1996년, 미국 캘리포니아의 한 저택에 세 사람이 모여 획기적으로 지구별을 진단하고 문명의 전환을 말했다. 그들은 바로 어빈 라슬로(소르본대학교 철학교수), 스타니슬라프 그로프(체코 카를대학교 의학박사), 그리고 피터 러셀(브리스틀대학교 명상연구가) 등이다. 이들의 대화를 엮어 세상에 나온 책이 《의식혁명》이다.

라슬로는 지금의 시대는 뭔가 큰 변화가 필요한, '거대한 역사의 분수령'이라고 진단했다. 이어서 러셀은 "서구문명을 무너지게 만들 일련의 경제적이고 환경적인 파국에 우리는 처해 있다"라고 진단했다. 서구문명의 몰락, 이것은 그동안 아무도 상상하지 않았던 가히 충격적인 이야기다. 하지만 찬란했던 로마문명도 당대의 사람들은 몰락을 예견하기 어려웠으리라. 영원한 것은 없으니, 이제 서구문명의 몰락이 이야기되고, 새로운 문명전환이 요구되고 있다.

서구문명은 곧 '물질문명'이다. 그 핵심은 '물질주의적 의식'이다. 물질적 풍요 자체가 행복을 가져다 줄 것이라고 믿는, 말하자면 더 많이 가질수록 더 많은 것을 할 수 있다고, 자연을 통제하면 할수록 행복해질 것이라고 믿는 그런 의식이다. 이런 의식은 착취와 과소비를 유발하고, 지구환경과 다른 종을 파괴하게 만든다.

이런 물질주의적 의식 때문에 우리 문명 전체가 흔들리고 있다. 그럼에도 여전히 인류는 '지구별의 미래'를 온통 '물질의 진보'에 맞추고 있다. 예컨대 우리가 떠올리는 미래는, 초첨단 컴퓨터와 인공지능로봇, 환상적인 교통수단, 자동장치가 작동하는 주거공간, 초첨단 의료장비와 약품에 의한 수명연장 등이다. 이에 대해 그로프는 "미래의 더 나은 상황에 있는 자신을 상상하고 신기루를 계속 추구하는 것을 자동투사라고 부른다. 결코 기대한 것을 이룰 수 없다는 점에서 일종의 '패자전략'이다"라고 일침을 가했다. 한마디로 아직 우리는 정신을 덜 차렸다는 이야기다.

그렇다. 지금은 문명전환의 시대다. '서구 물질문명의 몰락' 앞에서 우리가 할 일은 단 하나다. 지금까지 가던 길(물질문명으로 치닫는 길)을 멈추고, 내면으로 눈을 돌려, 정신문명으로 전환하는 것이다. 라슬로의 표현에 따르면 "사물을 바라보는 서구적 방식을 변화시켜야 한다는 뜻"이다. "개인의 의식전환이야말로 우리에게 살아남을 기회를 보장할 것"이라는 그로프의 말과도 상통한다. 그렇다. 이제 우리는 다르게 생각하고 다르게 느껴야 한다. 그들 세 사람에 따르면 '지구별의 문명전환은 바로 개인들의 의식의 전환'을 의미한다.

'더불어 바이러스'는 새 천년을 살릴 정신문명

지구별 전체를 보나, 인간이 사는 지구촌을 보나, 대한민국의 현실을 보나, 지금의 시대는 '총체적 위기'가 분명하다. 이때 우리는 무엇을 해야 할까.

두 가지로 그 해답을 내놓고자 한다. 인간 개별적으로는 '더불어 사는 의식 혁명'이고, 사회적으로는 '더불어 사는 사회 시스템'이 바로 그것이다. 이 프로젝트를 '더불어 프로젝트'(duboora project)라 하고, 여기서 확산되는 '밈'을 '더불어 바이러스'(duboora virus)라고 명명한다. 이 두 가지를 한마디로 표현한다면, '더불어주의'(dubooraism)다. '더불어주의'는 위기에 처한 지구별을 구하고, 새 천년을 준비하는 새로운 정신문명이 될 것이다.

밈(Meme)이란 리처드 도킨스가 《이기적 유전자》(1976)에서 문화의 진화를 설명할 때 처음 사용한 말이다. 쉽게 말해서 '유전적 방법이 아닌, 모방을 통해서 전해지는 것으로 여겨지는 문화의 요소'라 할 수 있다. 즉 유전자가 자기복제를 통해 생물학적 정보를 전달하듯이, 밈은 모방을 거쳐 뇌에서 뇌로 개인의 생각과 신념을 전달한다. 또한 밈은 유전자처럼 변이, 경쟁, 자연선택, 유전의 과정을 거쳐 수직적으로 혹은 수평적으로 전달되고 진화한다. 이러한 '밈 이론'을 바이러스처럼 전염된다는 의미에서 '바이러스 이론'이라고도 한다.

이 책은 '더불어 사는 밈' 즉 '더불어 바이러스'를 세상에 퍼뜨리고자 시작되었다. 이 일을 당신과 함께하고자 테이블을 만들었고, 이것을 우리는 '더불어 프로젝트'라 부른다. 당신을 이 테이블에 초대한다.

※ 이 책이 출간되는 2017년 1월, 대한민국이 흔들리고 있다. 하지만 이 혼돈은 새로운 대한민국의 서막임을 우리는 확신한다. 이 확신의 근거는 혼돈 속에서 보여준 성숙한 국민의식이다.

2017년 1월 더불어 바이러스 회원 일동

Contents

제1부 **도원결의 – 송상호 목사 이야기**

더불어 사는 사회를 위하여

제2부 **도원결의 – 김창환 변호사 이야기**

홍익 세상을 만듭시다!

duboora virus

1

더불어 사는 사회를 위하여

01

배는 고팠지만
더불어 살았던 시절

'성공담'도 아니고 굳이 '실패담'을, 적지 않은 지면을 할애하면서까지 말하려는 이유가 있다. '더불어 바이러스'가 탁상공론이 아니라 치열한 삶의 현장에서 길어 올려졌다는 걸 알리고 싶어서다. 이 이야기가 얼마나 처절하게 현실에 기반하고 있는지 보여주고 싶었다. 또한 '성공담'만 지향하고, '성공담'만이 대접받는 사회에 대해 '비뚤어지고 말 테다'라는 치기 어린 반항이기도 하다. 어쨌거나 평범하게 살려 했지만 끝내 그렇게 살지 못했던 서

투른 실패담 속으로 '고고씽!'

밀가루 배급 타서 삼시세끼를 해결하던 어린 시절

1969년 10월 25일(음력), 나는 가난한 노동자의 3남 중 장남으로 태어났다. 부모님은 시골에 살았지만 농사꾼이 아니라 시골 공장의 노동자로 일했다.

어린 시절은 가난이 일상이었다. 내 나이 일곱 살이 될 때까지 면사무소에서 배급해주는 국수와 밀가루로 삼시세끼를 때웠다. 아침엔 물국수, 점심엔 수제비, 저녁엔 비빔국수가 보통이었다. 그런데 그 시절 질리도록 먹은 국수가 어른이 되고 나니 왜 그리도 맛있는지, 자다가도 면이라면 벌떡 일어나니, 참 모를 일이다.

어머니는 때때로 장남만이라도 밥을 먹이려고 외할머니 댁에 나를 보내곤 했다. 덕분에 나는 동생들 몰래 혼자 밥을 먹곤 했다. 장남이 워낙 몸이 약해서 그랬을까, 아니면 집안의 기둥이라고 그랬을까? 하지만 1993년 8월 23일, 무너지는 집 더미에 깔려 돌아가신 어머니에게 물어볼 수는 없는 일. 사실 동생들은 이 사실을 모르고 컸을 텐데, 이 책을 읽으면 알게 될 게다. 왜 그 시절 나 혼자만 할머니 집에 가곤 했는지. 미안하다 아우들아. 하하하하.

그 시절에는 이사도 참 자주 다녔다. 조그만 시골마을(경남 양산군 철마면 임기리)에서 세 번, 부산 변두리(부산 동래구 구서동)로 와서도 그 마을에서만 세 번 이사를 했다. 덕분에 나는 초등학교(당시는 '국민학교'였다)를 세 군데나 다녀야 했다. 지금도 나는 내 모교를 어디라고 말해야 할지를 정하지 못했다. 입학한 데일까, 중간 학교일까, 졸업한 데일까?

그렇게 가난했던 때문에 나는 학창시절 수학여행을 한 번도 가보지 못했다. 심지어 학교에서 수학여행을 간다는 말조차 차마 집에다 말하지 못했다. 수학여행을 갈 만큼 넉넉하지 않다는 걸 너무나도 잘 알고 있었던 때문이다. 설사 무리해서 수학여행을 간다고 해도, 경제적으로 집이 어려워질 거라는 걸 나는 이미 알고 있었다. 그렇게 벙어리 냉가슴 앓듯 숨긴 덕에 부모님은 수학여행 당일이 돼서야 그 사실을 알게 되곤 했다. 그렇게 나는 "미리 말 안 했다"라며 부모님께 야단을 듣는 것으로 수학여행을 늘 안드로메다로 보내야 했다.

뿐만 아니다. 내게는 그 흔한(?) 졸업앨범이 하나도 없다. 그것 또한 내가 미리 말하지 않은 탓이다. '가난한 우리 집 형편에 졸업앨범은 사치다'라고 판단한 소년의 만행(?)이었다. 그나마 중학교 졸업앨범은 있었는데, 1993년 어머니의 죽음과 함께 그마저도 묻혀버렸다. 그럼 고등학교 졸업앨범은? 가난 때문에 고등학교 1학년만 다니고 자퇴를 했다. 졸업앨범과 수학여행은 아무래도 나랑 잘 안 맞는 게 분명했다.

지나고 나니 그런 나의 행위들이 결코 잘한 일 같지는 않다. 나름 철이 들어서 부모님의 부담을 덜어드리려 한 일이었지만, 오히려 철없는 그런 행동이 부모님의 마음에 못을 박았다는 걸, 아이들의 아빠가 되고서야 알게 되었다.

어머니 때리던 아버지 말리다가 나도 맞았다

아버지와 어머니는 참 많이도 싸우셨다. 특히 아버지가 술을 먹고 들어오시는 날엔 온 가족이 좌불안석이었다. 술 취한 아버지가 소리를 치며 집을 향해 오면, 나의 심장은 '미친 년 널뛰듯' 했다. 오늘은 또 무슨 행패를 부릴까 싶어서였다. 그리고 집에 오신 아버지가 "술 사온나. 빨리 안 가져오나” 하며 소리를 칠 때면, 간이 쪼그라드는 것 같았다. 그렇게 아버지의 눈치만 보던 어머니와 우리 삼형제가 아버지의 비위를 못 맞추는 날에는, 아버지의 고함소리와 함께 밥상이 날아가고, 술병이 날아갔다. 보다 못한 어머니가 반항을 하면, 어머니와 아버지의 2차 대전이 한바탕 벌어지고, 집은 아수라장이 되어버렸다. 어떤 날은 폭풍을 피하기 위해 다른 집으로 피신해 잠을 자기도 했다.

지금도 기억나는 아버지와 어머니의 '2차 대전' 명장면(?)이 하나 있다. 어느 날 아버지가 홧김에 어머니를 눕혀놓고 야구방망이로 때리셨다. 어린 내가 빨랫줄 장대를 걸어 말리다가, 나도 얻어맞았다. 거의 40년이 지난 지금도 너무나 생생하다. 그땐 어머니를 때리던 아버지가 사람으로 보이지 않았다. 반드시 복수해서 죽여야 할 사탄으로 보였다. 덕분에 나는 열여덟 살이 될 때까지 '언젠가 아버지를 죽이고 말 거야' 하며 이를 갈고 살았다.

가난한 집에 손님은 끊이지 않았다

하지만 그런 먹구름만 있는 건 아니었다. 내가 초등학교 3학년 때 '우리 집'을 지었다. 아버지 생애 최초의 일이었다. 국유지에 지은 무허가 건축물이었다. 처음에는 비닐하우스로 지어서 살다가 후에 비닐하우스를 걷고 블록 집을 지었다. 우리 온 가족이 힘을 합해 집을 지었고, 주변 친척 분들도 와서 도와주었다. 아버지와 어머니는 집을 지을 때도 의견이 맞지 않아 싸우곤 했지만, '생애 최초의 우리 집'이라는 기쁨이 그것을 잊게 했다.

허름하지만 우리 집이 생기니, 친척들이 자주 놀러왔다. 외가와 친가 삼촌들과 5촌 아재들이 술만 취하면 늦은 밤도 가리지 않고 “형수, 나 술 먹으러 가요”라며 전화를 했다. 그래도 어머니는 싫은 내색 없이 반갑게 맞아주셨다. 덕분에 우리 집엔 손님들이 끊이질 않았다. 아버지는 항상 입버릇처럼 "사람 사는 집엔 사람이 와야 한다"라고 하셨다. 손님 뒤치다꺼리는 어머니가 하셨지만, 그런 면에서 두 분은 마음이 맞았다.

내가 4학년 때, 어머니가 자살을 시도했다. '어머니의 빚' 때문이었다. 어머니는 일수 돈을 내어 시장에서 채소장사를 하셨는데, 장사가 시원찮아 제 때 돈을 갚지 못하는 바람에 이자에 이자가 불어 액수가 커져버렸다.

어머니는 결국 자살을 하지 못했고, 아버지가 그 빚을 갚아주셨다. 당시 아버지는 집에서 약 70여 마리의 개를 키워서 밥벌이를 하셨는데, 어머니의 빚 소식을 듣고 상당수의 개를 팔아 어머니의 빚을 대신 갚았다. 그 덕분에 '아버지를 죽일 마음'이 조금은 누그러졌다. 지금 생각하면 눈물이 나도록 고마운 일이었다.

반면, 어머니와 같이 난장을 하던 7촌 아주머니는 정말 자살을 해버렸다. 어머니보다 적은 액수의 일수 빚이었지만, 남편의 구박으로 희망을 잃고 자살을 해버린 것이다. 어린 삼남매를 남겨둔 채. 내게는 팔촌이 되는 동생들이었다. 오갈 데가 없어진 그 아이들을, 부모님은 우리 집으로 데려왔다. 우리 삼형제가 쓰던 3평 남짓의 작은 방에 여섯 명이 잠을 자야 했다. 하지만 우리 삼형제는 아무런 불평도 하지 않고 동생들과 몇 달을 잘 지냈다.

우린 가난했지만, 그리고 때로는 내분으로 인해 싸우고 흔들렸지만, 그래도 가난한 이웃과 늘 함께하며 집으로 사람을 오게 했다. 훗날 어른이 되어 교회를 할 때, 가난한 마을 아이들이 교회 겸 우리 집에 놀러 오거나 같이 놀러 다니기도 했던 것은 그런 유전자가 꽃피고 있었던 때문일 게다.

02

고교 자퇴, 그리고
천지개벽 체험

누군가 내게 "당신의 인생 전환점은 무엇이오?" 하고 묻는다면 난 주저 없이 '고교 자퇴'라 말하겠다. 뭔 개 풀 뜯어 먹는 소리냐 하시겠지만, 잘 들어보면 '아하' 하실 게다.

나는 중3 때까지 공부를 열라 잘하는 편이었다. 66명이 한 학급인 반에서 주로 10위 안에서 놀았다. 한 번은 850명 전교생 중에 9등을 한 적도 있다. 체육실기 점수만 잘 받았다면, 전교 1등도 할 수 있었다. 우리 집에서는 삼형제 중 장남인데다 집안의 장손인 터라 집안의 기둥이기도 했다. 게다가 공부까지 잘 했으니, "우리 장남은 장차 우리 집을 세울 사람"이라며 기대를 한 몸에 받고 자랐다.

집안을 일으켜 세울 장남에게 집안 내려앉는 일이 생기다

하지만 기대는 중학교를 졸업하면서 조금씩 금이 가기 시작했다. 집안 형편 때문에 부모님은 내가 부산기계공고로 진학하기를 원하셨다. '공고'지만 커트라인이 아주 높은 학교였다. 장학금을 받으며 다니라는 게 부모님의 의견이었다. 하지만 중3 담임선생은 인문고를 가라고 부추겼다. 내 성적이 아깝다며. 그 부추김이 순수했다면, 감히 부추김이라 표현했을까. 당시 중3 학급에서 인문고를 많이 보내면, 담임교사에게 보너스와 함께 평점도 좋게 주었다. 말하자면, 나는 담임교사의 욕심의 희생양이 되었던 셈이다. 나는 그것을 우연한 기회에 알게 되었지만, 내 몸은 벌써 인문고(**부산브니엘 고등학교**)에 입학하고 있었다.

고교에 진학해서 본 첫 시험은 내게 참으로 굴욕적이었다. 반에서 20등 가까이 해버린 것이다. 아무리 내로라하는 놈들이 모인 학교였지만, 생전 처음 받아본 등수에 기가 죽었다. 집안의 희망인 내가 이 정도라니……. 이를 악물고 공부했다. 20등, 15등, 11등, 9등 이렇게 점점 상위권에 진입했다. '그 일'이 있기 전까지는.

하루는 담임교사가 나를 불렀다.

"야, 상호야. 너 공납금을 한 번도 안 내서 2학년 못 올라간다."

눈치를 채고는 있었지만, 담임교사가 이렇게 노골적으로 통보할 줄은 꿈에도 생각지 못했다. 정말 담임 복이 더럽게도 없는 편이다.

집에 돌아가서 부모님과 교회 담임전도사님과 의논을 했다. 검정고시도 있으니, 자퇴하라는 쪽으로 의견이 모아졌다. 부모님은 못내 아파하셨지만, 어린 나는 겁도 없이 "콜"을 외쳤다. 그리고 그 다음 날 바로 학교를 자퇴했다. 자퇴서를 내고 아버지의 손을 잡고 교정을 나섰다. 아버지는 못내 아쉬워 눈물을 보이셨지만, 나는 담담하다 못해 유쾌했다. 그리고 검정고시에 합격해 훨훨 날아갈 수 있으리라는 '근자감'(근거 없는 자신감이라는 신조어)으로 충만했다. 앞으로 무슨 일이 있을 줄도 모르고, 내 머리만 믿고 일을 저질렀던 것이다.

'지랄이 풍년'이 아니라 '고민이 풍년'이었던 시절

이렇게 나의 '10대 방황'은 서막을 열었다.

신발공장, 의자공장, 슬리퍼공장 등을 전전했다. 검정고시는커녕 먹고살기 위해 여기저기 직장을 돌아다녀야만 했다. 사실 초등학교 6학년 때부터 신문배달을 했고, 스물다섯 살 때까지 신문배달을 손에서 놓지 않았지만, 본격적으로 취업전선에 뛰어든 건 그때가 처음이었다.

눈치 챘겠지만, 열여덟 살의 나이로는 한 곳에서 오래 직장생활을 못했다. 거의 두 달을 넘기지 못하고 직장을 옮겼다. 검정고시에는 손도 대지 못한 채 소년은 점점 고민에 빠져들었다.

고민이 내 맘을 사로잡으면서 나는 드디어 나 자신과 가정형편을 원망하기 시작했다.

"나는 왜 이리 못났지? 우리 집은 왜 이리 가난해! 부모님은 정말 무능의 극치를 달리네" 하면서 원망을 강화시켜 나갔다. 원망의 최고 정점은 "하나님이 살아 계신다면 내게 왜 이런 시련을 주시나" 하는 것이었다. '그동안 얼마나 신앙생활을 잘하고 교회에 충성했는데, 무슨 죄가 있다고. 그걸 잘 아시는 양반이 이러면 안 되지. 양아치들도 이러지는 않는다'라는 심정이었다.

이런 고민이 집에 집을 짓고, 산에 산을 쌓은 끝에 아예 머리를 싸매고 집에 틀어박혔다. 부모님도, 가정형편도, 세상도 모두 모두 원망스러웠다. 특히 하늘에 계신다는 그 양반은 미워 죽을 뻔했다. 그렇게 틀어박힌 채 고민하다가 배가 고프면 밥을 먹고, 또 고민했다. 그 시절, 나의 직업은 고민이었다. 두어 달을 그러고 있으니 억장이 무너지는 건 부모님이었다. 집안의 희망인 장남이 머리를 감싸고 고민만 하고 있으니, 그 모든 것이 자신들의 무능 탓이라 생각하며 수없이 자책을 하셨으리라. 그런 걸 알고는 있었지만, 나 자신이 당장 괴로우니 고민의 늪에서 헤어나오질 못했다.

천지개벽 체험, 진정한 나를 만나는 체험이었다

이렇게 '직업이 고민'인 와중에도 교회는 나갔다. 그러다 1986년 8월 어느 금요일 날이었다. 습관적으로 금요철야기도회(개신교회에서 밤늦게까지 기도하는 모임)를 나갔다. 개인기도 시간이었다. 기도랄 것도 없었다. "하나님 당신이 이러면 안 되죠. 제가 뭔 잘못이 있다고!" 따지는 식의 기도였다. 사실 고민하고 고민하다 보니 한 가지 분명해진 게 있었다. 내가 정말 원망스러운 건 부모님도, 가정형편도, 하나님도 아니었다. 바로 나 자신이었다. 한 군데서 꾸준하게 버텨내지 못하는 못난 나 자신에게 화가 나 있었다. '참 못났다 못났어'라고 스스로를 구박하고 원망하고 있었던 게다.

이때, 놀라운 일이 생겼다. 푸념이나 하고 있던 마음속에서 말할 수 없는 기쁨이 올라오기 시작했다. "상호야, 내가 너를 사랑한다. 힘내라"라는 음성이 들려왔다. 눈을 뜨면 아무도 없었다. 눈을 감으면, 사랑의 음성과 뜨거운 기쁨이 밀려왔다. 아무것도 좋을 것 없는 나에게 어떻게 이런 일이 일어났을까? 그렇게 그 느낌과 한참 동안의 밀애를 끝낸 후 교회당을 나섰다. 교회당 밖은 여명이 밝아오고 있었다. 여름이라 아직 달이 떠 있었다. 무심코 올려본 달은 30년이 지난 지금도 눈에 선하다. 달덩이가 나를 보며 "상호야, 축하한다. 네가 만날 분을 만났고, 깨달을 걸 깨달았다"라며 환하게 웃어주었다. 집으로 가려고 거리를 걸었다. 세상이 너무나도 깨끗하고 맑아 보였다. 거리의 사람들이 모두 천사로 보였다. 그런 느낌이 한 달 정도 계속 이어졌다.

물론 나의 환각적인 체험일 수도 있다. 하지만, 진짜 변화는 그 체험 이후였다. 당시 고민의 핵심 지점은 '나의 무능과 못남'이었다. 하지만 체험 이후 나는 달라지기 시작했다. 소심한 성격이 대범한 성격으로, 소극적인 성격이 적극적인 성격으로, 심약한 기질이 외유내강의 기질로 말이다. 설명할 수도 없고, 이해할 수도 없었지만 내 안에 있는 알 수 없는 모종의 에너지가 나를 변화시키고 있었다. 나를 낳으신 부모님들도 놀랄 정도였고, 형제들도 신기해할 정도였다.

한동안 변화가 나 스스로 억제할 수 없을 정도로 너무 격심해서 힘들기도 했다. 남에게 대범한 말을 툭 건네놓고는, 옛날 소심함으로 돌아와 괜히 그 말을 했나 싶어 걱정하기도 했다. 이런 게 심해지다 보니 '말수를 줄여야 하나'를 놓고 한동안 심한 고민에 빠지기도 했다. 그렇다. 나는 천지개벽하는 체험을 통해 다듬어져 가고 있었던 것이다.

아! 맞다. 이 장의 처음에 '나의 인생 전환점이 고교 자퇴'라고 한 이유를 설명할 차례가 되었다. 학교를 자퇴했기에 나의 방황과 고민이 생겼고, 그 덕분에 나의 의식은 바닥을 쳤고, 그 후 나의 의식도약이 이루어진 것이다. 무엇보다 고교 자퇴 이후 길고 긴 독서 여정이 시작되었다.

나는 자퇴하기 전까지 성경과 교과서 외에는 독서를 해본 적이 없었다. 그러다 자퇴 후 교회체제에 삐딱한 선배들의 영향으로 독서를 하기 시작했다. 나에게 스승이 있다면 오롯이 책이었다. 그때부터 시작된 '경계 없는 독서'가 오늘의 나를 만들었다. 이 모든 것이 나의 고교 자퇴 이후 생긴 일이었다. 바닥을 치면 하늘이 보이는 법이다.

03
'어머니의 죽음' 넘느라
죽는 줄 알았다

누구에게나 그렇듯 어머니의 존재는 특별하다. 내게도 마찬가지다. 그 특별한 분의 죽음은 내 인생을 광야로 몰아갔다. 그 특별한 이야기를 한번 풀어보겠다.

어머니는 스물다섯 살에 결혼해 삼형제를 생산했다. 아들들이 모두 두 살 터울로 총총 생겼으니, 키우기가 얼마나 힘들었을까. 가난한 집에서 태어나 가난한 남편 만나 결혼을 했다. 가난은 질긴 운명과도 같이 항상 부모님 곁에 있었다.

네 명의 아들을 키웠던 어머니의 수고

아버지는 배운 지식과 기술이 없어서 일용직 노동자, 공장 노동자, 난장 장수, 개장수 등을 했다. 어머니 또한 난장 채소 장수, 포장마차 등을 했다. 무엇보다 어머니는 공장(건축용 블록 제조공장) 노동자로 오래 다니셨다. 주야 교대 근무를 하면서 남자들도 힘들다는 일을 해내셨다. 주야 교대 근무가 어머니의 죽음을 불러올 줄은 그땐 몰랐다.

삼형제에 남편이 있다고 그러면, 사람들은 당장 어머니에게 "아들 넷 키우느라 욕 본다" 하고 말했다. 말 그대로였다. 우리 집안은 어머니가 없으면 당장 '올 스톱'이었다. 아버지는 술을 좋아하셨고, 그 아버지를 말리다가 부부 싸움이 자주 났고, 그 피해를 어머니와 우리가 고스란히 당했다.

사실 어머니가 '네 명의 아들'을 키우느라 얼마나 힘들었는지는, 어머니가 돌아가신 뒤에야 그 무게를 알게 되었다. 어머니가 돌아가신 뒤 두 동생과 아버지를 내가 짊어져야 했다. 술에 취해서 파출소에 있는 아버지를 데려오는 것도, 기물파괴로 잡혀 있는 동생을 경찰서에서 데려오는 것도 모두 나의 몫이었다. 아내와 결혼을 일찍 한 것도 "남자만 넷인 집이니 여자가 들어와야 된다"라는 주변 어른들의 권유가 컸다. 사실 '남자만 넷인 집'이 아니라 '아들만 넷인 집'이란 걸 아내는 몰랐다. 나에게 속아서 결혼한 셈이었다. 하하하하하.

'집안'이라는 짐을 지고 휘청거리던 나는 신혼 초의 어느 날, 화장실에 들어가 물을 틀어놓고 한참 대성통곡한 적이 있다. 어머니 같은 거인이 지던 짐을 내 조그만 어깨로 지고 가려니, 그게 그렇게 힘들었던 게다. 어머니가 얼마나 큰 짐을 지고 계셨는지 절감이 되니, 어머니가 너무 보고 싶어 한번 터진 울음이 멈추질 않았다.

어머니는 나에겐 어머니라기보다 연인 같은 존재였다. 남편이 시원찮으면 대부분의 엄마들은 아들에게 집착하기 마련이다. 어머니는 남편에게 말 못할 어려움도 장남인 나에게 털어놓으실 정도로 늘 의지하고 기댔다. 자연스레 어머니가 친구처럼 연인처럼 느껴질 정도였다. 어머니는 영원히 살 거라고 생각했고, 단 한 번도 어머니의 죽음을 생각해본 적이 없었다.

엄청난 산이 무너졌다

내가 군에 입대할 때였다. 아버지는 나를 보내면서 눈물을 흘리셨다. 생전 처음 맞이하는 아들의 군 입대니까. 하지만, 어머니는 달랐다. 씩씩하게 나를 보냈다. 입대한 후 동생들에게 들은 이야기에 의하면, 어머니는 집에 가서 펑펑 우셨다고 했다. 어머니는 그런 분이었다.

군 생활은 남들 어려운 만큼 어려웠다. 하늘이 도왔는지, 운이 좋았는지, 수송병으로 입대했다가, '교회 군종병'으로 빠졌다. '그 일'이 터지기 전까지는, 딱 남들만큼 어려운 군 생활이었다.

운명의 그날, 나는 교회 화장실에서 대변을 보고 있었다. "송 상병! 송 상병!" 선임하사의 다급한 목소리가 들렸다. 부산에서 전보가 왔다고 했다. 어머니가 돌아가셨다는 전보라고 했다. 순간 슬프지가 않았다. 나와는 아무런 상관없는 일이 벌어지고 있는 듯했다. 그러다 본대에 가서 '어머니 사망 전보'를 받아드는 순간 와르르 무너졌다.

경기도 이천(항공사령부 교회)에서 부산행 열차에 몸을 실었다.

장례식장에 도착하니 친척들과 동생들이 나를 애타게 기다리고 있었다.

아버지는 나를 보자마자 붙잡고 대성통곡을 하셨다. 장남이 오지 않아 장례절차가 진행되지 않고 있었다. 동생들과 함께 상복을 입을 때, 우린 모두 울음바다가 되었다. 친척들도 모두 울었다.

어머니의 장례를 치르던 날, 날씨가 참 좋았다. 난 그때까지만 해도 어머니를 묻어드리면 슬픔이 끝날 줄 알았다.

진짜 슬픔은 어머니 장례식 그 후였다

어머니는 그날도 블록 제조공장에서 힘든 야간근무를 마치고 집에 돌아와 주무시고 계셨다. 1991년 8월 23일, 라디오에서는 연일 "어디 어디 태풍 피해가 났으니 조심하라"라고 떠들어대고 있었다. 아버지는 산 밑에 무허가로 지은 당신의 집이 의심스러워 산 뒤쪽으로 연신 오르락내리락하고 계셨다. 중간 동생은 금요구역예배를 갈까 말까 망설이고 있었다. 아버지는 마지막으로 뒷산을 확인하고 심상찮으면 어머니를 깨우려고 올라갔다. 동생은 망설임을 정리하고, 집밖으로 나섰다. 그 순간, 산사태가 확 몰아닥쳤다. 아버지는 당신의 눈앞에서 자신이 직접 지은 무허가 건축물에 아내가 깔려 죽는 걸 목격해야만 했다.

'어머니를 모시고 좋은 집에 사는 것'이 유일한 꿈이었던 동생도 눈앞에서 어머니의 죽음을 목격했다. 25년이 지나고 동생에게 들은 그날의 현장은 더 처참했다. 집이 무너지고, 119를 부르고, 한참을 뒤진 끝에 잠이 든 채로 돌아가신 어머니를 발견했다고 했다.

그땐 미처 몰랐다. 내가 세상에서 제일 힘든 줄로만 알았다. 아버지와 동생의 그 엄청난 충격과 절망의 깊이를 알아주지 못했다. 그게 지금도 너무 아프고 아프다. 아버지는 그 선상에서 헤매시다가 2004년에 생을 마감하셨고, 중간 동생은 아직도 '외상 후 스트레스 증후군'에 시달리고 있다.

군에 복귀한 나는 얼마 동안은 담담했다. 하지만 시간이 지날수록 어머니가 미치도록 보고 싶어졌다. 뭔가를 열심히 하다가도 조용히 혼자만의 시간이 되면, 그 슬픔이 어김없이 나를 찾아왔다. 지금도 어딘가에 살아계실 것만 같은데, 볼 수 없다는 사실이 나를 미치게 했다.

휴가 때 집에 와보면 집안은 엉망이었다. 동생들은 마음을 못 잡고 돌아다녔고, 아버지는 여전히 술에 찌들어 계셨다. 나의 군 월급**(당시 한 달에 만 원 정도)**을 모아, 아버지에게 몇 만 원을 드렸다. 동생들에겐 "동생들아, 제대할 때까지 힘내라. 내가 제대하면 우리 힘차게 살아보자" 하는 편지와 함께 몇 만 원을 쥐어주곤 했다.

어머니가 돌아가시고 1년이 되던 날은 너무나 넘기기 힘들었다. 하루 종일 부대 사무실에서 문을 잠그고, 홀로 울다가 생각하다가 멍하게 있다가를 반복하며 보냈다. 교회에서 성탄절 행사를 하거나, 명절이 되어 장교의 식구들이 북적일 때면, 나는 한 마리 상처 입은 어린양처럼 홀로 눈물을 삼키는 게 다반사였다.

나의 인생에서 제일 힘든 기간이었다. 그 기간을 넘기느라 죽는 줄 알았다. 지금 생각하면 그 시간이 제일 아프고 힘들었기에, 역으로 그 기간이 나를 더 깊고 단단하게 만들었던 거다. 무엇보다 고난 당하고 슬픔을 당하는 사람들을 진심으로 이해하는 시간들이었다. 특히 사별 후 남은 자의 마음이 얼마나 아픈지를 알게 되었다. 세월호의 유족들을 누구보다 깊이 이해하는 토대가 된 것일 게다. 우리가 누군가와 더불어 살려면 이런 깊은 공감이 없으면 힘들다. 어머니의 죽음은 나에겐 세상의 아픔을 다 품을 수 있는 그릇을 만드는 기간이었다.

　사실 내가 큰 인물이 될 거라는 생각은 어머니의 공이 컸다. 정확하게 말하면 어머니의 태몽의 공이다. "상호야, 너의 태몽은 산만 한 호랑이가 내 뱃속으로 들어오는 거였다"라는 말 한 마디 덕분에 '그래 난 커서 큰 인물이 될 거야'라는 자신감이 생겼으니. 하하하하.

04

'출 부산'인가?
'출 애굽'인가?

나의 제2의 인생전환점은 누가 뭐래도 부산을 떠나온 거였다. 직장 문제도 아니고, 공부 문제도 아니고, 도대체 무슨 문제로 부산을 떠나왔을까. 사람들은 이해하지 못하는 나만의 문제가 있었다.

이 이야기를 하려면 나의 아내 이야기를 빼놓을 수가 없다. 아내는 나를 만난 지 3개월 만에 프러포즈를 받아야 했다.

어머니가 돌아가시고 엄청난 눈물의 세월을 보낸 끝에 제대를 했다. 결혼을 해야 집안도 살리고 나도 살릴 것 같아 결혼을 하기 위해 힘썼다. 문제는 결혼은 혼자 하는 게 아니라는 거였다. 하지만 "구하라 주실 것이다" 하는 말씀대로 이루어졌다.

세상에서 내 아내보다 좋은 여자를 본 적이 없다

친구 소개로 그녀를 만났다. 만나면 만날수록 '이 여자는 내 운명의 여자다' 하는 확신이 들었다. 그래서 부산 송정 바닷가에서 프러포즈를 했다. 당시 나는 '프러포즈'란 단어를 몰랐다. 그냥 "사랑합니데이. 결혼해주이소"가 다였다. 감동도 없고, 영혼도 없고, 재미도 없고, 반지도 없는…… 엄청난(?) 프러포즈를 받은 그녀는 나의 눈만 멀뚱멀뚱 쳐다보았다. 말한 사람도 미안하고, 들은 사람도 미안한 프러포즈였다.

바닷가에서 한참을 말없이 있다가 우린 조용히 일어섰다. 급격히 말수가 줄어든 우리는 버스를 타려고 종점으로 갔다. 이때 그녀가 "상호씨, 국수 먹고 가요"라고 했다. 말한 내가 미안해 할까 봐 국수를 사줬다. 우린 국수를 먹고 헤어졌다. 그때 나의 영혼은 말하고 있었다. "상호야, 저런 좋은 여자를 놓치면 평생 후회한다"라고. 나도 알고 있다고! 하하하하.

그렇게 내가 밀어붙였다. 결혼 승낙을 받으러 아내의 고향 진주에 갔다. 거기엔 어른들(아내의 부모님은 돌아가셨고, 형님들과 누나, 숙모님 등)이 나의 면접관으로 와 계셨다. 처숙모님이 말씀하셨다. "내싸마 한 개도 마음에 안 든다. 홀시아버지에, 삼형제 중 장남에, 아직 신학생에, 가진 것도 없고, 뚜렷한 직장도 없고. 하다못해 키도 작고 눈도 작은 것까지 맘에 안 든다 아이가!"

사실이고 진실이었다. 허락도 못 받고, 처갓집을 나와 부산으로 돌아왔다. 안 그래도 힘든 아내의 마음은 요동치고 있었다. "당분간 결혼 이야기는 꺼내지 않겠다"라고 그녀를 안심시킨 뒤 혼자 진주행 버스에 또 올랐다. 차비와 여관비를 들고 말이다. 허락해주지 않으면 그 다음 날 또 가려는 마음이었다. 결정권자인 큰형님과 '맞짱'(?)을 떴다. 큰형님이 말했다. "내싸마 모르것다. 느그가 알아서 하거라."

이 말이 끝나자마자 나는 인사를 하고 부산으로 돌아와 그녀에게 알리고 결혼식을 추진했다. 신혼가구를 사고, 신혼여행을 알아보고, 결혼식장을 알아봤다. 아내가 다니던 교회당에서 결혼식을 하던 날, 처가 식구들이 시골서 오시지 않으면 어쩌나 고민을 했다. 하지만 다행히 진주에서 승합차를 대절해서 오셨다. 결혼식을 무사히 치렀다.

그러나 결혼만 하면 끝인 줄 알았던 나와 아내는 곧 현실의 벽에 부딪혔다. 술과 담배에 찌든 시아버지, 헤매고 있는 큰 시동생, 착하기만 하고 아직 자리 잡지 못한 막내 시동생들과 함께 12평짜리 영세민 아파트에서 같이 살아야 하는 현실이 아내를 기다리고 있었다. 오죽하면 제대한 막내동생이 오갈 데가 없어서 1년이나 네 명(아내와 나, 아기, 그리고 동생)이 함께 자야만 했다.

부산신학교 야간 신학생이었던 나는 낮에는 트럭을 몰고 '과일, 화장지, 달걀' 등을 팔았고, 야간에는 공부를 했다. 이런 나의 모습이 불안했던 아내는 만삭의 몸으로 나를 따라다니곤 했다. 그러던 어느 날, 아내가 내게 조용히 말을 해왔다. "여보, 나 힘들어요. 3층 아파트에서 뛰어내리고 싶은 충동도 생기고, 집을 뛰쳐나가고 싶은 충동도 생겨요"라고. 그때까지도 몰랐다. 세상에서 내가 제일 힘든 줄로만 알았다.

그런 힘든 시간이 지나고 다행히 나에게 전도사 자리가 생겼다. 중소교회의 부교역자로 갔다. 아내는 너무나 좋아했다. 적성에도 맞고, 진로에도 맞는 일을 찾았을 뿐 아니라, 고정수입이 들어왔다. '금상첨화'란 이를 두고 하는 말이리라. 2년 뒤 교회 근처 사택을 교회에서 전세로 얻어주었다. 너무나도 자연스럽게 우리는 아버지와 동생들로부터 분가를 했다. 사택생활 3년이 아내에게는 제일 행복한 시간이었다.

"당신 미친 거 아냐?"라고 말해도 할 말 없다

그런 꿈만 같은 세월을 보내던 어느 날 갑자기 (적어도 아내에겐) 청천벽력 같은 말이 나의 입에서 터져 나왔다. "여보 우리 서울로 가요."

아내 입장에선 미치고 팔짝 뛸 노릇이었다. 아니 왜, 무엇 때문에 갑자기 잘 있던 교회를 떠나잔 말인가. 개연성도 없고, 전혀 조짐도 없던 일이 아내 앞에 별안간 벌어졌다. 아내는 한사코 거부했다. 하지만, 나의 진심을 듣고는 마지못해 수락했다. 아내는 훗날 그랬다. '내가 남편의 마음을 바꿀 수 없으니 따라야지'라고 마음먹었다고.

나의 진실은 이랬다. '경계 없는 독서'를 하다 보니, 나의 내면은 자꾸 경계를 하나둘 넘어가고 있었다. 하지만, 주변엔 어느 누구 하나 이를 나눌 만한 사람이 없었고, 온통 거룩하고 신실한(?) 사람들뿐이었다. 설상가상 부산신학교 동문 모임에 가면 '패거리의식'이 보여 괴로웠다. 목사들 세계마저 이렇다면 무슨 희망이 있을까. 이런 고민의 틈이 조금씩 커지다 보니, 나의 내면은 '더 이상 여기서는 견딜 수 없다'라고 소리를 치고 있었다. 그래서 무작정 아내와 큰아이(당시 여섯 살), 그리고 뱃속 6개월 된 막내와 함께 부산을 떠났다.

1999년 12월 31일이었다. 다음 날 바로 우리는 20세기에서 21세기로 건너뛰었다.

부산에서 경기도 광주로 이사를 했다. 실로 내겐 '출애굽' 사건이었다. 고등학교를 자퇴하고 15년 동안 어쩔 수 없는 환경 때문에 단련을 받았다면, 부산을 떠난 뒤 15년 세월은 내가 선택한 '자발적인 고난'이었다. 지나고 나니 이런 내가 무척 자랑스럽다. 경계를 넘어 생각이 바뀌면 나는 행동으로 옮겼다. 고민만 하는 타입이 아니었다. 열여덟 살에 천지개벽을 한 뒤 바뀐 나의 성격이 그걸 가능하게 했다.

《미움 받을 용기》(아들러)에서 지적한 것처럼, 사람들은 스스로 불행을 선택하고는 불평만 할 수도 있다. 하지만 용기 있는 사람은 환경이 바뀌는 데서 오는 불안을 과감하게 선택한다고 했다. 나에겐 어느새 그런 용기가 자리 잡고 있었다. 젊어서 고생은 사서도 한다고 했다. 무식하면 용감하다고 했던가. 내가 그런 놈이었다. 하하하하.

05

사나이는 '삼세번',
쫓겨나는 것도 '삼세번'

젊어서 고생은 사서도 한다고 했으니, 내가 사서 고생한 이야기 좀 하려 한다.

그렇다고 꼰대처럼 "내가 말이야 왕년에 고생을~~" 뭐 이런 마인드는 아니라는 걸 믿어주기 바란다. 믿어주면 좋지만, 안 믿어줘도 어쩔 수 없고. 하하하하.

부산을 떠나 노자를 만났다

부산을 떠나 첫발을 내디딘 곳은 경기도 광주(실촌면 삼합리)였다. 대책 없이 부산을 떠나오려 했으나, 주위의 권유로 선배 목사의 사역지(장애인 시설) 근처에 시골 흙집을 얻었다. '가장의 책임감'이 뭔지, 그것이 나에게 '보금자리라도 만들어놓고 가족을 모셔라' 해서였다.

장애인 사역을 하는 선배 목사를 도와 장애인을 섬겼다. 밥벌이로는 막노동, 트럭 고물장수, 출판사 과장, 학습지 교사 등을 하면서. 트럭으로 고물장수를 할 때는 감방에 들어갈 위기도 있었다. 고물을 줍다 보면 괜한 욕심이 날 때가 있다. 밥벌이와 직결되면 누구라도 맘이 흔들리기 마련이니까.

도로변에 있는 야광표시판을 줍다가 신고를 받고 출동한 경찰에게 붙들렸다. 물론 야광표시판을 일부러 뽑지는 않았다(설마 천하의 송상호가 그런 양심 없는 짓을 했을까! 하하하). 쓰러져 있는 표시판을 줍는 걸 보고 지나가는 시민이 112로 신고한 덕분이었다. 하루 종일 파출소에서 진술서를 꾸몄다. 차량을 옆에 댄 채 공공시설물을 도둑질했으니 죄질이 나쁘다는 협박을 받으면서. 다행히 장애인 시설의 선배 목사가 그 지역 유지를 통해 손을 써 나를 구해냈다.

이렇게 일하러 다니면서 읽은 책 한 권이 나를 놀랍게 변화시켰다. 바로 노자의 《도덕경》이다. 주해서를 보는데, 본문도 아닌 저자 서문에 적힌 구절 하나가 내 뇌를 강하게 때렸다.

"물은 네모 통에 담으면 네모, 세모 통에 담으면 세모. 하지만 모양은 변해도 그 본질은 변하지 않는다."

그 구절을 만났을 때, 얼마나 마음이 설레고 시원했는지…… 해본 사람만 안다. 나는 개신교인이었지만, 더 이상 그것이 큰 의미가 없어진 게다. 때로는 불교인, 천주교인, 개신교인, 여타 민족종교인도 될 수 있지만, 그래도 나는 바로 나일 뿐이다. 내가 부산에서 올라온 것은 바로 이 구절 하나를 얻고 깨닫기 위해서였던 것이다.

장애인 시설 공동사역, 시작하자마자 쫓겨나

"이봐! 송 전도사! 안성 일죽에 장애인 시설을 새로 지었는데, 거기 가서 공동체를 같이 해보지 않겠나?"

선배 목사의 권유에 앞뒤 돌아보지 않고 "콜"을 외쳤다. 까짓거 부산에서 올라올 때에 비하면 이런 선택은 오히려 꽃길이라는 마음으로 말이다. 이때까지만 해도 '안성시대'가 우리 가정에 줄 '폭풍고난'을 조금도 예상치 못했다. 오히려 '장밋빛 환상'마저 가지고 있었다. '이제 나의 길을 잡아가는구나' 싶었다.

환상은 이사를 하자마자 바로 깨져버렸다. 이사 가는 날, 시설 인근 마을 주민들의 표정은 '저 새끼들이 뭐하러 여기 쳐오는 거' 하는 것이었다. 아니나 다를까. 주민 몇 사람이 시설에 쳐들어와 불만을 표시했다. 우리 승합차가 지나가면 시끄럽다고 야단이었다. 갈수록 그런 현상이 두드러졌다. 마을 사람들이 우르르 몰려다니며 대책을 강구했다. 대책? 그렇다. 우리를 쫓아낼 대책 말이다.

운명의 날이 다가왔다. 일죽면사무소 면장실에 우리 측 대표(**나와 선배 목사**)와 마을 측 대표(**마을 주민들**), 그리고 일죽면 유지(**면장, 파출소장, 시의원, 시청 사회복지과장 등**) 등이 담판을 지으러 모였다. 결론은 우리 측의 양보. 사실상 우리가 쫓겨난 거다. 2001년 1월에 이사 와서 그해 5월경에 생긴 참사였다. 선배 목사는 다시 예전 시설로 장애인들을 데리고 떠났다. 오갈 데가 없어진 우리 가족은 건너 마을에 집을 얻어 떠났다. 이 일이 바로 안성·일죽 시대의 고생의 서막이란 걸 누군들 알았으랴.

목사가 목사에게 사기당해 고생의 문으로 들어가다

이사는 해야 하는데, 돈이 한 푼도 없었다. 결국 캐피털 카드 대출을 했다. 그때 1,000만 원을 빚냈다. 아버지의 '새로운 아내'가 우여곡절 끝에 중국에서 도착할 무렵이었다. 아버지의 재혼을 위해 3년을 애썼고, 거의 1,000만 원 넘는 비용이 들어갔다. 우리도 문제였지만, 아버지의 새로운 가정을 위해서도 집을 장만해야 했다. 그래서 마을에 우리 집과 아버지 집을 나란히 얻었다.

시골에서는 땅의 경우 '1년 도지세'를 주고, 집 뚜껑만 사는 풍습이 있다.

이사를 간 집 마당에 10평 남짓한 교회당이 있었다. 집 주인인 목사가 교회당을 하다가 말아먹고 다른 데로 이사를 가면서 내놓은 집이었다. 시골 흙집을 사택으로 쓰고, 그 집 마당에 블록으로 교회당을 지었던 게다. 나중에야 안 일이지만, 나는 그 목사에게 사기 아닌 사기를 당한 거였다. 당시 내가 산 집은 300만 원에 내놓아도 팔리지 않던 집이었다. 그런데 땅 주인이 따로 있는데다 교회당까지 딸린 허름한 흙집 뚜껑만 1,000만 원 가까이 주고 샀던 것이다. 이놈의 세상은 목사가 목사에게 사기를 치고 난리다. 참 지랄도 풍년인 세상이다.

그 빚을 갚느라 죽는 줄 알았다. 캐피털 빚을 써본 사람은 안다. 그 빚이 얼마나 무서운지를. 막노동을 나갈 수밖에 없었다. 단기간에 큰돈을 벌려면 말이다. 1년 넘게 죽을힘을 다해 막노동을 해서 빚을 갚았지만 반밖에 못 갚았다. 처남이 몇 백, 새어머니가 몇 백을 줘서 겨우 다 갚았다.

이제야 살 만하구나 싶었더니 이게 또 웬일인가. 도지세를 주고 살던 우리 마을 15가구가 몽땅 졸지에 쫓겨나게 생겼던 것이다. 본래 그 마을은 '이씨 가문'의 땅이었는데, 대대로 도지세를 주고 살았다. 그런데 땅주인이 마을 땅을 담보로 대출을 받았다가, 제때 못 갚아 법원 경매로 넘어가 버렸던 거다. 이게 무슨 운명의 장난이란 말인가. 우리 집의 전 주인인 목사는 그걸 알고 있으면서도 말도 하지 않고 나에게 집을 팔았던 게다.

"뭐 이런 개 같은 경우가 있나!" 하며 욕만 하고 있을 수는 없었다. 가장으로서 이 일을 해결해야 했다. 새로운 땅주인은 경매로 땅을 싸게 샀으니 얼른 문제를 해결하려고 비교적 싼값에 땅을 사라고 요구를 했다. 14가구는 모두 땅을 샀다. 우리 집만 졸지에 '낙동강 오리알'이 되었다. 그 시절에는 누군가 손님이 오면 덜컥 겁부터 났다. 궁리 끝에 흙집을 허물고 집을 새로 짓기로 했다. 땅에 문제가 생겼으니, 땅을 살 수 있게 후원해달라고 할 수는 없는 노릇이었다. 그래서 흙집을 허물고 가난한 마을 아이들을 위한 공부방을 짓겠다며 후원을 요청했다. 당시 우리 집에는 가난한 마을 아이들이 많이들 놀러왔다.

결국 버티지 못하고 일죽에서 쫓겨나다

건축 경력이라고는 막노동을 다니면서 곁눈질한 게 전부였다. 다행히 중간 동생이 나보다는 훨씬 뛰어난(?) 실력의 소유자였던 터라 그애와 함께 집을 지으려 했다. 수중에 돈 한푼 없는 무일푼 주제에 말이다. 정말 '대책 없는 놈의 끝판왕'이 바로 나였다.

생고생을 하면서 집을 짓던 그때, 기적같이 좋은 일도 있었다. '뉴스앤조이'라는 기독교신문에 기자로서 글을 보냈는데, 그 글을 본 안성 유무상통

마을 방상복 신부가 신자들과 함께 찾아와 500만 원을 쥐어주고 간 것이다. 물론 신부님과 나는 생전 처음 보는 사이였다. 그 돈으로 컨테이너 세 동을 샀다. 그것을 기둥삼아 조립식 건물을 지을 심산이었다.

건축을 하려니 땅을 측량해야 했다. 측량을 하고 나니 옆집 어르신의 땅 6평 정도가 우리 땅이었다. 옆집 어르신은 대대로 자신의 땅이었으니 죽어도 못 준다고 했다. 그것마저도 내어드렸다. 그리고 집 앞뒤 땅을 마을길로 내주고 나니, 땅이 홀쭉해졌다. 그래도 집을 지으려 했다. 옆집 어르신이 우리 집 입구에 개집을 다시 짓기 전까지는 말이다. 본래 우리 집 앞에 옆집 어르신의 개집이 있었는데, 공사가 끝나고 나면 다시 지어주기로 하고 그것을 허물었다. 그런데 어르신이 말도 없이 개집을 다시 짓는 걸 보고, 나는 결단을 내렸다. 이웃과 이렇게 싸우느니 내가 포기하자고.

다른 땅을 알아봤다. 땅이 그리 쉽게 나올 리가 없었다. 무엇보다 가진 돈이 없으니 막막할 뿐이었다. 그때, 우리 마을에 살던 벙어리 총각이 자살을 했다. 그 집이 비었다. 땅주인에게 하소연해서 그 집을 허물고 우리 집을 짓기로 계약했다. 안성 일죽에 와서 두 번 쫓겨나는 상황이었다. 그 과정을 다 말하려면 구구절절 사연도 많지만, 이 정도만 하겠다.

새로운 땅에 집을 지었다. 후원금이 100만 원 들어오면, 100만 원어치 일을 했다. 그렇게 집을 지으니 더딜 수밖에 없었다. 돈이 없어 중고 패널을 사다가 공사를 하니 사람도 힘들고, 일은 더뎠다. 결국 이번에도 캐피털에 500만 원을 대출받아 새 샌드위치 패널을 사서 일을 마무리 지었다. 하지만, 바닥 내장공사는 아마추어에겐 넘을 수 없는 산이었다. 그렇게 한 해를 넘기고 전전긍긍하고 있을 때, 안성신문 이규민 대표가 사람을 사서 그것을 해결해주었다. 건축을 시작하고 14개월 만에 50평 조립식 건물이 완공되었다. 그때, 그 집의 이름이 '더아모의집'(더불어 사는 아름다운 세상을 만들어 가는 모임의 집)이었다.

하지만 간신히 새 집에 들어오던 날, 조금도 기쁨을 맛보지 못했다. 땅주인이 나가라는 통보를 해왔기 때문이다. 분명히 그 땅을 언젠가 우리가 사겠다고 계약을 했지만, 소용이 없었다. '2005년, 안성신도시 개발'이라는 기사가 신문에 났고, 그걸 본 땅주인은 땅값이 오를 거라며 욕심을 냈던 것이다. 여기저기 땅을 가지고 있던 땅주인이 평소에는 거들떠보지도 않는 땅이었다. 땅주인이 제시한 조건은 "깔고 앉아 있는 땅과 옆집 독거노인 땅 그리고 집 뒤 묘지 땅을 합쳐 1,000평을 모두 산다면 팔고, 아니면 나가라" 하는 거였다.

실랑이를 하다가 또 땅주인이 바뀌었다. 골치가 아프니까 다른 사람에게 헐값으로 팔아버렸다. 우리에겐 더욱 불리한 상황이었다. 18개월이나 '밀당'을 하다가 결국 또 거기서 쫓겨 나와야 했다. "돈 좋아하는 놈들끼리 잘 먹고 잘 살아라" 속으로 외치며, 애써 지은 그 집을 포기해야만 했다. 그나마 다행인 것은 그 집 뚜껑이 조립식 패널이어서, 장애인 시설 선배 목사가 장애인들과 함께 건물을 떼어다가 광주 시설에 다시 지었던 것이다. '더아모의집' 조립식 건물이 안성에서 광주로 옮겨간 셈이었다. 일죽에 쫓겨난 우리는 마지막으로 안성 금광면 시골 흙집에 자리를 잡았다. 사나이는 역시 '삼세번'이지~. 하하하하.

06
더불어 사는
세상을 향하여

'더아모'(2017년 현재 '더아모의집'은 '더불어의집'으로 바뀌었고, 송상호는 '더불어의집' 목사로서 세상을 섬기고 있다)란 말은 어디서 나왔을까? '더아모의집'은 어떻게 해서 시작된 걸까? 이 장에선 그걸 말해보고자 한다.

교회당이 딸린 시골집에서 교회를 개척했다. 세상만사가 좋은 게 있으면 나쁜 게 있고, 나쁜 게 있으면 좋은 게 있기 마련이다. 그곳에서 '죽을 둥 살 둥' 고생을 하면서도 교회를 개척했으니 말이다.

근육병 청소년 가정, 가족이 도대체 몇 명이나 되는 겨?

처음에는 교회 이름을 '넥타이 안 매는 교회'로 하려고 했다. '교권과 허례허식의 넥타이'를 매지 않겠다는 의도였다. 입을 옷이 없어서 교회 못 가는 사람을 배려하고자 함이었다. 나는 그때 실제로 내가 가지고 있던 양복과 넥타이를 다 버렸다. 그리고 2001년 이후로 단 한 번도 양복을 입어본 적이 없다. 하지만 안타깝게도 주위의 만류로 '주님의 교회'라고 이름을 짓고 시작했다.

매일 독거노인 반찬배달 봉사, 차량 봉사를 했다. 그때 만난 소년이 '거울왕자 완채'군이었다. 근육병 소년인데, 근육병은 발병하고 10년을 넘기지 못하는 병이었다. 그 소년을 토요일마다 병원에 데려가 물리치료를 받게 했다. 그 집에 갔더니, 형편이 가관이었다. 시골 흙집 방마다 아이들이 가득이었다. 완채군과 부모님, 완채군의 사촌 세 명, 완채군의 고모와 고모의 딸, 완채군의 누나와 완채군의 외할아버지 등이었다.

완채군의 사촌 한 명은 부부가 이혼해 어렸을 때부터 거기 와 있었다. 완채군의 또 다른 사촌 두 명은 아버지가 자살하고 엄마마저 도망쳐 갈 곳이 없어 와 있었다. 완채군의 고모는 이혼하고 갈 곳이 없어서 와 있었다. 완채군의 외할버지는 독거노인이라 행랑채에서 살았다.

그런 집을 6년 동안 섬겼다. 중간엔 쾌거도 있었다. 박수홍의 '러브하우스'라는 집 지어주기 프로그램에 내가 보낸 사연이 당첨이 되어 완채군에게 새로운 보금자리를 만들어주게 된 것이다. 중간에 참으로 많은 사연들이 있었지만, 다음 기회로 미루겠다. 어쨌든 완채군은 2009년도에 저 세상으로 갔다.

그 이외에 내가 평소 한 일은 가난한 마을 아이들과 놀러다니는 거였다.

우리 집이 가난하다 보니 가난한 마을 아이들이 놀 데가 없어서 우리 집으로 놀러왔다. 그 아이들과 완채군 그리고 완채군 가족까지 데리고 한강 유람선을 탔고, 63빌딩을 보았고, 남양주종합촬영소를 구경했다. 가난한 아이들을 데리고 해마다 부산해수욕장에 2박3일 동안 다녀왔다. 완채네 가족은 생전 처음으로 해수욕장을 다녀왔다고 했다. 마을에 사는 다른 교회 집사님이 15인승 차량을 기증하셔서, 그 차로 모든 일이 이루어졌다. 그 차의 '차생'이 곧 '더아모의 역사'인 셈이다.

내가 막노동을 갔다가 만난 아프가니스탄 친구 '압둘 라자크'(압둘) 덕분에 많은 외국인 근로자를 만나게 되었다. 압둘이 월급을 못 받아 어려워하는 걸 해결해줬더니, 외국인 근로자들 사이에서 '해결사 목사'로 소문이 난 게다. 이걸 굳이 외국인 근로자 사역이라고 해야 하나 싶다.

내가 교회를 할 때, 매월 교회 헌금이 약 40만 원 나왔다. 그 헌금을 4등분해서 10만 원씩 장애인 시설, 가난한 교회 등에 선교헌금으로 보냈다. 그나마 헌금의 80퍼센트는 내가 냈다. 학습지 교사를 하면서 벌어들인 수입으로 십일조와 감사헌금을 냈다. 어쨌든 일죽에서 6년 세월 동안 세 번이나 쫓겨 다니면서도 봉사를 할 건 다 하고 살았다.

'더아모'라고 이름 붙인 결정적 계기는?

이쯤하고 내가 '더아모'라고 이름 붙인 결정적인 계기를 말해야겠다.

2001년 장애인시설에서 쫓겨나면서, 마을 아이들과 찾아간 곳이 음성 꽃동네였다. 거기 자료전시관 벽면에서 본 하나의 문구가 내 마음을 때렸다. '한 사람도 소외됨이 없이 더불어 사는 세상'이라는 문구였다. 그 문구는 내겐 엄청나게 신선한 충격이었다. '과연 저런 세상이 가능할까?'

그 문구를 표절해서 세상에 나온 단어가 바로 '더아모'였다. 그 후 교회 이름도 '더아모교회', 아이들이 놀러오는 우리 집의 이름도 '더아모의집'이 되었다.

안성 일죽 6년 세월 동안 겁도 없이 '더아모의 세상'을 이루려고 덤벼들다가 처참하게 깨졌다. 마지막에 지은 집을 말아먹고 나오면서 한동안은 "세상 참 ×같다"라며 떠들고 다녔다. 하지만 한 달이 지나고 나니, 마음에 평안함이 찾아왔다. '세상 뭐라 할 것 없다. 모든 게 내 탓이다'라는 마음이 자리 잡았다. '마음을 비우니 평안하더라'가 이루어졌다. 다 말아먹었지만, 끝나지 않았다는 마음이 들었다.

왜 일죽 사람들이 그토록 우리를 밀어내려 했을까 생각했다. 그것은 그들만의 습성이 아니었다. 예수를 잡아 죽이던 그 밤에도, 백범 김구를 쏘아 죽인 날에도, 간디를 흉탄에 보낸 날에도, 마틴 루터 킹 목사를 사지로 몰았던 날에도 군중들은 언제나 그랬다. 가만히 생각해보면, 인류의 역사는 배타성의 역사였다. 영국과 스페인의 전쟁, 이슬람과 기독교의 전쟁, 청교도와 인디언의 전쟁, 공산주의와 자본주의의 전쟁 등등. 내가 현장에서 그렇게 아파하며 길어낸 도는 바로 '상생의 도'였다. 세계는 이대로는 안 된다는 생각에 이르렀다.

2008년, 나는 모종의 결단을 했다. 일죽 시대에 아마추어 방식으로 '더아모의 세상'을 열려 했다면, 이젠 방식을 바꿔 책을 내자고 결심했다. 내가 잘하는 일인 책을 써서 내 자신의 부가가치를 올리고, 나의 세상을 세상과 공유하고자 했다. 덕분에 나는 2014년 나의 길벗 김창환 변호사(국학원 사무총장)를 알게 되었다. 그의 노력으로 천안 뇌교육종합대학원에서 1년간 팔자에도 없는 교수를 해보기도 했다. 내가 가르친 과목은 '종교와 홍익인간'이었다. 서로의 뜻이 같아서 '도원결의'를 했고, 이제《더불어 바이러스》란 책을 내기까지 이르렀다. 이 물결이 이 땅을 살리는 길이 분명하리라고 본다.

송상호의 스토리가 구구절절 많지만, 다음에 때가 되면 아직 못 다한 이야기를 자서전으로 만나보실 기회를 드리겠다. 하하하하.

duboora virus

2

도원결의 – 김창환 변호사 이야기

홍익 세상을 만듭시다!

01

시골 목사와 서울 변호사의
도원결의, 왜?

사람의 인연이란 무엇일까? 매일 만나는 사람도 그냥 무의미하게 지나가
기도 하고, 몇 년 지나면 함께했던 시간들도 망각 속에 묻혀버린다.

송상호 목사는 몇 번 만나지도 않았고, 솔직히 어떤 사람인지도 잘 모
른다. 그가 쓴 책들을 통해 그의 삶을 조금 알게 되었지만, 함께했던 시간
은 적었다.

술자리에서 얼떨결(?)에 도원결의!

그런 그가 나의 마음속을 어떻게 읽었는지 같이 책을 쓰자고 했다. 2016년 7월 19일, 서울 남부터미널 근처 '새마을식당'에서, 그와 나는 술 한 잔을 하며 많은 이야기를 나눴다. 그는 "세월호 사건을 겪으면서, 이렇게 있으면 안 되겠다는 생각을 했다"라며, "그 마음을 담아 책을 내서 '북 콘서트'를 하자"라고 했다. 나와 그는 공저로 책을 내기로 결의했다.

술김에 했던 결의 이후, '글쓰기에 대한 부담감'이 확 밀려왔다. 검사와 변호사 생활을 하면서 공소장과 변호인의견서는 많이 써보았지만, 책을 쓰는 것은 처음이다. 공소장이나 변호인의견서는 남의 이야기를 잘 정리해서 법적인 쟁점을 찾아 쓰면 되지만, 이번에는 나의 이야기를 써야 한다. 솔직히 지금도 부담된다. 자신 있게 말했던 나의 생각, 철학들을 막상 글로 쓰려고 하니 망설여지고 좀 더 고민된다.

송상호 목사와 내가 통한 것은 단 하나다. "지금 우리가 사는 대한민국이 이대로 가면 안 된다, 변해야 한다"라는 것이다. 이제는 국가, 정부와 같은 사회제도의 잘못을 탓하기 전에 우리 모두가 변해야 한다는 것이다. 더 구체적으로 말하면, 남보다 잘 살고 성공하고자 하는 욕구를 완전히 버리지는 못해도, 그 삶이 문제가 많음을 알고 모두가 더불어 행복할 수 있는 길을 모색해야 한다는 것이다. 이러한 서로의 생각이 통했다.

나는 검사 생활 이후 '사단법인 국학원' 사무총장으로 일하면서 느끼고 알게 된 홍익정신이 앞으로 인류를 구원할 답이라고 했다. 그는 홍익이든 종교든 '표현된 언어'에 빠지지 말고, 결국 모든 생명이 하나임을 깨달으면 된다고 했다. 그 말이 그 말이다. 새마을식당에서 의견을 나누면서 서로 같은 말을 하고 있구나 생각했다.

그 후 2016년 7월 26일, 유심출판사 사무실에서 그와 출판사 식구들과 만났다. "서로의 표현은 달라도 뜻은 같으니, 이러한 정신을 《더불어 바이러스》란 책에 담아, 세상에 퍼트리는 북 콘서트를 열자"고 도원결의를 했다. 도원결의는 단순히 책을 내서 북 콘서트를 하자는 것이 아니었고, 평생토록 "세상을 바꾸자, 의식혁명을 일으키자"였다

'개천에서 용 나듯', 시골농부의 아들이 검사가 되다

그와 나는 공통점이 조금 있고, 다른 점이 훨씬 더 많다.

새로운 세상을 꿈꾸는 혁명가(**그가 동의한다면**)라는 점에서 공통점이 있지만, 나는 그처럼 가난 때문에 고생한 기억은 없다. 오히려 나는 2003년부터 8년간 '대한민국 검사'로서 우리 사회 '기득권층'의 생활을 해보았다.

나는 가난하지도 잘 살지도 못했던 농부의 아들로 태어나 잘 하는 것이 공부였고, 공부하다 보니 법대에 갔고, 고시공부를 하다가 시험에 붙어 검사가 되었다. 여기까지는 대한민국 근대사에 흔히 등장하는 '개천에서 용 나는' 스토리와 비슷하다.

하지만 농촌 마을에서 태어나고 자랐다는 것이, 지금 와서 보니 값지고 소중하다. 법대에 들어가서 1년 동안은 아르바이트하고 학회 활동하면서 놀았다. 학점이 바닥이라 시골에서 농사지으시던 아버지로부터 야단을 들은 뒤 '2학년 때는 장학금을 타야겠다'라고 결심했다. 새벽부터 도서관에 자리 잡고 처음으로 법서들을 넘겼다.

그때가, 지금 생각해도 참 행복했다. 시골 촌놈이 서울에 있는 소위 '명문대학'의 도서관에 앉아 법서를 넘기는 것이 스스로 자랑스러웠고, 논리적인 법 이론을 접하면서 가슴이 설레었다. 나의 적성에 딱 맞는다는 생각이 들었다.

검사에서 변호사로! 홍익민주주의를 향하여!

이랬던 내가 검사 생활을 접고 변호사 생활을 시작하게 된 데에는 특별한 스토리가 있다. 앞으로 전개될 나의 스토리는 '국학과 홍익정신'이 핵심이다.

내가 가장 먼저 말하고 싶은 것은 국학이다. 국학의 핵심은 바로 홍익정신이다. 내가 깨달았던 국학에 대해 정확히 전하기 위해서는 국학을 알기 전의 나의 생각, 그 이후 검사를 그만두고 변호사 생활을 하면서 국학활동을 하게 된 계기, 그리고 앞으로 대한민국이 인류의 정신지도국이 될 것이며, 남북통일뿐만 아니라 인류 평화의 열쇠가 한민족에게 있음을 이 책을 통해 알리고 싶다. 그리고 나에게 국학을 알게 해주신 스승에 대한 이야기를 꼭 쓰고 싶었다.

나는 새로운 민주주의 사상이 나와야 한다고 생각한다. 유럽에서 발달한 자유민주주의 사상과 한민족의 홍익철학이 결합된 홍익민주주의 사상이 나와야 하고 홍익정치가 실현되어야 한다.

나는 새마을식당에서 도원결의를 하던 그날, 송 목사에게 인류의 새로운 정신문명을 여는 책을 함께 만들자고 제안했다. 나는 글을 써서 나의 생각을 전하는 집필가나 학자가 되고자 하는 마음은 전혀 없다. 하지만, 반드시 현실정치에 참여하여 이러한 내용들을 실천하고 세상이 바뀌는 것을 내 눈으로 보고 싶다.

대한민국뿐만 아니라 인류의 문명은 언제 종말을 고할지 모르는 절대 위기 앞에 서 있다. 송 목사와 내가 쓴 이 책으로 인해 뜻 있는 분들 사이에 새로운 사회적 담론이 이루어지길 바란다.

02

내 고향은 '더불어 사는 세상' 그 자체였다

우리 동네는 내가 태어나던 해에 전기가 들어왔다. 하루에 버스가 두 대 정도밖에 안 다니고, 자갈로 뒤덮인 도로가 전부였던 시골 마을, '경남 의령군 대의면 다사리'다. 산으로 둘러싸인 조그만 골짜기에 논밭농사를 짓고 사는 소박하고 평화로운 곳이다.

의령은 무엇보다 '우순경 사건'으로 유명하다. 의령경찰서 궁유지서에 근무하던 경찰관이 하룻밤 사이에 62명이나 살해한 엽기적인 사건으로, 내가 초등학교 4학년 때 있었던 일이다. 연배가 있으신 어른들은 누구나 기억하는 그 사건을 제외하면 나의 고향은 송상호 목사가 이야기하는 전형적인 '더불어 사는 세상'이었다. 30가구 정도 되는 마을인데, 내가 어렸을 때는 아이들도 엄청 많았다. 지금은 귀농한 두 집을 제외하고 일흔네 살인 우리 어머니가 제일 젊은 '청년'이지만, 내가 어렸을 때만 해도 동네는 골목마다 아이들 노는 소리, 어른들 술판 벌리는 소리로 살맛이 났다.

공동작업을 했고, 까치밥을 남겼다

정월 대보름이면 청년들이 산에서 소나무, 대나무를 베고 집집마다 다니면서 짚단을 구해 달집을 지었다. 해가 질 무렵 징 소리, 꽹과리 소리가 울리면 동네 사람들은 달집 주위로 모였다. 그리고 앞산에 둥근 대보름달이 모습을 보이면 달집에 불을 놓는다. 막걸리를 서로 부어주고, 달집 주위로 원을 그리며 춤을 추며 돈다. 풍물의 장단 소리, 대보름달의 밝은 기운, 막걸리의 향기가 어우러져 모든 감정들을 털어낸다. 그리고 달을 보며 손을 모아 기도한다. 도시로 간 아들, 딸들 모두 건강하고 성공하라고……

봄이 되면 새벽부터 경운기 소리로 동네가 시끌시끌했다. 겨울 추위에 얼었던 땅들이 녹으면 동네 사람들은 들로 나가 밭을 갈고 씨를 뿌렸다. 꽃피는 따뜻한 날을 골라 동네 어르신들을 모시고 '해치'를 갔다. 돼지를 잡고, 돼지고기 못 드시는 어른들을 위해 닭도 잡았다. 관광버스를 대절해 하루 동안 신나게 놀고 돌아왔다. 동네 사람들은 집집마다 돌아가며 공동으로 모내기를 했다. 가을이면 들판에 노랗게 익은 벼를 베어 타작을 하고, 가을이 깊어가면 감나무에서 홍시를 땄다. 모두가 공동작업을 했고, 서로 나누어 먹었다. 그리고 꼭 까치밥을 남겨 놓았다.

공동체복원운동은 내 고향 의령이 출발점

그때 달집을 짓던 청년들은 모두 마을을 떠나 대도시로 나갔다. 새마을 지도자를 하면서 동네 어르신들을 모시고 관광버스를 대절해서 '해치'를 갔던 나의 아버지도, 돌아가신 지 20년이 다 되어간다.

언젠가부터 대한민국 농촌은 산업화로 인해 거의 붕괴되었다. 젊은이들은 먹고살기 위해 도시로 떠났다. 당연히 농촌에 남은 이들은 어르신이 대부분이다. 아기 울음소리를 듣기 어렵다. 농촌 젊은이들 대부분이 돈 벌기 어려운 농촌 대신 도시를 향했고, 도시에서 엄청 고생하면서 자리를 잡았다.

이제 아름다웠던 농촌의 공동체문화는 사라지고, 홍시를 따면서도 까치를 위해 까치밥을 남겨 두었던 우리의 생명사상은, 서양에서 들어온 물질문명에 묻혀서 잊혀져 가고 있다. 이제 우리는 모두가 행복한 세상을 위해 무엇이 중요한지를 다시 한 번 진지하게 생각해볼 때가 되었다. 인류의 위기, 더 나아가 지구의 위기가 코앞에 다가왔다. 이러다가는 대한민국이 아니라 인류라는 종족 자체가 멸종할 수밖에 없는 위기상황이다.

작년부터 의령에 변호사 사무실을 내었다. 우리가 잃어버린 기본 출발지에서부터 다시 시작하고자 했다. 농촌 변호사로 활동하면서, 먼저 농촌부터 젊은이들이 들어와 살 만한 곳으로 만들고 싶었다. 이제 잘 살기 위한 고민보다 행복하게 살기 위한 고민을 할 때이다. 그것도 나만이 아니라 우리 모두가 행복할 수 있는 길을 찾아야 한다. 기존의 물질문명, 경쟁 시스템으로는 되지 않는다. 할머니가 새벽에 일어나 개울가에서 하늘에 치성을 올리던 그 순수한 마음을 회복할 때다.

03

반에서 꼴찌가 단박에 3등,
무슨 일이?

중학교 시절까지는 시골에서 아무런 걱정 없이 지냈다. 공부를 열심히 하는 친구도 없었고, 공부를 잘하는 친구도 몇 명 안 되었다. 나는 틈틈이 공부한 덕에 공부 잘하는 학생 축에 들어갔고, 나머지 시간은 친구들이랑 자전거를 타고 돌아다니면서 놀았다.

시골 촌놈이 마산시내 고교에 꼴찌로 입학하다

마산시내 고교 입학을 목표로 고입 연합고사를 보았다. 커트라인이 200점 만점에 180점이었는데 178점을 받았다. 시골 고등학교에 가는가 보다 했다. 하지만 운이 좋게도 마산 지역에서 추가 모집을 했고, 그 덕분에 비록 꼴찌지만 마산에 있는 학교에 진학했다. 지금도 누군가가 보이지 않는 곳에서 나를 돕고 있다는 생각을 많이 하곤 하는데, 그때도 그랬다. 꼴찌로 들어갔지만, 기분이 좋았다.

당시 고등학교 입학을 위해 마산에 있는 작은아버지 댁에 갔는데, 1학년 마칠 때까지 그곳에 얹혀서 살았다.

1988년 2월, 시골을 떠나 마산에 있는 작은아버지 댁으로 갔다. 내가 작은아버지 댁으로 가기 한 달 전, 아버지는 돈을 벌기 위해 마산에 있는 고모님 댁으로 갔다. 순전히 아들의 유학생활을 돕기 위해, 농한기를 이용해 막노동을 하러 오신 것이다. 어린 나였지만, 마음이 찡했다. 농사짓는 분이 시골을 떠나 도시에서 막노동을 하는 것은 쉬운 일이 아니었다.

순전히 아버지에게 미안하고 고마워서라도 어떻게 해서든 꼴찌를 탈출해야겠다는 생각이 들었다. 태어나서 처음으로 열심히 공부했다. 《맨투맨》, 《정석》 이런 책들을 사서 무식하게 공부했다. 3월에 '국·영·수' 모의고사를 쳤다. 반에서 3등을 했다. 커닝을 한 것으로 의심을 받아 교무실에 가기도 했지만, 열심히 공부한 결과였다. 그때 스스로에 대한 자신감을 얻었다.

사실 그 당시에는 친구들과 경쟁한다는 생각으로 공부를 한 것이 아니라 순전히 아버지에 대한 찡한 마음에 열심히 한 것이었지만, 결과적으로 그때부터 나는 늘 시험 순위에 목을 매는, 전형적인 대한민국의 고등학생이 되어가고 있었다.

나도 '생존경쟁과 강자독식'에 길들여져 갔다

경쟁에서 이긴 사람들은 그 달콤한 맛을 알기 때문에 경쟁에서 밀리는 것을 죽기보다 싫어한다. 내가 처음 입학했을 때는 '꼴찌'였기 때문에 친구들도 무시하고 선생님도 무시하는 눈치였다. 같이 꼴찌로 들어온 친구는 심지어 내가 공부를 하고 있으니까 "공부는 무슨 공부냐? 공부 포기하고 다른 길로 가자"라고 하기도 했다. 하지만 반에서 3등을 하고 나서부터 친구들과 선생님들이 나를 대하는 모습이 완전히 달라졌다. 시골에서 온 순진한 소년은 그렇게 경쟁사회가 주는 달콤한 유혹에 물들어 갔다.

30대 후반에 '홍익정신'을 알기 전까지, 다시 말해 더불어 사는 재미를 알기 전까지 나는 경쟁에서의 승리가 주는 달콤함이 모든 것인 줄 알고, 경쟁에서 살아남기 위해 무한질주를 계속했다. 그리고 경쟁에서 도태한 사람들에게 은근히 우월감을 느꼈다.

흔히들 "경쟁보다는 더불어 사는 삶을 선택하라" 하고 말하지만, 경쟁에서 이긴 사람들은 그 소리가 곱게 들리지 않는다는 것을, 나는 너무나 잘 알고 있다. 내가 그렇게 살았으니까,

경쟁에서 승리한 자들이 만든 현재의 대한민국의 모습을 보라. 경쟁에서 승리한 사람들이 국민들의 희망이 되는 것이 아니라, 국민들이 오히려 그들을 걱정해야 하는 상황이다. 수시로 터지는 검찰 비리, 정치 비리는 대부분 공부 잘해서 성공한 자들의 탐욕의 춤판이다. 이제 새로운 가치가 나와야 한다. 우리의 영혼을 병들게 하고 건강을 망치는 승리자의 꿀맛이 아니라, 모두가 더불어 살 수 있는 새로운 가치가 나와야 한다. 나는 그것이 우리 한민족의 뿌리정신인 홍익정신이라고 믿는다.

04

서른한 살의 검사,
세상 무서운 줄 몰랐다

2003년에 검사가 되어 부산지방검찰청에 초임 발령을 받았다. 그때 내 나이는 서른한 살, 무서울 것이 없었다. 아무것도 모르는 초임검사에게 도 방이 주어지고, 수사관과 실무관이라고 부르는 여직원이 함께 생활했 다. 초임검사들은 경험이 부족하지만, 부장검사의 결재 시스템으로 그러 한 것들이 보충이 되었다. 나는 그렇게 세상 무서운 줄 모르고 검사 시절 을 보냈다.

검사 시절 만난 버스기사, "운전이나 하고 삽니다"

검사 시절 사람들을 불러 조사를 많이 했다. 특히 내가 근무했던 형사부는 언론에 잘 나오는 대형사건이 아니라, 일반 국민들 사이에 흔히 발생하는 '절도, 강도, 사기, 폭력' 등 이런 사건들이 대부분이었다. 인면수심의 끔찍한 사건도 있지만, 소위 말하는 먹고살자고 하다가 실수한 사건들이 많았다.

어느 날, 교통사고를 조사했다. 경찰서나 검찰에 가서 조사를 받아본 분들은 알겠지만, 맨 처음에 인적사항을 묻는다. 이름은? 주민등록번호? 주소? 직업? 대충 이런 순으로 묻는다. 그런데 내가 조사하던 중년 남성에게 직업을 물었더니 대뜸 "운전이나 하고 삽니다"라고 대답하는 것이 아닌가.

중한 죄를 지은 것도 아닌데, 왜 자신이 하는 일에 대해 이렇게 부끄러운 투로 이야기를 할까? 그에게 버스 운전이 얼마나 자랑스러운 일인지 설명을 한 기억이 난다.

직업이 무엇이든, 자신의 존재가치를 제대로 인정할 순 없을까?

우리는 모두 귀하게 태어났음에도 불구하고, 어른이 되는 과정에서 자신에 대한 자존감을 잃어버리고 산다. 그리고 대부분 자신의 가치를 발견할 기회를 가지지 못한다.

과학적으로 '정자'가 '난자'를 만나 사람이 되는 확률은 거의 불가능에 가깝다고 한다. 사람으로 태어나는 자체가 기적이다. 그런데 막상 태어나서 학교에 가고 직장을 다니면 어떠한가? 성공이라는 잣대, 물질과 권력이라는 잣대로 사람들을 줄을 세운다.

버스기사도 신과 같이 귀하게 볼 수 없을까?

한민족의 인간관을 잠시 설명하면, 인간은 하늘과 땅과 같은 존재이다. 인간 역시 대자연의 일부이다. 우리의 홍익정신에는 이러한 큰 인간관이 들어 있다. 누가 구원을 해주고 구원을 받는 것이 아니라 스스로 자신의 존재 가치를 찾으면 된다. 우리의 존재는 사회에서 어떤 역할, 직업, 권력 이러한 것들을 가지기 이전에 이미 그 자체로 존귀한 것이다.

그래서 우리나라 인사말에 "반갑습니다"가 있다. 반은 신을 의미한다. "반갑습니다"의 어원을 따져보면 "신과 같습니다"라는 의미이다. 인도와 네팔 지역에서 인사를 나눌 때 "나마스테"라고 말하는 것과 상통한다. "나마스테"는 "내 안의 신이 당신 안의 신에게 경배합니다"라는 의미다. 우리 한민족의 정신은 인간을 신과 같은 존재로 본다. 그 사람의 사회적·경제적 지위에 따라 가치가 달라지는 것이 아니라, 인간이라면 누구든지 신과 같이 고귀한 존재라는 것이다. 지금부터라도 대한민국의 교육은 학생들에게 경쟁을 부추길 것이 아니라 학생들이 자신의 진정한 가치를 찾을 수 있도록 하는 데에 초점을 두어야 한다.

버스기사 같은 민중이 깨어나면 큰일을 이루리라

교육부 고위직 관리 한 사람이 "신분제를 공고히 하자. 민중은 개·돼지와 같다"라고 발언을 했다. 그러한 공직자가 요직을 차지하고 있는 대한민국의 교육부가 교육개혁을 이야기하는 것은 우습다. 이러한 뉴스를 보면서 분노와 함께 절망감이 느껴진다.

그러나 임진왜란, 일제강점기 등 민족의 위기마다 위정자들은 나라를 팔아먹고 호의호식할 때에도 농사일을 접어두고 농기구를 무기 삼아 의연히 일어선 의병정신, 만주 벌판에서 죽어간 무명 독립운동가들의 정신이, 아직도 대한민국에 살아 있음을 나는 확신한다.

백성들의 혈세로 먹고사는 놈들이 백성들을 개와 돼지로 무시했던 역사가 하루, 이틀인가?

대한민국의 주인은 고위 공직자, 재벌이 아니라 하루하루 일터에서, 논밭에서 일하는 민중이다. 앞으로 새롭게 태어나야 할 대한민국의 주인도 바로 우리 민중이다. 의식이 깨어난 민중들이 대한민국을 구하고 인류를 구할 것이라고 확신한다. 더불어 사는 세상은 성공한 잘난 사람들의 몫이 아니라, 우리 이웃에서 소박하게 살고 있는 민중들의 몫이다.

05

내 삶의 전환점,
참스승을 만나다

사람들은 영화나 언론에서 검사를 접하고는, 검사에 대한 부정적인 시각이 많다. 사실 언론에 나오는 것처럼 모든 검사들이 뇌물을 받고 접대를 받는 것은 아니다. 내가 아는 대부분 검사들은 밤늦게까지, 그리고 주말에도 나와서 기록을 검토하고 결정문을 작성한다. 그리고 업무에서 오는 스트레스를 풀기 위해 검사들끼리 소박하게 술을 마시기도 한다. 아마도 대부분 열심히 일해 왔던 검사들은, 최근의 검찰 비리를 보면 억울하고 가슴이 답답할 것이다.

이처럼 검사 업무가 나에게도 상당히 벅찼다. 스트레스도 장난이 아니었다. 무엇보다 경쟁구도에 놓여 있는 검사 생활에 지쳐가고 있을 무렵, 내게 한 줄기 빛과 같은 일이 생겼다. 이 만남이 내 인생의 시계를 송두리째 돌려놓을 줄은, 그땐 꿈에도 몰랐다.

지쳐 있는 심신을 달래기 위해 만난 '단학수련'. 처음엔 스트레스를 풀고, 심신을 회복하려고 만났던 세계였다. 하지만, 그 세계를 알아가면서 점차 그 매력에 빠졌다. 무엇보다 나의 생을 뒤바꾼 스승과의 만남은 내 생애 축복이었다.

'스승 부재 시대'에 그는 내게 스승이 되었다

초등학교 시절 "스승의 은혜는 하늘 같아서 우러러볼수록 높아만지네"라는 노래를 많이 불렀다. 그런데 지금 대한민국에는 스승이 사라졌다. 지식을 가르치는 교사는 있지만 삶의 지혜와 깨달음을 전해주는 '스승의 문화'는 사라졌다.

스승은 지식이 아니라 깨달음을 전해주는 분이라고 생각한다. 그런 의미에서 나는 국학원 설립자이자 한민족 고유의 선도문화를 현대에 다시 정립한 일지 이승헌 글로벌사이버대 총장을 스승으로 모시고 있다. 스승이 있다는 것은 큰 천복이다. 반대로 스승이 없다는 것은 참으로 불쌍한 일이다. 대한민국이 세계의 정신지도국이 되기 위해서는 스승과 제자의 문화가 다시 살아나야 한다.

나는 검사 시절 단학 수련을 하던 중 우연한 기회에 이승헌 총장을 만났다. 그때 나는 이승헌 총장께 "나의 꿈은 홍익정신으로 한민족의 통일을 이루는 것입니다"라고 했고, 이승헌 총장께서는 "그것은 나의 꿈이고, 우리 모두의 꿈이다. 함께 해보자"라고 하셨다. 그 몇 분 사이에 나의 영혼은 빛을 만났고, 진정으로 나의 생을 바칠 꿈을 가지게 되었다. 이 분과 함께하면 어떤 장애도 넘을 수 있고, 정말 하루하루 꿈을 이루기 위해 신나게 살 수 있을 것 같았다. 그 순간부터 이승헌 총장은 나의 스승이 되었다.

검사 생활을 하는 동안 우리 사회에서 존경받고 지위가 높은 분들을 많이 만났다. 하지만 그 어느 분도 꿈에 대해 이야기하지 않았고 묻지도 않았다. 우리 민족의 미래에 대해 이야기하는 분도 없었다.

꿈이 없던 나는 이제 꿈꾸는 사람이 되었다

이승헌 총장께서 나의 스승으로 오신 이후부터 나는 나의 꿈이 반드시 실현되리라는 확신을 얻었고, 어떻게 하면 꿈을 실현할 수 있을지 고민하기 시작했다.

몇 달이 지나지 않아 나는 검사직을 그만두었다. 일단 변호사 생활을 하면서 국학운동을 했다. 그리고 홍익정치가 되지 않으면 민족통일이 어렵겠다는 생각이 들었다. 그래서 홍익정치가가 되기로 결심하고, 지금은 내 고향 의령에 변호사 사무실을 내고 농촌지역에서부터 홍익정치를 시작할 꿈을 꾸고 있다. 나의 스승께서는 "꿈이 있는 사람은 꿈이 있는 사람을 좋아한다"라는 말을 자주 하신다. 그렇다. 꿈만이 우리의 가슴을 설레게 한다. 그 꿈은 혼자 잘 먹고 잘 사는 꿈이 아니라 모두가 더불어 잘 사는 홍익의 꿈이어야 한다.

우리 국민 모두가 종교와 지역, 성별을 떠나 모두 더불어 잘 사는 홍익의 꿈을 꾸기를 바란다. 그렇게 되는 날 세계 유일의 분단국인 대한민국은, 21세기 인류 문명을 이끌어 갈 정신지도국이 될 것이다.

06
내 꿈은 바로
'홍익민주주의'

대한민국은 정치적으로 자유민주주의, 경제적으로로는 자본주의 시장경제 질서를 추구하고 있다. 일반적으로 자유민주주의와 자본주의는, 서구 유럽의 산업혁명 이후 상·공업인들의 지위가 높아지면서 절대왕정의 권력에 저항하며 정치적 자유와 경제적 자유 등을 위한 투쟁과정에서 정착된 제도다.

자본주의와 서구식 민주주의가 정답인가?

대한민국의 근본법이라고 할 수 있는 헌법도 자유민주주의와 자본주의를 근간으로 하고 있다.

유럽의 역사를 보면 중세 시대에는 성직자들이 권력의 핵심이었고, 그 이후 절대왕정 시대에는 왕이 절대권력을 가지고 있었다. 그러한 역사 속에서 상·공업인들이 힘을 가지게 되면서 절대권력에 저항하여 이루어낸 자유민주주의와 시장경제체제는 그 자체로 매우 가치 있고, 위대한 제도라고 할 수 있다.

그러나 21세기 대한민국뿐만 아니라 인류의 문명을 보라! 텔레비전만 켜면 전 세계의 자연재해 뉴스가 끊이지 않는다. 우리나라만 하더라도 유례없는 폭염, 지진, 태풍 등 자연재해가 점점 더 심해지고 있다. 전문가들은 지구 온난화 현상으로 더욱더 큰 재해들이 발생할 것이라고 예측하고 있다. 과학기술이 아무리 발달해도 자연재해 앞에 인간은 무기력한 존재일 뿐이다.

뿐만 아니라 지구 한쪽에서는 어린아이들이 기아로 죽어 가는데, 한쪽에서는 음식 쓰레기를 처리하느라 골머리를 앓고 있다. 또, 인류는 핵전쟁으로 언제 종말을 고할지 모르는 상황이다. 이러한 인류의 위기를 극복하기 위해서는 지난 100년간 인류의 문명을 지배한 서구의 사상과 제도에 대해 다시 한 번 생각해보아야 한다.

나는 자유민주주의와 자본주의 사상의 배경에는 '인간을 개체화되고 고립된 개인으로 보고, 욕망을 최대한 보장받을 때 행복하다'는 전제가 깔려 있다고 생각한다. 그리고 지구는 인간의 욕망을 충족시키는 데 필요한 재화를 공급하는 곳으로 인식한다.

이러한 서양인들의 사고 속에는 한민족의 철학인 '천지인' 사상은 존재하지 않는다. 인간을 영혼과 육체를 가진 존재로서 대자연과 보이지 않는 에너지로 연결되어 있으며, 자신의 가치를 찾고 공동체를 위해 공적인 일을 완수해야 한다는, 홍익철학과는 완전히 차원이 다르다.

자유민주주의와 자본주의 경제 질서는, 공정한 경쟁을 통해 사회적인 부와 권력을 얻는 것을 행복의 기준으로 보는, 성공 중심의 철학을 바탕으로 하고 있다. 지금 인류가 당면한 위기는, 이러한 성공 중심의 철학이 바뀌지 않으면 절대 해결될 수 없는 문제다.

'홍익민주주의', 내 고향 의령에서부터 시작한다

나는 홍익민주주의를 제안한다. 서구에서 들어온 자유민주의라는 틀 안에 홍익의 가치를 넣어야 한다. 대한민국의 주인은 대한민국 국민만이 아니다. 대한민국을 이루는 땅과 하늘도 대한민국의 주인이다. 우리 후손들의 삶의 터전이 될 지구를 잘 보전하고 지키는 것이 어떤 가치보다 우선되어야 한다.

대한민국 교육기본법도 교육의 목적을 홍익인간의 양성에 두고 있다고 규정하고 있다. 이제는 대한민국 국가권력도 홍익의 가치를 실현하는 데 그 목적을 두어야 한다.

앞으로 홍익정신을 가진 정치지도자들이 많이 나와 홍익민주주의를 실천함으로써, 정치 불신에 빠진 국민들에게 희망을 주고, 홍익정신으로 남북이 하나가 되는 날이 꼭 오기를 바란다.

나는 이런 홍익민주주의를 이루기 위해 내 고향 의령에 변호사 사무실을 냈고, 거기에서 홍익정치를 실현하기 위해 준비를 하고 있다.

07

내가 만난 국학은
'자신의 진정한 가치를 찾는 길'

더불어 사는 사회가 되기 위해서는 우리 모두가 자신의 진정한 가치를 먼저 깨달아야 한다. 그런데 자신의 진정한 가치가 무엇인지 어떻게 아는가? 어떻게 그 가치를 발견할 수 있는가?

사람마다 우주관, 종교관 등 각자의 가치관에 따라 다양한 논의가 있을 수 있다. 또 실제로 다양한 길이 있을 것이다. 하지만 나는, 나의 경험을 바탕으로 한민족의 선도문화 속에 이러한 길이 있음을 알리고 싶다. 우리 민족의 정신, 문화라고 해서 무조건 우수하다는 것은 아니다. 하지만, 우리 민족의 고유한 정신 속에 21세기 지구촌을 구할 명약이 들어 있다.

국학의 선도문화 속에 길이 있다

사람들에게 '국학'이라고 얘기하면 '국악'이라고 듣는다. 그만큼 국학이라는 말은 아직 일반 국민들에게 생소한 단어다. 국학은 각 나라의 고유한 민족문화에 대한 연구를 말한다. 우리나라의 경우 불교, 유교 등 외래에서 들어온 문화를 제외하고, 순수하게 우리 민족이 가지고 있었던 정신, 문화에 대해 연구를 한다.

혹시 이 글을 읽는 당신에게 어떤 외국인이 "한국 민족의 고유한 정신과 문화가 무엇이냐"고 묻는다면 뭐라고 대답하실 건가?

나는 검사 시절 몸과 마음이 극도로 피폐해졌을 때, '단월드'라는 명상센터에서 수련을 하게 되면서 국학을 접했고, 이 길이 대한민국을 살리는 길이라고 확신하게 되었다.

국학의 뿌리는 우리 민족의 선도문화이고, 선도문화의 핵심은 홍익정신이다. 선도문화는 수행을 통해 개인의 완성을 이루고, 나아가 전체 지구촌의 평화에 기여하는 삶을 살자는 것이다. 그냥 글로만 읽으면 너무나 평범하고 단순하게 들릴 수도 있다. 하지만 선도문화 속에는 우주와 인간, 인간과 인간에 대한 진리가 들어 있다. 이러한 진리는 머리로 이해하는 것이 아니라 명상을 통한 수행으로 얻을 수 있는 것이다.

선도문화의 핵심은 고운 최치원 선생이 번역한 《천부경》이라는 한민족만의 고유한 경전 속에 들어 있다. 선도문화를 제대로 알기 위해서는 먼저 최치원 선생에 대해 알아두어야 한다.

선도문화의 핵심은 천부경

최치원 선생은 신라시대 6두품 출신으로, 열두 살 때 당나라로 유학을 가서 당나라에서 공직생활을 했다. 당나라에서 유교뿐만 아니라 불교와 노장사상까지 공부한 선생은 신라로 귀국해 한민족의 선도문화를 접하고, 난랑비(鸞郎碑, 신라의 화랑인 난랑을 위해 세운 비석) 서문에 유불선 3교의 뿌리가 한민족의 선도문화 즉 풍류도에 있다고 밝혔다. 그리고 한민족 고유의 문자인 녹도문자로 전해져 오던 《천부경》을 한자로 번역해 현재까지 전해주고 있다.

지난 2015년, 중국 시진핑 국가주석이 '2015 중국방문의 해' 개막식 날, 중국을 국빈 방문한 박근혜 대통령에게 최치원 선생의 시구를 인용하여 들려준 적이 있다. 실제로 중국에서는 '최치원기념관'을 건립하는 등 최치원 선생을 문화 콘텐츠로 만드는 작업을 진작부터 하고 있다. 하지만 정작 우리나라 강단 사학계에서는 《천부경》과 같은 한민족의 위대한 유산을 위서 또는 특정 종교단체의 교리 정도로 보고 있으니 안타까울 뿐이다.

《천부경》의 핵심 사상은 '본심본태양앙명, 인중천지일'(本心本太陽昻明, 人中天地一) 속에 들어 있다. 사람의 본성은 빛과 같고 사람 안에 하늘과 땅이 하나로 내려와 있다는 것이다. 이때 사람은 욕망에 빠져 있는 사람이 아니라 영혼을 가진 사람을 의미한다. 사람의 영혼을 가리고 있는 욕망과 감정으로부터 자유로워질 때 인간은 빛과 같은 밝은 존재이며, 인간 속에 대자연의 에너지가 내려와 있어 '우아일체'의 경지가 된다는 것이다.

깊은 명상을 하다 보면 내 몸과 자연이 하나가 됨을 느낀다. 내 몸과 내 몸을 감싸고 있는 기운이 하나가 됨을 느낄 수 있는 수행법이, 바로 우리 한민족의 선도문화 속에 들어 있다.

선도문화는 기(氣)문화

선도문화는 한마디로 기(氣)문화다. 기 즉 에너지에 대한 공부와 수행이 없으면 선도문화를 제대로 이해할 수 없다. 우리 선도문화에서는 사람을 육체와 영혼, 그리고 에너지 즉 기운으로 이루어져 있다고 본다. 육체와 영혼을 연결해주는 것이 에너지다. 명상과 기공 수련을 통해 자신의 몸에 흐르는 기운을 느끼고, 이를 통해 자신의 영혼을 느낄 수 있다. 기수련을 하다 보면 갑자기 눈물이 흐르기도 하고, 가슴속에 막혔던 무엇인가가 폭발하기도 한다. 막혔던 곳들이 수련을 통해 뚫어지면서 일어나는 현상들이다.

단군시대부터 우리 민족에게 과학적이고 실천적인 수행문화와 이를 뒷받침해주는 원리가 있었다는 것은 매우 놀랍고도 감사한 일이다. 하지만 고려시대에는 불교, 조선시대에는 유교, 그리고 일제 강점기를 거치면서 무분별하게 들어온 서양의 사상과 문화가 대한민국의 정신세계를 지배하고 있다. 참으로 안타깝고 슬픈 일이다. 하루 빨리 국학의 참의미를 국민들에게 알려 우리 고유의 수행문화를 되살림으로써 상실되어 가는 인성을 회복하고, 정신이 바로 선 위대한 대한민국을 만들었으면 한다.

3

인류보편연대로 가는 길

01

가까이 사는 것이 아니라
안전한 거리에서 사는 것

이 글을 읽는 당신에게 묻자. '더불어 산다' 하면 뭐가 제일 먼저 떠오르는가. 혹시 '더불어민주당' 같은 소리를 하는 당신은 아니시겠지. 하하하하. 잠시 책에서 눈을 떼고 눈을 감은 뒤 10초만 '더불어' 하면 떠오르는 걸 생각해보자. 아마도 아름다운(?) 장면이 떠올랐을 거다. 산동네 연탄을 배달하기 위해 길게 늘어선 사람들의 모습이나 노약자와 노동자, 의사와 학생, 주부가 손에 손을 잡고 박장대소하는 모습 등일 수 있다. 하지만, 나는 과감하게 말한다. 당신이 떠올린 그런 식의 '더불어'가 아닌 세상으로 가보자고. '더불어'는 '장밋빛 환상'이 아니라 어쩌면 처절한 현실이다. 그런 의미에서 앞으로 내가 말하는 '더불어 사는 것' 10가지는 "~가 아니고, ~이다"란 형식을 취할 것이다.

자, 이제부터 '더불어'에 대한 편견과 선입견을 넘어서 이야기하겠다.

안전거리를 지키지 않으면 사고가 난다

어느 날, 신호등이 있는 사거리에서 앞차와 뒤차가 추돌했다고 치자. 앞차가 신호등이 노란색으로 바뀌자 놀라서 급정거를 했다. 뒤차는 그것도 모르고 가다가 앞차 뒤꽁무니를 세게 들이받았다. 교통사고다. 앞차 주인도 뒤차 주인도 차 밖으로 나와 서로 욕질이다. "야, 이 새끼야. 운전을 그 따위로 하느냐"라며 '목소리 크기 시합'을 벌인다. 사실 누가 잘했니 못 했니 따질 것도 없다. 곧이어 나타난 보험회사 직원이 판결을 내려줄 테니까.

이 경우, 누구의 과실일까? 비슷한 교통사고를 당해본 사람이라면 당장 안다. '안전거리 미확보' 즉 앞차와의 안전거리를 확보하지 않은 뒤차의 과실이 크다.

도로교통법 상 안전거리란 안전한 거리 즉 편안하고 온전한 거리, 탈이 없는 거리를 말하며, 안전거리 확보란 차 사이에 안전한 거리를 확보하는 것이다. 도로교통법 제19조에서는 "모든 차의 운전자는 같은 방향으로 가고 있는 앞차의 뒤를 따르는 때에는 앞차가 갑자기 정지하게 되는 경우 그 앞차와의 충돌을 피할 수 있는 필요한 거리를 확보해야 한다"라는 의무규정을 두고 있다.

안전거리를 계산하는 방법은 두 가지이다. 시속 60km 미만의 속도에서는 속도계 수치에서 15를 뺀 숫자를 m 앞에 붙이면 되고, 시속 60km 이상의 속도에서는 속도계 수치 그대로를 m로 보는 방법이다. 예컨대 시속 50km로 달리는 차량의 앞차와의 안전거리는 35m이며, 시속 70km 차량의 안전거리는 70m란 이야기다. 하지만, 차를 타고 가면서 앞차와의 거리를 자로 재볼 수는 없는 일. 따라서 도로교통법 제19조대로 '앞차가 갑자기 정지하게 되는 경우 그 앞차와의 충돌을 피할 수 있는 필요한 거리'를 알아서 충분히 확보할 수밖에 없다. 그렇다. 순전히 자신의 감각으로 알아서 할 일이다.

1,000명의 사람에겐 1,000개, 1만 명의 사람에겐 1만 개의 거리가 있다

사람 사이에도 적당한 안전거리가 있을까? 아니 필요할까? 물론 그렇다.

만일 당신이 요즘 만나는 사람이 100명이라고 치자. 그 100명은 자녀와 부모, 친척, 회사 동료, 친구 등등이다. 여기에다 길거리에서 만나 이야기한 사람까지 포함해서, 그 모든 사람들에게 나와의 적당한 안전거리가 필요하다. 하지만 안전거리는 100명 모두 다르다. 100명이라면 100개의 적당한 거리, 1,000명이라면 1,000개의 적당한 거리가 있다.

예를 들어보자. 친절한 미소와 상냥한 말투를 싫어하는 사람은 별로 없다. 어떤 남자가 아침에 야쿠르트 배달 아주머니에게 "수고한다"라며 친절한 미소를 날렸다. 그녀도 미소를 보내온다. 조금 더 가다 신문배달 소년을 만난다. 야쿠르트 아주머니에게 날렸던 것과 같은 미소를 보내며 "수고한다" 인사를 건넨다. 그런데 소년은 그냥 멀뚱히 처다본다. 그 표정 속에는 '저 아저씨 왜 저래? 뭘 잘 못 먹었나?'가 담겨 있다.

이런 예는 수없이 많다. 어느 한 사람에게 좋았다고 해서 내가 만나는 모든 사람에게 그것만 주어선 곤란하다. 반대로 어떤 것이 나빴다고 해서 모든 사람에게 주지 않아도 곤란하다. 상황에 따라, 상대방에 따라 다르게 주어야 한다. 더 정확하게 말하자면 상대방에게 적합한 것을 주어야 한다. 그걸 어떻게 알 수 있느냐고? 이미 말하지 않았는가. 자동차 사이의 안전거리도 감으로 했으니 그것도 감으로 하는 수밖에.

이렇게 생각해보면 매일 누군가와 만나 좋은 관계를 이어간다는 건 참으로 대단한 일이다. 100명의 사람을 만나면서 각각의 사람에게 적합한 거리로 조율을 한다는 의미가 아닌가. 대인관계 능력이란 결국 사람마다의 거리를 조율하는 능력이다. 그런 거리 조율을 잘하는 사람이 대부분 행복한 사람에 속한다. '대부분'이라고 말하는 이유는 타고난 처세술이 좋거나 사기를 치려는 사람이거나 남을 이용하려는 사람은 제외해야 하기 때문이다.

사람과 사람의 적당한 안전거리를 판단할 기준이 있을까? 다시 말해 '나'와 만나는 '수없이 많은 남'과의 안전거리를 판단하는 기준은 무얼까? 그건 남도 다치지 않고 나도 다치지 않는 거리다. 솔직히 말하자면 내가 다치지 않는 거리가 더 중요하다. 물론 남은 다쳐도 되지만 나는 다치지 않아야 한다는 말이 아니다. 그 둘은 결코 떼어놓고 생각할 수 없지만, 만일의 경우 굳이 선택을 해야 한다면 내가 다치지 않는 거리로 조율하는 편이 낫다는 얘기다.

"좋은 담이 좋은 이웃을 만든다"

나는 살아오면서 좋은 뜻으로 시작했지만 와장창 깨지는 공동체를 수두룩하게 보았다. 공동체를 하자고 하지 않았다면 서로 좋게 지낼 수 있었던 관계가 원수처럼 되는 경우도 보았다. 일전에 우리 가정도 "공동체를 같이 해보자"라는 제의를 받은 적이 있다. 그때도 아내와 나는 "그냥 우리끼리 잘 살랍니다" 하고 대답했다. 다행히 우리에게 함께해보자고 제의했던 그 공동체는 경기 안성에서 잘 만들어가고 있다.

"좋은 담이 좋은 이웃을 만든다"라고 말한 미국 시인 로버트 프로스트를 떠올려본다. 담을 없애자고 하지 않았으니 현명하다. 담을 없애고 '어울렁 더울렁'은 아니 될 말이다. 담이 없는 세상은 좋은 이웃을 만들지 못한다.

지금 내가 사는 안성 흰돌리마을은 집집마다 담이 없다. 담을 짓지 않는 게 우리 마을의 오랜 전통이다. 담이 없다 보니 대문이 없다. 낮에 외출을 해도 현관문을 잠그지 않는 것 또한 마을 관습이다. 우리 집도 그렇게 산다. 5년째 살고 있지만 아직까지 크게 불편한 게 없다. 우리 집 마당에 난 풀을 두고 주민들의 잔소리가 있긴 하지만, 그 정도는 내가 극복할 만하다. 오히려 대문이 없으니 외출하고 돌아와 현관문 앞에 각종 채소와 과일 등이 간혹 놓여 있는 기쁨을 맛본다. 주민들의 사랑이다. 이런 우리 마을이지만 현관문만큼은 좀처럼 불쑥 열지 않는다. 자주 들락날락하지도 않는다. 서로 좋을 만큼만 왕래한다. 끝으로 법정스님이 들려준 시 제목을 음미해본다. '함부로 인연 맺지 마라.'

02
'우리'를 만나는 것이 아니라
진짜 '나'를 만나는 것

　'더불어 산다'는 말이 좋긴 하지만, 그 말 자체는 상당한 오해와 착각을 불러일으킨다. 그 오해는 '더불어 산다'의 반대말을 알면 조금씩 해결된다. 당신은 뭐라고 생각하는가. 혹시 '더불어 죽는다' 이런 식의 개그는 하지 마시라. 하하하하. 많은 사람들이 '혼자 산다' 또는 '혼자만 산다' 등으로 대답할 게다. 하지만 '더불어 산다'의 정확한 반대말은 '더불어 살지 않는다'이다.

간땡이가 배 밖으로 나온 목수 윤편에게서 배운다

중국 고서 《장자》의 〈천도편〉에 나오는 이야기를 소개하겠다.

춘추시대 제나라의 군주 환공(BC 685~643 재위)이 대청 위에서 글을 읽었다. 그의 하인인 윤편은 대청 아래에서 수레의 바퀴를 깎고 있었다. 알다시피 고대 중국의 수레바퀴는 나무로 만들었다. 목수 윤편이 갑자기 일하다 말고, 대청으로 올라가 임금에게 물었다. 솔직히 이 대목에서 윤편은 "미친 거 아냐?"란 소리를 들어도 싸다. 일개 평민 놈이 일 잘하다가, 갑자기 미친 놈처럼 벌떡 일어나서는 임금에게 다가가 뭐라고 말을 하다니!

"읽고 계신 책에는 무슨 말이 있사옵니까?"

가관이다. 일하다 갑자기 벌떡 일어나 임금에게 할 말이 그거란 말인가. 지가 알면 얼마나 안다고. 또 알면 뭐 할 건데? 하지만, 그릇이 큰 사람은 다른가 보다.

"성인의 말씀이니라."

환공의 대답에 또 토를 다는 윤편. 아마도 목숨이 여러 개인가 보다.

"그 성인이 지금도 살아 계시긴 합니까?"

'햐 이놈 봐라. 나랑 지금 장난하자는 거냐? 그 성인이 살아 있으면 어떠하며, 죽었으면 어떠하냐. 지금 성인의 생사 여부를 왜 나에게 묻느냐? 무식한 평민 놈 주제에 그걸 알아서 뭐 할 거냐?' 하고 속으로 말했을 수도 있지만, 겉으로는 아무 군소리도 하지 않고 대답을 해준다.

"이 책에 말씀을 남긴 성인들은 모두 돌아가셨느니라."

이 정도로 임금이 이야기했으면 알아들어야지. 하지만 윤편은 인내심의 한계를 실험하는 것도 아니고, 또 뭐라고 지껄인다. 오늘 아주 날을 잡았다. 죽기로 작정한 날 말이다.

"그렇다면 그 책에 쓰인 글은 성인들의 찌꺼기입니다."

오호라. 이제 아주 막가는구나. 점입가경에 아전인수가 따로 없다. '참는 데도 한계가 있다'라는 말은 이때 쓰는 거다.

"뭐라고! 성인의 찌꺼기라고? 목수 주제에 뭘 안다고 그러느냐. 이유를 분명히 대지 못하면 네 목숨이 무사치 못하리라!"

이런 걸 보고 매를 번다고 하는 거다. '제 발등을 찍는다'라고 말해도 괜찮다. 가만히 있었으면 아무 일도 없었을 텐데, 괜히 나대다가 죽음을 자초했다. 하지만, 누군들 죽고 싶어 하랴. 윤편이 그 이유를 말한다. 그 말이 참 '진리스럽다'.

"소인은 그저 오랜 생활의 경험에서 그런 생각을 했을 뿐입니다. 예를 들어 수레바퀴 축의 구멍은 너무 크게 깎아도 못 쓰고, 너무 작게 깎아도 안 되는 법입니다. 굴대와 구멍이 꼭 들어맞아야 하는데, 이것은 호흡을 잘 맞추어야만 되는 것입니다. 그 비결은 말로써는 도저히 설명될 수 없는 것이지만, 또 절대로 우연히 맞게 되는 것도 아닙니다. 소인이 자식에게 그 비결을 깨치게 해주려고 하나 좀처럼 잘 되지가 않습니다. 그래서 나이 일흔이 되도록 여태껏 이 일을 소인이 직접 하고 있습니다. 옛사람들도 참으로 중요한 대목은 말로 표현하지 못한 채 죽어버리지 않았겠습니까. 그러고 보면 왕께서 읽고 계신 책도 성인들의 찌꺼기 같은 것임에 틀림이 없을 줄 아옵니다."

'더불어 산다'는 것은 '오롯이 나로 산다'는 것

나는 윤편의 이야기에서 현대인의 비극을 본다. 세상에 좋은 것들은 모두 말하지만, 정작 자신이 빠져 있다. 누구의 견해가 이렇고, 누구의 이론이 이렇고, 누구의 가르침이 이렇다고 수두룩하게 이야기하지만, 자기 자신은 부재중이다. 윤편 이야기의 핵심은 "옛 성인들의 살아 있는 말씀으로 돌아가자" 하는 게 아니다. 수레바퀴를 적당하고 적절하게 깎으려면, 결국 자기 자신이 온전히 거기에 던져져야 한다는 이야기다. 누구의 이야기와 이론이 아니라 너만의 것이 있느냐 하는 질문이다.

이런 현상들은 특히 종교사회에서 두드러진다. '사랑, 겸손, 하느님, 부처님, 명상, 기도, 평화, 구원, 해탈' 등을 수없이 말하지만, 정작 자기 자신은 거기에서 빠져 있다. 자기 자신은 빠진 채로 '진리'만 난무한다. 이것이 2017년 현재까지 종교와 종교인들의 최대 실수다.

뿐만 아니라 새로운 깨달음을 얻었다며 모임을 하고, 경전을 보고, 운동을 하는 사람들의 실수이기도 하다. 더불어 살자고 외쳐보지만, 거기엔 더불어 살아야 될 주체인 내가 빠져 있다. 더불어 살아야 될 책임의 본체인 나 자신은 안드로메다로 가버렸다.

이쯤 하고 우리들 자신은 '우리'에서 빠져나와 '나'로 살아야 한다. 우리 자신이 세상에 뿌리박고 사는 것은 치열한 현실이며, 사건 사건을 나 자신이 주체가 되어 만들어가는 것을 말한다. 더불어 살아간다는 것도 역시 당신 자신이 주체이다. '더불어 산다'는 이념 속에 갇힌 '내'가 아니라, 주체적으로 더불어 살아가는 당신 자신의 문제다. 노자의 《물》에서처럼, "물은 물을 담은 그릇 모양대로 바뀌는 듯하지만, 정작 물의 본질은 잃지 않는다" 하는 말과 통한다.

더불어 산다는 것은 '나의 확장'의 결과이지, '우리의 침범'의 결과가 아니다. '더불어 산다'는 것은 '오롯이 나로 산다'는 것의 다른 이름이다. 더불어 산다는 것은 '우리가 어떻게 잘 살 것인가'의 문제라기보다 '나 자신이 어떻게 잘 살 것인가'의 문제다. 말하자면, 자기만 아는 소아에서 벗어나 더 큰 나를 만나는 길이다. 에고로 똘똘 뭉친 거짓 자아에서 벗어나 참나로 가는 여정이 '더불어 산다'의 길이다. 이런 사람들이 모이고 모인 사회가 '더불어 사는 세상'이다. 이 여정의 출발도 '나 자신'이고, 과정도 '나 자신'이고, 완성도 '나 자신'이다. 이 여정의 필수생명이 '자기성찰'인 이유다.

03
하나가 아닌
다양함을 만나는 것

"가족같이 일하실 분 0명 모집."

이런 광고가 거리에 나붙었기에 호기심이 발동해 전화를 해본 적이 있다. 그랬더니 "야 이 씨발놈아. 장난전화 그만하고 집에 가서 쳐 디비 자라" 하는 육두문자가 들려온다. "뭐 씨발놈? 당신 미쳤어? 광고 문의하는 사람에게 욕질이야!"라고 말할 사이도 없이 전화가 끊어졌다. 알고 봤더니, 여성접

대부를 구하는 곳이었다. 남자인 내가 전화했으니, 상대방도 그럴 만했다.

사람들은 이제 안다. 구인광고에 있는 '가족같이 일하실 분'이란 문구의 참뜻을. 가족처럼 쉽게 부려먹고, 가족처럼 쉽게 대하고, 가족처럼 월급을 많이 안 주겠다는 뜻이란 걸. 가족같이 대해주지 말고, 직원처럼 대해달라는 게 요즘 구직자들의 요구다.

더불어 살자는 새마을운동, 그 성적표는?

우리나라 근대사에도 더불어 잘 살아보자고 외치던 운동이 있었다. 바로 박정희 전 대통령의 새마을운동이다.

잘 살아보세. 잘 살아보세. 우리도 한번 잘 살아보세.

1절) 새벽종이 울렸네. 새 아침이 밝았네. 너도 나도 일어나 새마을을 가꾸세.

후렴) 살기 좋은 내 마을 우리 힘으로 가꾸세.

2절) 초가집도 허물고 기와집도 고치고 새론 세상 만들어 좋은 세상 만드세.

와! 크면서 얼마나 저 노래를 들었는지, 지금도 가사가 다 외워진다. 그런 때가 있었다. 사람들은 그 운동 덕분에 우리나라가 이만큼 발전했다며 자랑스러워한다. 나도 그 말에 상당 부분 동의한다. 그 운동의 순기능이 우리나라를 경제대국으로 올렸으리라.

하지만, 세상 모든 일에는 양면이 있다. 아무리 좋은 것도 나쁜 면이 있고, 아무리 나쁜 것도 좋은 면이 있다. 사실은 나쁘다 좋다는 것은 사람들의 눈이 만들어낸 것이지, 본디 모든 만물과 현상은 가치중립적이다. 하여튼 새마을운동의 결점이 분명히 있다.

잘 살아보자는 운동이 하향식이라는 거다. 말하자면 민초들의 필요와 요구가 운동의 핵심 동력원이 아니라, 정부의 통치 필요와 요구에 의해 만들어졌다는 거다. 그러다 보니 운동은 성과 위주로 진행되었고, 공무원들은 전시행정을 구사하기에 바빴다. 원치 않는 사람도 그 운동의 희생양이 되었다. 나아가 그 운동에 반대하는 사람들을 '빨갱이' 내지는 '반동분자'로 몰아 형벌에 처했다. '다 같이 잘 살아보자' 하고 구호는 외쳤지만, 정작 그 구호에 찬성하는 사람들에게만 혜택을 베푸는 행정이었다. 말하자면 정부의 통치행위에 잘 '복종하는 개'로 국민을 개조하려는 의도가 숨어 있었다. 정부가 만든 하나의 가치관으로 국민을 묶어보려는 의도였다. 그런 무리한 시도는 1900년대까지는 효과를 보는 듯했다. 하지만, 21세기에 들어선 우리 사회는 무리한 급성장으로 인해 '헬조선'에서 허우적대고 있다. 빈부격차와 청년실업, 의식의 실종 등이 우리 사회의 난제로 남아 있다.

요즘 '마을만들기운동'에서 새마을운동의 기운을 본다

'더불어 산다'고 하면 사람들은 공동체를 떠올린다. 물론 그런 면이 없지는 않다. 그래서인지 요즘은 부쩍 '마을 만들기'란 어젠다가 우리 사회를 휩쓸고 있다. 경기도에서는 '따복(**따뜻하고 복된 공동체**)운동'을 벌이고 있다. '마을이 살아야 나라가 산다'라는 구호가 펼쳐지고 있다.

하지만 실제로 그런 운동이 펼쳐지는 것을 보면 가관도 아니다. 멀쩡히 잘 살던 마을의 주민들 사이에 혼란이 가중되고, 마을 간에 경쟁을 부추기고, 공동체처럼 잘 살아오던 마을이 어느 날 갑자기 '기업성' 마을로 바뀌곤 한다. 그냥 살면 공동체마을이 될 텐데, 뭔가 해야만 공동체마을이 되는 것처럼 부추기고 있다. 단언컨대 21세기 우리 사회의 '마을만들기운동'

은 21세기판 새마을운동의 반복이다. 그 시절보다 일방성과 강요의 양이 줄었다는 것 말고는, 아직까지 차이점을 발견하지 못했다.

더불어 살자는 것의 핵심 가치는 '통합'이 아니라 '자유'

앞의 운동들은 다분히 집단주의(사전: 개인보다 집단의 이익을 우선적으로 존중하는 경제정책의 원리)를 넘어서 전체주의(사전: 국가나 집단의 전체를 개인보다 우위에 두고, 개인은 전체의 존립과 발전을 위한 수단으로 여기는 사상)적 논리가 강하다. '더불어 살자'라는 구호 아래에서, 정작 개개인이 더불어 살지 못하도록 하는 메커니즘이다.

우리가 '더불어 살자'라고 말하는 순간에도, 각 개인의 다양성과 자유는 지켜져야 한다. 개인의 다양성과 자유를 침해하는 어떤 운동이나 이데올로기는 모두 거짓이다. 본말이 전도되었다. 더불어 살자면서 개인의 의사와 자유를 무시하는 것만큼 모순적인 일은 없다. 더불어 산다는 것은, 세상 모든 사람과 생명이 자신의 존재를 있는 그대로 존중받는 것이다. 물이 세모 통에 담겨 세모, 네모 통에 담겨 네모가 되어도 본질을 잃지 않는 것처럼, 우리는 너무나도 다른 모습이지만 인간이라는 공통점과 생명이라는 공통점으로 만나, 각자의 고유 생명을 존중하며 더불어 잘 살 수 있도록 해주는 것을 말한다. 그래서 더불어 산다는 것은 생명존중사상이 된다. 그런 면에서 더불어 산다는 것의 핵심 가치는 아무래도 '통합'이 아니라 '자유'라 하겠다. 더불어 산다는 것은 하나가 아닌 다양함을 만나는 것이다.

04

비정치적인 것이 아니라
정치적인 것

"더불어 산다는 것은 비정치적인 것입니까. 정치적인 것입니까"라고 누군가 묻는다면, 나는 조금도 주저함 없이 '정치적인 것'이라고 말하겠다. 그것도 아주 고도의 정치행위라고 말이다.

우리 사회에서 오해받는 대표적인 단어 둘이 있다면, '종교와 정치'다. 우선 이 자리는 종교를 말하는 자리가 아니니 자제하겠다. 다만 정치가 무엇인지, 정치적이란 게 무엇인지 말해볼까 한다.

"난 정치와 상관없다"는 그딴 말은 개나 줘버리자

"나는 정치와 상관없다. 정치는 내 관심사가 아니다" 하는 '정치무관심형' 사람이 있고, "정치인들은 다 도둑놈이다. 정치는 모두 썩었다. 정치엔 희망이 없다" 하는 '정치부정형' 사람이 있다. 사실은 이렇게 말하는 사람들조차 모두 정치와 밀접하게 관계가 있다.

2014년의 담배 판매량은 43억 3,000만 갑이었고 담뱃세 인상 이후인 2015년에는 담배 소비량이 31억 갑으로 감소했지만, 2016년엔 담뱃세 인상 전인 40억 갑으로 다시 늘어났다. 2014년 이후, 2,500원짜리 담배 한 갑에 2,000원의 세금을 더 붙여 담배 가격은 4,500원이 되었다. 담배 판매로 늘어난 세수는 13조 원에 달한다.

만일 당신이 지독한 흡연자이고 담배를 계속 피웠다면, 당신은 정부의 정치에 동조한 셈이다. 만일 당신이 흡연을 하다가 담뱃값 인상으로 담배를 끊었다면, 당신의 건강은 지켜낸 반면 정부의 담배 세금 정책에 반기를 든 셈이다. 또한 당신이 흡연의 간접피해를 주장하는 금연주의자라면, 정부의 세금정책을 정면으로 반대한 꼴이 된다. 당신이 담뱃세 인상에 대해 어떤 입장에 서더라도, 일종의 정치행위를 한 셈이다. 이렇게 보면 우리의 행위 가운데 정치에 연결되지 않은 것은 하나도 없다. 우리의 사회적 행위는 모두 정치적이다.

그래 안다. 그동안 우리나라에서 보여준 현실 정치인들의 작태가 당신으로 하여금 '정치'란 단어에 대해 혐오감을 갖게 하고, 자신과는 상관없다고 피하게 만든 거란 걸. 하지만, 21세기를 살아가는 당신과 나는 이제 우리들 모두가 정치에 끊임없이 참여하고 있음을 인정해야 한다.

남북이 더불어 사는 남북통일이 쉽지 않은 이유

"우리의 소원은 통일, 꿈에도 소원은 통일. 통일이여 어서 오라 통일이여 오라."

이 노래를 부르며, 통일을 뜨겁게 기다리던 때가 있었다. 지금은 그 어느 누구도 이 노래를 눈물 흘려가며 부르지 않는 듯하다. 사람들은 이제 '남북통일'이 그렇게 '장밋빛 미래'만이 아니란 것을, 오히려 더 힘들어질 수도 있다는 것을 어느 정도 간파한 듯하다. 남북이 서로 화해하고 더불어 살아보자고 하는 통일문제에서, 대의명분보다는 실리를 따진 지 오래다.

하지만 통일이 더욱 힘들어 보이는 것은 다른 데 이유가 있을지도 모른다. 우리나라의 무기개발 기술은 세계적으로도 알아준다. 육군의 경우 전체 무기 중 80퍼센트 이상이 국산이다. 해군 또한 국산 무기가 상당수를 차지하고 있다. 다만 공군의 경우는 비교적 낮다. 사정이 이런데, 우리나라의 군수물자를 생산해서 먹고 사는 대기업들이 과연 남북통일을 바랄까? 거기에 관련된 업체와 딸린 식구들과 '사돈의 팔촌들'이 통일을 바랄까? 미국이 2차 세계대전 당시 무기를 팔아먹으면서 세계 경제 강국으로 거듭난 것을 알고 있는 우리나라의 군수산업체들이, 할 수만 있으면 우리나라에도 평화(더불어 사는)보다 전쟁이 나기를 원하지 않을까?

'정치'와 '더불어 산다는 것'은 둘이 아니다

남북통일을 원하지 않는 기업과 재력가들이 얼마나 많을까? 이런 상황에서 남과 북이 더불어 사는 통일을 하고자 한다면, 얼마나 고도의 정치력이 필요할까?

지금 우리 사회에서 누군가 "더불어 살자" 하고 외친다면, 사람들은 어떤 반응을 할까?

"그래 더불어 살자는 말은 좋다. 그런데, 그게 뭔데? 어쩌자는 건데? 그냥 좀 나누고 살자는 말인가, 아니면 적당히 좋은 게 좋은 거니까 서로 좋을 만큼 주고받자는 건가? 아니면 홍길동처럼 부자의 재산을 빼돌려 가난한 자에게 주어 균형을 맞추자는 건가? 부자들에게 세금을 왕창 먹이고, 탈세자들을 색출하여 세금을 제대로 걷어서 제대로 된 복지국가를 만들자는 것인가? 그것도 아니면, 무상급식 무상복지를 외치는 진보주의자들의 말대로 부자와 가난한 자에게 골고루 무상혜택이 돌아가는 세상을 만들자는 것인가? 설마 공산주의자나 사회주의자처럼 모든 국민이 공평하게 부를 나누자고 주장하는 것인가? 이것도 저것도 아니라면, 특정 종교인들처럼 하나님의 나라니 부처님의 세계니 하면서 욕심 없이 더불어 사는 이상적인 사회를 만들자는 것인가?"

이런 식으로 말하다 보면 끝이 없다. 더불어 산다는 것이 무엇인지 각자의 입장에서 이야기하다 보면 천차만별이다. 설령 더불어 산다는 것이 무엇인지 합의가 된다 하더라도, 자신의 것을 내어놓고 손해를 보면서까지 그러한 세상을 원할까? 우리나라는 자본주의와 시장경제 국가이기에, '더불어 살자'고 말한다면 이해관계가 첨예하게 대립될 게 분명하다.

이런 상황에서 "더불어 살자" 하고 외치는 운동을 한다면, 넘어야 할 산이 너무나도 많다. 단순히 이상적인 신념과 종교적인 사탕발림으로는 설득할 수 없는 사회적 메커니즘이 있다. 이렇게 다양한 입장의 차이와 요구, 그리고 그 방식을 조율하는 것이 바로 정치다. 정치란 세상을 바르게 다스리는 것이다. 그러니, 더불어 산다는 것만큼 정치적인 것이 또 있을까.

05

'친족파벌연대'가 아닌
'인류보편연대'로 가는 것

나는 살아오면서 호형호제를 좀처럼 하지 않았다. 그래서 내겐 핏줄이 아닌 형님도 아우도 거의 없다. 목사들 세계에서도 부산 노숙자공동체 부활의 집 김홍술 목사만 형님으로 부른다. 물론 내가 사는 시골 마을에서는 모두를 가족처럼 생각하기에 주민들이 모두 '아부지 엄니 형님 형수님'으로 통한다는 건 양해하시라. 이렇게 말하니, 내가 도도한 사람인가 할 게다. 뭐 그럴 수도 있겠다. 하지만, 그럴 만한 나만의 개똥철학이 있다.

목사들 세계에도 '양아치의식'이……

나는 부산신학교(기독교대한성결교회 교역자양성원)를 나왔다. 전교생이라고 해봐야 각 학년마다 20명, 총 80명도 되지 않았다. 부산 동광교회 교육관을 빌려 강의가 진행되었다. 교수 중 대부분이 현직 목사들이었고, 신학생들은 대부분 소위 '노땅'들이었다. 말 그대로 교단에서 목사를 양성하기 위해 세운 신학교였다. 그러다 보니 강의가 교회 설교처럼 흘러갈 때도 있었다. 그만큼 신실하고 거룩한(?) 신학교였다. 이런 신학교에서 어떻게 나 같은 '또라이(?)'가 생겼을까. 실은 그것이 나도 궁금하다. 하하하.

그곳을 졸업하고 나서, 신학교 동문회에 참가했다. 하늘 같은 1회 졸업생부터 갓 졸업한 십 몇 회 졸업생까지 모였다. 그런데 기대를 안고 모인 동문회에서 오가는 대화들이 나의 미간을 찌푸리게 했다.

"어이! 서울 신대학교 본과 출신 목사들이 우리 부산지방 대형교회를 다 맡고 있잖아. 이런 판국에 우리끼리 똘똘 뭉쳐야 해. 그래서 본과 출신 목사들을 밀어내고 우리가 부산과 경남 지역을 장악해야 해. 밀리면 끝이여."

'하나님 나라'를 최전방에서 전도하는 목회자들인 줄 알았더니, 적어도 그 순간만큼은 양아치 세계의 무리들이었다. 이런 현상이 동문회에만 있는 게 아니란 걸, 경기도에 올라와 다양한 교단 목회자들을 만나며 알게 되었다. 전에도 말했거니와 내가 부산에서 경기도로 무작정 상경하게 된 요인 중 가장 큰 것은 목회자들의 '패거리의식'이었다. 적나라하게 표현하면 '양아치 의식'이다.

이쯤 하고 내가 호형호제를 하지 않는 결정적인 이유를 밝히겠다. 그것은 전두환 전 대통령의 역사적 행위들 때문이다. 그는 계급이 분명한 군대 사회에서, 마음이 맞는 사람들끼리 호형호제를 하며 사조직을 만들었다. 이 호형호제가 반란을 가능하게 했고, 대한민국을 통째로 집어삼켰고, 대한민국의 주요 요직을 서로 뒤를 봐주며 해먹는 결과를 낳았다. 난 그래서 그런 현상을 '전두환 패거리의 호형호제'라고 명명한다.

우리가 버려야 할 것은 '프라이드'(?)

위대한 영적 교사 데이비드 호킨스는 사람의 의식수준을 의식지도로 표현하는 전대미문의 연구결과를 내놓았다. 그가 이룬 금자탑은 실로 인류사의 혁명이었다.

그는 인간의 의식수준을 크게 상위단계와 하위단계의 두 가지로 나눴다. 그리고 하위단계는 여덟 가지(20 수치심, 30 죄책감, 50 무감정, 75 슬픔, 100 두려움, 125 욕망, 150 분노, 175 자부심)로 구분했고, 상위단계는 아홉 가지(200 용기, 250 중립, 300 자발성, 350 수용, 400 이성, 500 사랑, 540 기쁨, 600 평화, 700~1000 깨달음)로 구분했다.

여기서 주목하고 싶은 수준이 바로 자부심(175)이다. 자부심을 영어로는 'pride'라고 한다. 175 정도면 양호하다고 생각하겠지만, 실은 하위단계의 절정 수준이다. 다시 말해 보편적인 인간들이 그토록 목매어 부르짖는 '프라이드'가 하위단계의 끝이라는 얘기다. 대다수의 사람들은 자신이 속한 가정이나 단체, 국가, 민족, 종교 등에 무한한 자부심을 가지고 있다. 때론 그 자부심을 위해 목숨을 바치기도 한다. 문제는, 그 '자부심'을 누군가 건드렸을 때는 목숨을 바쳐 자부심을 건드린 상대방을 응징한다. 그가 비록 어제까지 이웃이었고, 형제였고, 친구였을지라도 예외를 두지 않는다.

"인간이 참 잔인하다 잔인해"

그런 인간의 실상을 드러내준 책이 바로 《네 이웃을 사랑하라》(미래의 창)다. 이 책은 미국의 저널리스트 피터 마쓰가 1992년 보스니아에 미국 특파원으로 파견되었을 때 기록한 전쟁보고서다. 보스니아 내전은 소위 '인종청소' 명목으로 이슬람계와 크로아티아계 주민 20만 명을 학살한 세르비아의 만행이었다. 이 책은 사람이 사람에게 어디까지 잔인할 수 있는지를 생생하게 보여준다. 다음은 그의 전쟁보고서 속에 담긴 증언이다.

"세르비아인들은 포로들을 다리 난간으로 끌고 가 몸을 앞으로 굽혀 난간에 기대게 했습니다. 그런 다음 어떤 때는 총으로 쏘기도 하고 어떤 때는 목을 베었습니다. 그 다음에는 강물에 밀어 넣었지요. 그들은 나와 나보다 더 늙은 한 남자에게 다리로 오라고 명령했습니다. 가는 길에 머리가 깨진 한 늙은 남자의 시체가 있더군요. 그것을 다리로 끌고 오라고 했습니다. 시체를 끌고 가는 사이에 그의 두개골이 부서지며 뇌가 흘러나왔습니다. 시체를 다리까지 끌고 가서 드리나강에 던져 넣으라고 했습니다. 다리에는 시체 두 구가 더 있었습니다. 목이 잘려 죽은 시체들이었습니다. 그들도 강에 던져 넣으라고 하더군요. 시체 중 하나는 왼손 손가락 네 개가 방금 잘려나간 채였습니다."

위의 보고는 피터 마쓰의 눈앞에서 벌어진 충격적인 일들 중 극히 일부다. 하지만 그보다 더 충격적인 사실이 있다. 여기 나오는 '처형자'들과 '피해자'들의 관계다. 그들은 '인종청소'가 시작되기 전엔 너무나도 살가운 이웃들이었다. 어제까지만 해도 드리나 강가에서 같이 멱을 감고, 물장구를 치던 이웃들이었다. 그런 그들이 왜 사람이 아닌 짐승이 되어 서로를 그렇게 죽여야만 했을까? 아이러니하게도 이 책의 제목은 《네 이웃을 사랑하라》다.

"우리가 남이가" 따위의 말은 이젠 그만!

과연 사람은 얼마나 잔인할까? '자부심'이란 이름 앞에 인류는 수많은 학살을 자행했다. 백인의 이름으로 수많은 흑인 노예를 짐승으로 죽게 했고, 히틀러의 이름으로 수백만의 유대인을 학살했고, 종교의 이름으로 이슬람과 기독교는 서로를 죽였다. '자부심 학살'의 치명적인 독은, 학살한 당사자들에게 죄책감은커녕 당당함과 정당성을 부여해준다는 거다.

이들은 '자기 편'엔 관대하지만 '남의 편'엔 무자비하다. 세상을 선악으로 나누지만, 실상은 '자기 편'은 무조건 선이고 '남의 편'은 무조건 악이라는 심각한 오류에 빠진다. '자기 편'을 위해서는 목숨도 바치지만, '남의 편'이라 판단되면 '개미 똥'만큼도 자비를 베풀 생각이 없다. 이런 사람들이 5.16과 12.12 군사쿠데타를 일으켰고, 수많은 민간인을 죽이고 5.18 광주 학살을 자행했다. 이들의 특징은 '자신의 사람'은 끔찍이도 챙기지만, '자신의 사람이 아닌 사람'들을 짐승만도 못하게 취급한다는 것이다. 이들이 주로 내뱉는 말은 "우리가 남이가"이다. 이것이 바로 '패거리의식'의 실상이다.

사실 특정한 역사적 사건을 일러 말했지만, 우리 사회의 평범한 사람들에게 '패거리의식'은 보편적이다. 학연, 혈연, 지연 등을 통해 편을 가르는 습성은 어제 오늘의 일이 아니다. 이런 '소아'(**자부심 수준**)에서 벗어나 '대아'(**용기 이상의 수준**)로 가자는 운동이 '더불어 살자' 운동이다. 더불어 산다는 것은 '친족파벌연대'에서 '인류보편연대'로 가는 것이다.

06
주는 것이 아니라
나누는 것

'더불어 산다'는 말은 종종 치명적인 약점을 유발한다. '약자와 소외된 자, 가난한 자'를 '구원자의 시각'으로 보게 만든다. 참 신기한 매직이 아닐 수 없다. 마찬가지로 이 '더불어 운동'에 참여하는 사람들이 명심해야 할 것은, 누군가에게 이 정신을 '주겠다' 하는 생각을 멈추어야 한다. 그래야만 더불어 사는 세상의 출발점이 이루어진다.

'사랑은 주는 것'에 반기를 든다

'사랑은 주는 것'이라는 말은 반쪽만 맞는 진실이다. 사람은 모두 받기를 좋아하는, 근본적으로 이기적인 존재라는 것을 갈파한 가운데 이러한 기질을 뛰어넘어 보자는 의미에서만 '사랑은 주는 것'이라는 말이 맞는 거다. 하지만 '사랑은 주는 것'이라는 말에는 중요한 것이 결여되어 있다. 그것은 '주는 사랑'을 받아들여야 하는 사람의 입장이다.

내가 사는 안성에만 해도 소년소녀가정이 60가정 이상이 될 것이라고 시청 복지과는 추산하고 있다. 이런 이야기만 나오면 도와줄 대상이 한 번 더 세상에 등장했다고 여기저기서 야단들이다. 또한 각 언론에서도 심심찮게 결식아동(나는 사실 '결식아동'보다는 '급식지원대상아동'이라고 표현하는 게 낫다고 본다)을 도와야 한다고 난리다.

그런데 아는가. 소위 '결식아동'들이 초등학교 고학년만 되어도 자존심이 상해서 시청에서 챙겨주는 식사를 대접받기를 꺼리거나 해당 식당에 가지 않는다는 것을. 그들은 자신을 '불쌍하게' 여기는 주위의 시선을 견뎌내느니 차라리 한 끼를 굶는다. "우리를 동정의 대상이 아니라 평범한 이웃으로 바라봐 달라" 하고 아이들이 몸으로 말해주는 거다.

독거노인 반찬배달을 하며 내가 받은 게 더 많았다

나는 안성 일죽에서 교회를 할 때, 독거노인 반찬배달 봉사를 했다. 안성 복지관으로부터 반찬을 건네받아 일주일에 두 번 정도 독거노인들의 집을 돌며 반찬을 배달한 것이다. 처음엔 나도 그들에게 반찬을 '주러' 갔다. 하지만 방문 횟수가 늘어날수록 한 가지 놀라운 사실을 알게 되었다. 내가 준 것은 반찬통 하나지만 내가 어르신들로부터 받은 것은 훨씬 더 많았다는 것을. 내가 받은 것을 굳이 '보람, 의미' 등으로 말하지 않겠다.

일단 어르신들로부터 인생 공부를 하사받게 된다. 일주일에 두 번씩, 어르신들은 연륜과 지혜로 나에게 깨달음을 주곤 했다. 빈 반찬통을 받아올 때마다 나를 거저 보내는 법이 없었다. 음료수는 기본이고, 철마다 스스로 가꾼 텃밭 작물을 주시니, '아하 요즘은 오이 철, 요즘은 고추 철'이라고 깨닫게 될 지경이었다. 내가 준 것보다 받은 것이 많았다는 이야기는 추상적인 게 아니라 실제적인 이야기였다.

더불어 살자며 세상에 뭔가를 주겠다는 '뻘짓'은 하지 말자

우리는 '사랑은 주는 것'이라는 구호(?) 아래 주는 것이 마치 사랑의 전부인 양 주기에 급급하지만, 한 번이라도 받는 자의 입장에 서 본 적이 있는가? '준다'는 것은 이런 의미가 있다. '나'는 '주는 자' 즉 '은혜를 베푸는 자'이고 '너'는 '받는 자' 즉 '은혜를 받는 자'라는 의미다. 주는 자와 받는 자를 나누는 심각한 오류가 숨어 있다. 다시 말해 이 세상에는 줄 것이 있는 '가진 자'와 줄 것이 없는 '못 가진 자'가 있다는 말이 된다. '도와준다, 베푼다, 좋은 일 한다' 등도 같은 선상에 놓여 있다.

그러면 이제 어떻게 하란 말인가. 나는 여기서 '더불어 나눈다' 하는 진실로 가고 싶다. 나눈다는 것은 주는 자와 받는 자의 개념이 아니다. 동등한 입장에서 가진 것을 서로 공유한다는 얘기다. 아무리 힘이 없는 사람이라 해도 나눌 것은 한 가지 이상이 있다. 어느 누구도 동정해야 할 대상은 없다. 다만 나누어야 할 이웃이 있을 뿐. 내가 독거 어르신들로부터 드린 것보다 더 많을 것을 받았던 것처럼. 그들은 받으면서가 아니라 주면서 삶의 보람을 느꼈다. '내가 남에게 받아먹는 존재, 짐이나 되는 존재'가 아니라 '남에게 아직 베풀 게 있는 존재, 아직은 세상에 쓸모 있는 존재'로 자신을 인식할 때, 어르신들은 살아갈 이유를 발견하게 된다.

이제 우리는 누군가에게 주고, 구원하고, 영향을 끼친다는 '구원자 콤플렉스'에서 벗어나, 세상 모든 사람은 동등하다는 진실로 가야 할 때다. 눈에 보이는 대로 사람을 구분하고 나누고, 그들에게 '더불어 사는 세상으로 가자'라고 외치는 짓을 그만두어야 한다. 이것이 "더불어 산다는 것은 주는 것이 아니라 나누는 것"이라는 말의 참뜻이다.

07
'행위'가 아니라
'존재'에 관한 것

사회를 변화시켜 보겠다고 여러 가지 '운동'(Movement)을 하는 사람들을 여럿 만나보았다. 그들의 공통점은 '세상 변화'는 외치는데, 정작 '자기 변화'는 없다는 것이다.

자신들의 심각한 '뻘짓'이 바로 이 지점에 있음을 알지 못한다. 이게 얼마나 '뻘짓'인지 알려주고자 한다.

당신은 소유 방식의 사람인가, 존재 방식의 사람인가

내가 좋아하는 철학자 중에 '에리히 프롬'이 있다. 프롬의 주옥같은 작품들 《너희도 신처럼 되리라》《사랑의 기술》《건전한 사회》《불복종에 관하여》《자유로부터의 도피》 등은 지금도 나의 서재에서 나와 함께한다. 그의 예리한 지성은 나의 영혼의 여정에 견인차 역할을 했다. 그중에서도 《소유냐 존재냐》는 단연 압권이었다. 청년 시절, 교회문화 속에서 허우적대던 내게 한 줄기 빛을 주었으니 말이다.

프롬에 의하면 사람에겐 크게 두 가지 패러다임의 삶이 있다. 하나는 소유의 방식, 나머지 하나는 존재의 방식이다.

대부분의 사람들은 소유의 방식으로 세상을 살아간다. 그들은 '사람은 태어나는 순간부터 부모를 소유하고, 가족을 소유하고, 이웃을 소유하고, 집을 소유하고, 이름을 소유하고, 단체를 소유하고, 국가를 소유한다고 생각한다. 이런 사람의 삶은 무엇인가를 소유하는 데 맞춰져 있다. 눈에 보이지 않는 지식과 사랑, 희망, 믿음 등도 모두 소유의 대상이다. 자녀도 아내도 부모도 물론 소유의 대상이다. 심지어 자기 자신과 신의 존재조차도 소유해야 할 대상으로 보고, 집착한다. 그들은 무언가를 많이 소유함으로써 행복해질 거라고 믿는다.

반면 존재의 방식으로 사는 사람들은 다르다. 그 어느 것도 소유하지 않고, 어느 것에도 집착하지 않는다. 소유도 하지 않고 집착도 하지 않으니 자유롭다. 그들의 관심사는 오로지 '나는 지금 어떻게 존재하고 있는가' 하는 것이다. 그들은 '세상이 어떠한가'보다 '나는 누구인가'에 집중한다. 그들은 세상의 그 어떤 것도 나와 떨어진 '어떤 대상'으로 보지 않는다. 그들에게 신은 '나와 동떨어진 존재가 아니라 오로지 둘이 아닌 존재'다. 삶의 방식이 '존재'에 맞춰져 있기 때문에 애당초 '많이 소유해야 행복'할 거라는 생각은 개나 줘버렸다.

당신은 '행위'자인가, '존재'자인가

프롬의 책 《소유냐 존재냐》의 진실은, '행위냐 존재냐'에 대한 물음에서도 유효하다. '더불어 산다'를 이야기할 때 우리는 조금도 주저함 없이 무언가를 행해야 하는 것으로 생각을 이동시킨다. '더불어 사는 세상'을 만들기 위해서는 무언가를 행하고, 바꿔내고, 투쟁하고, 운동을 해야 한다고 생각한다. 마치 '행동하는 양심, 행동하는 지성'이란 말에 꽂혀서 행동지상주의를 부추기는 듯하다. 결론부터 말하자면, 반은 맞고, 반은 아니다.

'더불어 산다'고 하면 흔히 이타적 삶을 떠올린다. 이타적 삶이란, 자기 자신이 아닌 바깥세상을 바라보는 삶이다. 그 삶은 '세상의 비뚤어짐'에 대해, 온전히 자기 자신을 바치는 행위에 초점이 맞추어져 있다. 여기서 더 나아가 '희생적 삶'을 끼워 넣는다. '누군가의 희생 없이는 좋은 세상이 오지 않는다'는 강박관념에 사로잡힌다. 이렇게 생각하는 사람들은 자신을 희생시키기도 하지만, 때론 남을 희생시키기도 한다. 이런 사람들은 '세상을 위해 내가 무엇을 할 것인가'에 집중한다. 타인에게도 '세상을 위해 당신은 무엇을 할 것인가'를 생각하고 결정하라고 요구한다. 한마디로 '행동'(행위)에 온통 초점이 맞춰져 있다.

이렇게 사는 이들에게는 '진정한 쉼'이 없다. 늘 자기 자신과 타인을 닦달하고, 쫓기는 마음으로 산다. '게으름'이나 '침묵'을 최대의 적으로 생각한다. 자신들의 운동에 해가 되는 사람은 물론 동조하지 않는 사람도 적으로 간주한다. 늘 입버릇처럼 "사회 부조리에 대한 침묵은 곧 죄"라고 열변을 토한다. '동조하지 않는 사람도 그 나름대로 세상에 긍정적인 역할을 잘 하고 있다'라는 진실을 인정하지 않는다. '독선과 아집'에 빠져 허우적대기 일쑤다. 이들은 '존재'가 아닌 '행위'에 빠진 사람들이다.

"내가 행복해야 세상도 행복하다"는 말의 참뜻

사실 '소유냐 존재냐'의 물음에서, '소유'의 자리에 '행위'를 바꿔 넣으면 '딱' 맞다. 즉 '행위냐 존재냐' 하는 물음이 된다. '행위냐 존재냐' 하는 물음은 '더불어 운동'을 하려는 우리에게 꼭 필요한 질문이다. "당신은 '더불어 운동'이라는 행위를 하기에 앞서, 온전히 잘 존재하는가?"

더불어 운동의 시작도, 과정도, 끝도 모두 '자기성찰'에 있다고 말한 바 있다. 그 말은 우리의 '행위'를 묻는 게 아니라, '존재'를 묻는 것이다.

종교가 말한다. "인류는 한 사람도 빠짐없이 근본으로부터 소외되어 있으며, 소외된 사람을 근본으로 연결해주는 것이 종교"라고. 이는 곧 존재의 문제이다. 우리가 더불어 살지 못하는 근본적인 이유는, '우리가 근본으로부터 소외된 존재'이기 때문이다. 그렇다면 더불어 운동은 무엇보다도 의식운동이며, 영적 운동이며, 인간존재 운동이 되어야 한다.

이제는 프롬의 말처럼 '~으로부터' 떠나 '~에로의 자유'로 가야 할 때다. '근본으로부터 소외된 존재'에서 떠나 근본으로 돌아가야 할 시간이다. 자신의 존재의 의식을 변화시키고, 의식을 고양시키는 일이 어떤 무엇보다 중요하다. 이것이 바로 "내가 변해야 세상이 변한다"라는 말의 참뜻이다.

우리 존재 자체의 의식이 고양되면 세상도 그 영향을 받아 변하게 된다. 존재를 고양시킨다는 것을 데이비드 호킨스의 패러다임으로 설명하면, 의식수준의 도약과 상승이다. 의식수준이 100인 사람은 125로, 200인 사람은 250으로 끌어올리는 운동이 '더불어 운동'이다. 자신의 존재 자체를 1,000까지 고양시킨 예수와 석가모니 등이 모델이다. 그들의 존재 자체가 고양되니, 2,000년 이상이 지난 지금도 그들의 영향 아래 사람들과 세상이 변하고 있다. 말하자면 우리 자신의 존재가 고양되면, 마치 바다의 해수면이 올라가듯 세상의 의식이 전체적으로 상향된다. 그래서 이 책의 제목도 '더불어 바이러스'라고 했다. 바이러스처럼 세상에 조금씩 퍼져 나가 영향을 미친다는 의미다. 역시 출발은 '나의 존재가 고양되는 것'으로부터다. "내가 행복해야, 세상도 행복하다"라는 말은 언제나 진리다.

08

'의존 상태'에서 벗어나
'상호연대의 세상'으로 가는 것

앞장에서 '더불어 산다'는 것은 '행위가 아니라 존재의 차원'이라고 설명하고 나니까 이 장이 좀 쉬워졌다. 지금 이 장에서 말하고자 하는 것도 오롯이 존재 차원이다. 이 장의 결론을 도식화해보면 '의존 → 독립 → 상호연대'다.

갓난아기가 "어머니! 저 독립하렵니다" 하면 이상하잖아?

우리는 태어나면서부터 누군가에게 의존한다. 아기가 태어나자마자 "아빠, 엄마. 누나와 형님들은 어찌했는지 모르지만, 제가 명색이 사나이로서 지질하게 부모님에게 얹혀 살 수는 없잖아요. 저 바로 독립할 테니, 제 앞으로 해놓은 재산을 미리 나눠주세요"라고 한다면, 기절초풍할 일이다. 그놈은 사실 어머니 뱃속에서부터 어머니에게 의존했다는 진실을 잠시 망각했다.

우리의 존재를 살펴보면, 온통 무언가에 의존하고 있다. 말하자면 무언가에 사로잡혀 한시도 자유롭지 못하다. "나 스스로 주체적으로 행동했다"라고 말하는 순간에도, 무언가에 의존하고 있다. 앞장에서 '소유'를 설명하기 위해 말했던 모든 것들이, 실은 우리 자신이 의존하는 것들이다. '소유상태'와 '의존상태'는 이름만 달리한 동일한 상태다. 말하자면, 사람들은 대부분 '소유와 의존' 방식으로 존재하고 있다.

이런 사람들은 대부분 자신이 의존하고 있는 그 무엇에 기대어 살기를 즐긴다. 그 무엇이 떠나가면 죽는 줄 안다. 그것에 충성하고, 사랑하고, 관리하고, 집착한다. '그것'은 세상에서 좋은 것이라고 말하는 사랑이나 선행, 나눔, 봉사, 협동 등과 중립적이라고 말하는 국가와 단체, 학교, 종교 등에도 똑같이 적용된다. 물론 나쁘다고 말해지는 증오, 미움, 무관심, 폭력, 무기, 전쟁 등도 마찬가지다.

이런 '의존 상태의 존재'는 결코 자기 자신을 뛰어넘지 못한 채 '에고'에 갇혀 허우적댄다. 이런 존재들은 좋을 때만 좋지, 나쁠 때에 좋은 법을 알지 못한다. 이들은 자녀들에게도 "남에게 큰 피해 주지 말고 살면 된다"라고 말한다. 이들은 '소아'의 상태에서 나오지도 않을 뿐만 아니라, 그 상태에서 왜 벗어나야 하는지, 그것이 왜 올바르지 않은지도 전혀 모른다.

내 딸의 홀로서기는 독립적인 존재로 고양시킨 사건

진짜배기 '더불어 사는 세상'으로 가려면, 아이러니하게도 우리는 현재 '더불어 살고 있는 무언가'로부터 탈출해야 한다. 즉 "더불어 살려면 우선 더불어 살지 말아야 한다"는 역설이 성립되는 것이다.

우리 인류의 역사는 모두 자신들이 의존한 그 무엇에 '과잉 충성'한 역사다. 모든 인류의 전쟁과 학살과 만행은, '의존적인 존재의 상태'가 팽창하고 폭발한 것이다. 이것을 심리학 용어로는 '에고의 팽창'이라고 한다. 사람이 자신의 에고에 집중하고 집착함으로써 에너지를 에고로 모으면, 반드시 팽창하고 폭발한다. 이런 현상은 개인의 심리에도 적용되고, 단체와 나라의 생리에도 적용된다. 팽창된 에고는 팽창된 에고끼리 서로 부딪혀 싸움과 전쟁을 일으키곤 한다. 역사는 언제나 그래왔다.

이러하다면, 이제 우리는 무엇을 해야 할까? 그렇다. 의존의 상태에서 벗어나야 한다. '의존의 존재'로부터 자유하여, '독립의 존재'로 가야 한다.

내가 쓴 책 《자녀독립만세》(삼인출판사)는 단순한 자녀교육서가 아니다. 그것은 내게 맡겨진 자녀를 '의존적 인간'에서 '독립적 인간'으로 고양시킨 영적 여정의 산물이다. '내 딸의 홀로서기'는 단순히 경제적 독립만을 말한 게 아니라 '독립된 존재'로 자유하게 한 이야기다.

행복한 사람들의 공통적인 특징은 인생을 '자기주도적'으로 산다는 거다. 환경과 상황에 이끌려 가는 사람이 행복할 리가 만무하다. '자기주도적 인간'은 '독립적 인간'의 다른 이름이다. 당신이 속한 가족과 종교와 국가 등으로부터 벗어나라.

"더불어 살려면 더불어 사는 것으로부터 벗어나라"

더불어 사는 세상을 말하려면, 앞 단계에서 머물러선 안 된다. 프롬에 의하면, '~으로부터의 자유'에서 '~에로의 자유'로 나아가야 한다. 어떤 의존의 상태에서 벗어났다 하더라도 그 상태에서 가만히 있으면 퇴보하거나 망하기 마련이다. 이 세상에 발붙이고 사는 이상 '섬 같은 존재'는 있을 수 없다.

여기서 잠깐. 가족으로부터 벗어나라니, 가족을 떠나 출가라도 하란 말인가? 국가를 떠나라고 하면 이민을 가라는 말인가? 종교로부터 자유하라니, 무신론자가 되거나 다른 종교로 이동하라는 말인가? 물론 그럴 필요가 있는 사람도 있지만, 그 말의 핵심은 집착으로부터 벗어나라는 말이다. 거기에 천착하고 있는 당신의 존재를 떠나 오롯이 독립된 존재로 거듭나라는 이야기다.

조국을 떠나 이민을 간다 해도 역시 다른 나라가 기다리고 있지 않은가. 따라서 우리는 새로운 세계를 창조해내야 한다. 그것이 바로 '상호연대의 존재'다. 이러한 세상은 오롯이 독립적인 인간들이 모여 창조해 나가는 '상호부조의 세계'다. 더불어 살자는 것은 '의존-독립-상호연대'의 도식을 완성시켜 가자는 이야기다. 이것이 바로 모든 인간여정(**자기발견과 자기완성**)과 상통한다.

09

지금만이 아니라
앞으로도 지속가능한 것

'더불어 산다'는 것을 이야기하면서, 지구 환경 문제를 빼놓을 수 없다. 굳이 '환경론자'가 아니라 할지라도 말이다. 더불어 살자는 것은 '인간끼리 잘 먹고 잘 살자'는 이야기가 아니기 때문이다.

이 책을 쓰면서 만난 사람 중 '침팬지의 대모 제인구달'은 가장 인상 깊은 인물이다.

'침팬지의 대모' 제인 구달 덕분에 '더불어 운동'이 생겨났다

제인은 1934년 4월 3일 영국 런던에서 태어나 영국 남부 해안에 있는 본모스에서 성장했다. 어릴 때부터 아프리카 밀림을 동경했는데,《타잔》을 읽으면서 타잔의 애인인 제인보다 자기가 더 잘 할 수 있을 거라는 생각을 하기도 했다. 스물세 살이던 1957년에 우연한 기회로 가게 된 아프리카 케냐에서 저명한 고생물학자 루이스 리키 부부와 만났고, 1960년부터는 루이스 리키의 탄자니아 곰베 지역 침팬지 연구에 합류해 야생 상태의 침팬지를 자연 서식지에서 연구하기 시작했다.

침팬지에 대한 연구를 계속하면서 1965년에 케임브리지 대학교에서 동물행동학 박사학위를 취득했으며, 이후 탄자니아로 돌아와 침팬지와 비비를 연구하는 '곰비강연구센터'(Gombe Stream Research Center)를 설립했다. 1977년 야생 침팬지의 연구와 교육, 보존을 위한 '제인구달연구소'를 설립해 침팬지 및 다른 야생 동물들이 처한 실태를 알리고 서식지 보호와 처우 개선을 장려하기 시작했다. 그녀는 평생 자연과 세상과 사람을 사랑하는데 열정을 투자했다.

"환경은 조상에게서 물려받은 게 아니라 자손에게서 빌려온 것"

그녀가 내게 준 영감 중 하나는, 좋은 생각이 있으면 그것을 '프로젝트화'시키고, 운동으로 만들었다는 점이다. 그녀에 의해 탄생한 '뿌리와새싹 프로젝트'는 현재 120개국에서 활발하게 진행되고 있다. '제인구달연구소' 또한 활발하게 움직이고 있다. 내가 '더불어 운동'을 주창한 도화선이다.

이런 그녀에게서 나온 명언이 바로 "지금의 환경은 조상에게서 물려받은 게 아니라 자손에게서 빌려온 것"이다. 이 말이 어떤 사람에게는 감동으로

와 닿겠지만, 어떤 사람은 "그런데 뭐 어쩌라고?" 할 수도 있다. "북극곰을 지켜주세요"라고 하면, "못 먹고 못 사는 나부터 좀 지켜주지"라고도 할 수 있다. "북극 빙하가 녹고 있어요"라고 홍보하면, "지랄하고 있네. 먹고살기 힘들어서 내 마음이 녹고 있다. 이 자슥아"라고 받아칠 수도 있다. "오존층이 뚫리고 있어요"라고 말하면, "지랄도 여러 가지 한다. 오존층 뚫리는 건 보이고, 직장 없어서 뚫리는 내 맘은 안 보이냐?"라고 하면 사실 할 말이 없다. "지구온난화로 인해 해수면이 매년 조금씩 상승하고 있어요"라고 외치면, "지랄 염병하네. 너희들 그 헛소리 때문에 매년 내 혈압이 상승하고 있다"라고 반박할 수도 있다.

미국 폭스 TV에 나온 출연자 한 사람이 명언 아닌 명언을 말했다.

"몇 백 년 뒤에 생길 환경재앙 때문에 지금 나의 생활에 제약을 받고 싶지는 않다."

어쩌면 상당히 현실적이고 합리적인 말인 듯하다. 하지만 그렇게 생각하는 사람들도 이 지구상에 발붙이고 사는 이상 자연환경에서 자유로울 수 없다. 따라서 자연의 혜택을 받기만 하고 책임과 의무는 하지 않는다는 비난으로부터 자유로울 수 없다.

더불어 살자는 것은 지속가능한 사회를 만들자는 것

더불어 산다는 것은 지금 현재만 잘 살아보자는 의미가 아니다. 소위 '비즈니스 전략'처럼 얄팍한 원원을 말하는 게 아니다. 때론 우리 인간이 손해를 보고, 번거롭고, 어려워도 가야 할 길이 있다. 사실 그동안 인간이 자연으로부터 받은 혜택에 비하면, 우리가 앞으로 해야 할 수고는 '새 발의 피'다.

더불어 산다는 말에는 '지금'뿐만 아니라 '미래'와 더불어 살자는 뜻이 포함돼 있다. 자손에게 빌려온 이 지구별을 잘 간수했다가, 자손들에게 고스란히 돌려줘야 한다. 그런 면에서 더불어 살자는 것은 지속가능한 사회를 만들자는 이야기다. 당장의 좋은 세상을 추구하는 '소아'에서 벗어나, 자손들이 살아갈 세상을 배려하는 '대아'로 가자는 이야기다. '더불어 운동'은 이러한 방식과 방법을 연구하는 연구소로 자리매김하게 될 것이다.

10
혼자가 아니라
사회 전체가 책임지는 것

유튜브에 올라온 '책임'(Responsibility)이란 제목의 동영상이 독자들의 뜨거운 관심을 받았다. 미국에서 만든 '공익광고' 동영상인데, 내용은 이렇다. A란 사람이 B란 사람에게 친절을 베푼다. B는 C에게, C는 D에게…… 이렇게 돌고 돌아 결국 그 친절이 A에게 돌아온다는 영상이다.

이 동영상의 제목이 '친절'이나 '선행' 따위가 아니라는 데 주목할 필요가 있다. 즉 '타인에 대한 친절'을 그저 '선행' 정도가 아니라 '나와 당신' 모두가 행해야 할 '책임'이라는 걸 말하고 싶은 것이다. 더불어 살자 운동 또한 마찬가지다.

종편방송을 공공장소에서 하루 종일 틀어주는 나라

외국인들이 우리나라에 오면 놀라는 것이 많다. 그중 하나가 공공장소에서 소위 종합편성채널(종편) 방송이 버젓이 방영된다는 거다. 역 대합실, 시청 대기실과 민원실 등에서 하루 종일 종편방송을 틀어준다. 심지어 식당, 병원도 마찬가지다. 서양인들의 눈에는 도저히 이해가 가질 않는다. 그들의 나라에서는 특정 정치적 시각을 강조하는 방송을 공공의 장소에서 상영하지 않는다. 뿐만 아니라 공공장소에서 텔레비전을 하루 종일 시청하게 만드는 일도 좀처럼 하지 않는다. 종편방송을 하루 종일 틀어주는 것은 '더불어 사는 것'을 망치는 일이다. 개개인의 생각과 견해와 입장과는 아무런 상관없이 폭력적으로 어떤 입장을 강요하는 행위이기 때문이다. 더불어 사는 것이 아니라 더불어 죽이는 행위다.

공공영역이 잘 확보되고 있는가

이러한 것을 우리는 '공공영역의 확보'라고 말한다. 진보진영에서 그토록 '의료민영화 반대'를 외치는 것도 바로 그런 이유에서다. 의료분야가 공공영역이 아닌 민영화가 되면, 틀림없이 기업은 자신의 이익을 극대화시키려고 수단과 방법을 가리지 않을 것이고, 그러면 죽어나는 것은 돈 없는 서민들일 게다. 공공재들이 잘 확보되어야 시민이 행복한 사회라 할 수 있다.

내가 섬기는 사람들 중에는 가난한 사람이 많다. 특히 '생활보호대상자'들이 많다. 그중 어떤 사람은 "내가 이런 걸 받아도 되나?" 하면서 자신의 자격을 물어오는 사람이 있다. 어떤 사람은 그런 혜택을 받으면서, 마치 동정이라도 받은 듯 부끄러워한다. 이때 나는 항상 "이것은 동정이나 은혜가 아니라, 시민으로서 당연히 받아야 할 권리이며, 사회가 책임져야 할 책무"라고 역설하곤 한다. 국민의 세금으로 주는 것이니 '나라'가 '은혜'를 베푸는 것이 아니다. 어떤 정치인의 말처럼 "국민에게 지나치게 복지를 시행하면 거지근성이 생긴다" 하는 거나, 무상급식 등을 '포퓰리즘'으로 몰아붙이는 것은, 잘못되어도 한참 잘못되었다.

"무상급식이 포퓰리즘? 아주 지랄을 하세요"

더불어 산다는 것은 공공영역을 확보하는 것이고, 개인이 책임을 무한히 지는 사회가 아니라, 공공영역이나 사회가 상당 부분을 책임지는 사회를 말한다. '무상급식 문제'만 해도 그렇다. 자라나는 청소년의 급식은 개인이나 가정의 책임이 아니라, 사회 전체의 책임이라는 의식에서부터 출발한 것이 바로 '무상급식'이다. 또한 한 사람의 잘못을 개인의 책임이라고 몰아붙이기 전에 사회 전체가 그것을 아파하고 책임을 지는 성숙한 사회로 가자는 것이다.

이런 사회가 실현되려면 역시 고도의 정치행위가 필요하다. '세금 징수, 세금 사용, 세금 포탈 처벌' 등에서부터 '복지기관 운영, 복지제도 확대, 공공영역 확보, 민영화에 대한 수위조절' 등의 문제를 다뤄야 한다. "더불어 산다는 말만큼 정치적인 단어가 없다"고 앞에서 말한 바 있다. 더불어 산다는 것은 "개인이 전적으로 개인의 삶을 책임지는 것이 아니라 상당부분을 사회가 책임지는 의식"을 말한다.

2014년 4월 16일, 진도 앞바다에서 304명이 수장된 세월호 참사는, 우리 모든 사회구성원이 책임을 져야 한다. 대한민국 국민 가운데 어느 한 사람도 자유로울 수 없다. 대통령이나 정치인들만의 책임이 아니다. 이런 책임의식이 우리 사회를 '성숙하고 더불어 사는 사회'로 만들어준다. 이런 사회적 책임의식이 약한 곳을 우리는 '후진국'이라 부른다.

4

개 같은 인간,
개만도
못한 인간

01
우리나라 헌법대로만 해도
문제가 없을 텐데

의식수준을 '숫자'로 정리한 데이비드 호킨스는 미국 헌법을 지상 최고의 법이라고 평가절상하며 무려 '705'라는 점수를 줬다. 참고로 호킨스는 '위대한 성인 공자는 590, 노자는 610, 달라이 라마는 570' 등의 점수를 매겼다. 위대한 영적 교사이긴 하지만, 호킨스 본인이 미국인이기에 미국 헌법에 너무 후하지 않았나 하는 의구심이 든다. 나는 그런 면에서 우리 대한민국 헌법이 정말로 훌륭하다고 확신한다.

대한민국 정부 수립 초기엔 '국민'이 아니라 '인민'이었다

1948년 7월 17일에 제정된 우리 헌법은 1조 1항을 여는 순간부터 가슴이 마구 뛴다. 헌법의 기본성격을 알려주는 첫머리(1조 1항)는 "대한민국은 민주공화국이다"라고 선언한다. 캬~~~ 정말 멋지지 아니한가. 나라의 주인이 백성(인민)이라고 못을 박는다.

사실 되돌아보면 우리 민족의 역사에 백성이 주인이었던 적은 거의 없었다. 표면적으로는 왕이 주인이었고, 실제적으로는 외부세력(중국, 일본, 만주 등)이 주인 행세를 했다. 우리 인민들은 왕을 비롯한 사회지도층의 나약함과 사대주의로 인해 계속 침탈당하고 수모를 당해야 했다. 수모의 역사의 절정은 일제강점이었다.

지도층의 잘못으로 인해 장장 35년 동안 인민들이 고생했지만, 지도층 중 그 누구도 뼈아픈 사과를 하거나 책임을 지는 이가 없다. 오히려 인민 위에 군림하고, 그 자손들의 배만 불리고 있다.

혹시 '인민'이란 말이 좀 거슬리는가. 사실 '대한민국' 초기 지식인들은 '국민'(國民)이 아니라 '인민'(人民)이란 말을 즐겨 사용했다. 대한민국 정부 수립 당시, 정부에서도 인민이란 단어를 사용했다. '인민'이라는 단어는 라틴어 'populus'에서 유래된 것으로 영어로 하면 'people'이다. 오히려 '국민'이란 단어는 일제강점기 '일본 황국 신민'의 냄새가 난다. 또 '국민'이란 단어는 인민을 '국가에 소속된 구성원', 즉 국가의 주인이 아닌 국가의 부속품으로 보게 만드는 경향이 강하다. 눈치 챘겠지만, 그런 세련된 단어 '인민'이 우리 사회에서 사라진 건 순전히 북한의 '인민 타령'을 배격하려는 얄팍한 속셈이었다.

우리 헌법은 '더불어서 쌀 나눠먹는 것'까지 시켜준다

어쨌거나 그 험한 세월을 이겨내고, 우리나라 헌법은 제일 첫머리에 '대한 민국은 국민(인민)이 주인이다'라고 못 박고 있다. 수없이 많은 민초들이 자유와 권리를 쟁취하기 위해 피를 흘리고, 고통을 참아 일구어 온 자랑스러운 대한민국이다.

'민주'에다 '공화국'이란다. 공화(共和)란 '두 사람 이상이 공동으로 함께 화합해 정무를 하는 것'을 말한다. '공화국'이란 이러한 공화제(共和制)를 실시하는 국가이며, 국가의 주권이 다수의 국민에게 있고, 국민이 선출한 대표자가 국가를 통치하는 나라다. 공화국이란 말 자체에 벌써 '더불어 사는 나라, 더불어 사는 세상'이란 뜻이 함축되어 있다. '공화'(共和)란 '함께 공'(共), '쌀 미'(米), '입 구'(口)가 조합된 한자로 '쌀을 더불어 나누어 먹는 것'이란 의미가 있다. '쌀'(곡식, 밥벌이, 경제, 직업, 부 등을 의미)을 혼자 독식하지 않고 더불어 나누어 먹는 사회가 바로 공화가 이루어진 사회다. 우리나라 헌법 제1조 1항만큼 '더불어 사는 사회'를 잘 표현한 헌법이 또 있을까 싶다.

이럴 거면서 헌법은 왜 만들었나?

1항을 감당하기도 벅찬데, 2항에 가면 완전 뒤로 자빠진다. 2항은 '대한 민국의 주권은 국민에게 있고, 모든 권력은 국민으로부터 나온다'라고 역설한다. 사실 2항은 1항의 자세한 설명이다. 혹시나 1항만 써놓으면 '말귀'를 못 알아듣는 놈들이 있을까 봐 2항에서 자세히 풀어놓은 것이다. 대한 민국의 주권(주인 된 권력)은 대통령이나 국회의원, 장관 그 어느 누구에게도 있지 않다. 그것은 오로지 국민(인민)에게만 있다. 그래서 곧이어 "모든 권력은 국민으로부터 나온다"고 다시 못 박고 있다. 왜? 그렇다. '말귀'를 못 알아들는 놈들 때문이다.

헌법에 '권력'이란 단어가 사용되는 것은 이때 딱 한 번뿐이다. 다른 조항에서 대통령이나 국무총리나 국회의원 등의 역할을 설명할 때는 '권력'이 아닌 '권한'이라고 표현한다. 민주공화국인 우리나라에서 '권력'의 근원은 국민이며, 다른 국가적 지도층과 관리에겐 '권한'이 주어진 것이다. '권한'이란 '권력'의 원천인 국민이 위임한 것이란 이야기다.

우리나라 헌법만큼 '더불어 사는 세상'을 지향하는 헌법이 또 있을까. 백성이 골고루 주인이고, 권력은 백성의 것이고, 만인이 쌀을 더불어 나누는 사회를 지향하는 헌법이다. 하지만, 안타깝게도 2017년 현재 대한민국은 헌법의 기초가 흔들릴 만큼 그 기본이 지켜지지 않고 있다. 대통령과 고위층 관리, 국회의원 등은 국민을 '개미 똥'만큼도 귀하게 생각하지 않는다. 국민을 관리와 감시의 대상으로 보고, 명령하면 들어야 하는 '개 돼지'로 보고 있다. 대기업들은 국민을 자신에게 돈을 벌어다 주는 노예로 생각한 지 오래다. 겉으로는 만날 "고객님 사랑합니다"라고 외치지만, 속으로는 '벼룩의 간을 내 먹듯' 야금야금 삶을 파먹고 있다. "그런 고객 사랑이라면 제발 이제 그만"이라고 외치고 싶지만, 대기업이 아니면 기본생활조차 하기 힘든, 지랄 같은 사회가 되었다.

솔직히 한 번 묻자. 이럴 거면서 '헌법'은 왜 만들었나?

02

'갑질' 바이러스,
왜 지금 만발하나

어느 새 익숙해진 단어 '갑질'. '갑질 사모님, 갑질 회장님'부터 '슈퍼 갑과 울트라 갑'까지, 이제 우리 사회는 '갑'과 많이 친해졌다. 이 정도 '갑질 사회'라면 국립국어원에서도 '갑질'을 정식 단어로 인정해줄 때도 됐다. 그런데, 정말 '갑질'이 요즘 갑자기 많아진 걸까? 솔직히 옛날에 더 많았을 텐데, 요즘 왜 더 많아 보이는 걸까?

책 출간하면서 만난 '갑질'

나의 책 《당신의 결혼은 안녕하십니까》(유심출판사)를 낼 때의 일이다. 나는 처음 이 책을 집필할 때부터 '이 책을 세상에 꼭 내보내고 말리라' 하는 결심을 했다. '부부문제'만 바로 잡아도 이 세상이 바로 잡힐 거라는 근거 없는 나의 신념 때문이라기보다, 성적인 부부 이야기를 세상에 꼭 내놓고 싶었다. 그래서 이 책을 쓰면서 나 스스로 '에로 목사'란 캐릭터도 잡았다. 전반부는 부부 성생활에 대한 이야기지만, 중반부는 웃기는 부부 에피소드, 중후반부는 부부의 삶의 지혜 등을 다룬, 유쾌하고 의미 있는 책이다.

처음에는 원고를 S출판사에 보냈다. 그랬더니 "작가님! 이 원고는 저희 출판사의 집필 방향과 맞지 않아 정중히 사양합니다" 하는 대답을 들었다. "이번 원고는 솔직히 안 팔릴 것 같아. 다른 데나 알아보시지"라고 대놓고 이야기하면 속이라도 시원할 텐데, 출판사들은 항상 이런 식이다. 정중하게 사람의 속을 긁어 놓는다. 이에 나의 열정은 인터넷에서 수많은 출판사들의 이메일을 수집하게 했고, 그 이메일에 나의 원고와 프로필을 적어 보내게 했다.

드디어 두 군데에서 연락이 왔다. 한 군데는 '자비출판'을 권했다. 그건 단칼에 거절했다. 명색이 책을 몇 권이나 낸 작가가 쪽팔리게 '자비출판'이라니! 또 다른 한 군데는 고맙게도 책을 출간해주겠다고 했다. 물론 H출판사와 문제가 생길 줄은 꿈에도 생각 못했다.

처음에는 나의 원고를 쾌히 받아들여서 기분이 좋았다. 그런데 웬걸. 작업이 진행될수록 나의 부아를 돋우었다. 모든 게 내가 불리한 입장인 듯했다. '내가 지금 잘 가고 있나?' '지금이라도 그만두어야 하나?' 고민하게 만들었다. 아니나 다를까. 결정적인 것(뭐니 뭐니 해도 인세 문제가 핵심)에서 나의 심사를 뒤틀리게 했다. 원래 약속한 것과 달리 일이 꼬였다. 변호사를 사서 대항해야 하나, 아니면 참아야 하나? 이런 고민으로 6개월 이상 버티다가 천신만고 끝에 해결을 보았다. 내가 금전적으로 얼마를 손해 보고서야 끝을 본 것이다.

이런 우여곡절 끝에 만난 출판사가 바로 '유심출판사'다. 이 출판사는 시작부터 정중했고, 과정도 정중했고, 결과도 정중했다. 결국《당신의 결혼은 안녕하십니까》란 책은 돌고 돌아, 유심출판사를 통해 세상에 나왔다. 사람 다룰 줄 아는 출판사다. 그런데 최근 이 출판사와《더불어 바이러스》란 책을 계약하면서 알게 되었다. 작가가 '갑'이고 출판사가 '을'이란 걸. 그것을 당연하게 생각하는 유심출판사 앞에서 지난 시절이 회고되었다. 분명 문제의 H사와 계약을 할 때는 작가인 내가 '을'이고 출판사가 '갑'이었다. 거기서부터 꼬였다는 걸 이제야 확실하게 알게 되었다.

'갑질'이냐 아니냐는 부당성에 달렸다

'갑질'이란 권리관계상 우위에 있는 '갑'에다 어떤 행동을 뜻하는 접미사인 '질'을 붙여 만든 말로, 갑이 을에게 하는 부당행위를 통칭하는 말이다. 말하자면, 우월적 지위에 있는 자가 그렇지 못한 자에게 횡포를 부리는 '짓'이다.

계약이나 법에서 명시하는 당연한 권리행사를 두고 '갑질'이라고는 하지 않는다. '갑'도 '을'도 모두 하나의 사회적 위치이며, 상대적인 관계 설정의 도구들이다. 때론 갑이 되는 사람이 때론 을이 되는, 수시로 바뀌는 역동적인 단어가 바로 '갑과 을'이다. 사회 역학 구조상 '갑과 을'은 존재할 수밖에 없다. 말하자면 '갑' 그 자체나 '갑'의 권한행사가 잘못됐다는 게 아니다. 그러면 무엇이 문제일까? 바로 '갑질'이 문제다. '갑의 권한 행사'냐 '갑질'이냐의 분기점은 '부당성'이다. 앞에서도 말했듯이 '갑질'은 '갑이 권리관계에서 약자인 을에게 하는 부당행위를 통칭'한다고 했다. 갑이 자신의 권한을 내세워 부당행위를 하는 것이 바로 '갑질'이다. 자신이 속한 사회나 단체가 준 권한을 마치 자신의 것인 양 남용하고 오용하는 것을 말한다.

이런 '갑질'이 판치는 사회는 '더불어 사는 세상'에 정면으로 배치된다. 우선 세상의 모든 사람을 '갑과 을'로 나누는, 세상을 분리하는 생각이다. 그것은 곧 '강자와 약자'로 나누는 행위다. 그러면서 자연스레 자신을 강자의 위치에 놓고, 약자를 괴롭히는 일이다. 종교사회나 국가사회의 '선민의식'과 상통한다. 사회를 '더불어 사는 세상'으로 인식하지 않고, '약육강식의 세상'으로 인식한 행위다. 자신이 사자인 줄 착각하고 무조건 사슴을 잡아먹으려는, 주제 파악도 제대로 못한 사람들의 이야기다.

'갑질'이 갑자기 많아졌는가 알고 봤더니……

그런데 요즘 왜 하필 '갑질'이 더 많아진 걸까? 아니다. 사실은 옛날에 훨씬 '갑질'이 많았다. 자유당 시대, 박정희 시대, 전두환 시대 등을 보면 잘 알수 있다. 그 시절엔 '갑질'을 당해도 인민들은 참았다. 자신들의 운명인 양당연한 걸로 받아들였다. '바꿀 수 없으니 참아야지' 하는 심정이었다. 하지만, 지금은 아니다. 사람들은 인터넷과 SNS와 대중매체를 통해 많은 정보와 다양한 사례들을 접하며, 눈이 깨었다. 이젠 어떤 것이 '갑질'인지, 그것을 어떻게 다루어야 할지 알기 시작했다. '갑질'에 대한 을의 자세는 '참아야 하느니라'에서 '터뜨려야 하느니라'로 바뀌었다. '갑질'이 많아진 게 아니라, 실은 '갑질'에 대한 폭로가 많아진 게다. 그리고 이제는 '갑질'의 폭로가 단순히 을의 투정이나 증오가 아닌 변혁의 기초가 되어야 하리라. '갑질'이 사회 곳곳에서 판을 치고 폭로되는 우리 사회! 아직 갈 길이 멀다.

03

전두환 씨가
떵떵거리는 사회

먼저 '전두환 씨'라고 제목을 잡으니, 이렇게 말하는 사람이 있을 게다. "아무리 전직 대통령이 싫어도 그렇지, 너무 한 거 아냐? 개인적으로 싫은 거는 싫은 거고, 그래도 공적인 자리에서 '~씨'라니. 지랄이 풍년이다, 당신도"라고.

자 자, 좀 가라앉히고 내 말을 들어보시라.

굳이 전두환 씨라고 부르는 이유

두 전직 대통령 노태우 씨와 전두환 씨의 구속은 1995년 10월 19일 당시 민주당 소속 국회의원 박계동으로부터 시작되었다. 박 의원이 노태우 씨의 비자금을 폭로하고, 그 진상을 조사하는 과정에서 12·12쿠데타 및 5·18광주민주화운동 강경 탄압 진상 규명에 대한 국민적 요구가 거세졌으며, 마침내 김영삼 전 대통령은 1995년 11월 '5·18특별법' 제정을 지시하고 '역사 바로 세우기'를 선언했다.

1988년 소위 '5공청문회'가 열렸지만, 별 성과가 없었다. 이후 1996년 3월 부터 시작되어 1심 28회, 항소심 12회 등 모두 40회에 걸쳐 진행된 공판은 두 전직 대통령에게 반란죄, 내란죄, 수뢰죄로 판결을 내렸다. 그리고 전두환 씨에겐 사형, 노태우 씨에게는 징역 22년 6개월(구형 무기징역)을 각각 선고했다. 4월 17일의 대법원 상고심에서는 전두환 씨 무기징역, 노태우 씨 징역 17년이 최종 확정됐다. 하지만, 제15대 대통령 선거 직후인 1997년 12월 22일 김영삼 전 대통령이 '국민 대화합'을 명분으로 관련자를 모두 특별 사면하여 석방함으로써, 두 전직 대통령은 구속 2년여 만에 출옥했다.

사실상 이로 인해 두 전직 대통령은 전직 대통령 예우에 관한 법률에 의해 경호를 제외한 모든 예우를 박탈당했다. 그러므로 그들은 전직 대통령이지만, 공식적으로 '전 대통령'이라고 불러선 안 된다. 그냥 '전두환 씨'라고 부르는 것이 맞고, 굳이 부르고 싶다면 '전직 대통령 전두환 씨'라고 해야 한다. 쪼잔하게 이렇게까지 호칭을 깎아내려야 하나 싶지만, 5.18 당시 광주시민들에게 가한 학살을 생각해보면 이 정도는 약과다. 더구나 그는 수많은 세금을 내지 않고 단돈 '29만 원'으로 살아내는 초능력자이기에, 그에 걸맞은 대우를 해줘야 한다.

정의가 바로 서야 더불어 사는 사회가 온다

일제강점기 이후 우리 근대사와 현대사는 한마디로 왜곡의 역사다. 일제강점기 때 '친일 부역'한 사람들을 아무도 제대로 처리하지 못했다. 이승만 정권 때 '반민족특위'가 설치됐지만 이승만의 농간으로 잡혀온 사람마저 모두 사면되었다. 사실 우리의 현대사는 여기서부터 첫 단추가 잘못 끼워져 헤매고 있다. 거기에서 헤어나오질 못하고 있다.

총칼로 정권을 잡으며 수많은 양민을 학살한 전두환 씨와 노태우 씨에게는 그나마 역사의 정의가 바로 세워지나 했지만, 역시 '잘못 끼워진 첫 단추의 악몽'이 되풀이되었다. 그들도 사형과 무기징역이라는 역사적 심판을 받았지만, 정치적인 이유로 구속 2년 만에 풀려났다. 풀려난 후에도 그들은 전직 대통령으로 예우를 받으며 떵떵거리고 살고 있다.

이런 상황에서 어떤 국민이 정의롭게 살겠는가. 정의로운 건 고사하고, 열을 받지 않겠는가. 국민들은 '무전유죄, 유전무죄'라고 좌절하고 있다. 현대사를 바로 잡으려면, 우선 전두환 씨와 노태우 씨가 그들이 저지른 과오에 합당한 처벌을 받아야 한다. 그래야 우리 사회에 정의가 바로 서고, 모든 사람이 더불어 사는 사회가 된다.

사람들이 제일 분노할 때가 언제인지 아는가? 자신이 속한 사회가 정의롭지 못하다는 걸 확인할 때다. 바꿔 말하면 뭔가 억울하다는 상대적 박탈감을 느낄 때다. 법의 잣대가 다를 때 인민들은 분노하고, 그 법을 지킬 필요와 의무감을 상실한다.

이 사회에 정말 희망이 있는가? 희망이 없다고 판단한 인민들은 우리 사회에 대한 희망을 거둬들이고, 우리 사회를 '헬조선'이라고 부르기 시작한다.

전두환 씨에게 제대로 된 처벌을 하는 것은 뒤틀린 한국 현대사를 바로 잡는 일이고, 인민들에게 희망을 선물하는 일이다. 이렇게 되어야 더불어 사는 사회로 갈 수 있다. 이런 것이 바로 잡히지 않은 상태에서, "우리 서로 더불어 삽시다"라고 외치면 피해자들과 상처 입은 사람들은 "엿 먹어라" 하고 이구동성으로 외칠 게다. 이것이 제대로 잡히지 않은 우리 사회를 누가 '더불어 사는 사회'라고 말할까?

04

이것이
'헬조선'의 실상

2017년 현재, 당신은 대한민국에서 잘 살고 있는가. '행복지수'로 "당신은 행복한가"를 묻는 것은 아예 포기하겠다. 그냥 경제적으로라도 잘 살고 있는가.

대부분의 사람들이 '경제, 경제' 하고 있으니 하는 말이다. 혼자도 잘 살지 못하는데, '뭔 놈'의 더불어 사는 세상이란 말인가.

좀 사람답게 살고 싶다는 바람조차도 힘든 사회

옥스팜(국제빈민구호단체)에서 2015년 통계자료를 내놓았다. '세계 상위 62명의 재산이 하위 50퍼센트 세계인구의 재산과 맞먹는다'는 어마어마한 자료다. 이것이 수천 년, 아니 수억 년 이어온 지구별의 성적표다. 동물과 식물 세계에선 도저히 상상할 수도 없는 '부익부 빈익빈' 현상이 인간 세상에선 당연한 것처럼 되어버린 지 오래다.

남 이야기 할 것도 없다. 우리나라도 2015년 기준, 상위 10퍼센트가 국내총생산의 52.8퍼센트를 차지하고 있다. OECD 국가 중 임금불평등 1위 국가로 승격(?)된 지 오래다. 이에 반해 노동시간은 또 열라 길다. OECD 국가의 연중 노동시간을 보면 '멕시코 2,228시간, 그리스 2,042시간, 러시아 1,985시간, 미국 1,789시간, 일본 1,729시간 스페인 1,689시간 네덜란드 1,425시간 독일 1,371시간' 등이다. 우리나라는 이 분야에서도 2,285시간으로 1위를 하셨다. OECD 국가 평균이 1,770시간이니, 대단한 성적이다.

지금 우리 국민들이 바라는 게 서구 유럽 사람들처럼 몇 달이나 휴가를 갔다 와도, 일하기 위해 노는 게 아니라 놀기 위해 일하는 것 같아도 안 잘리고 잘 다니는 게 아니다. 그냥 좀 사람답게 살고 싶다는 소박한 바람일 뿐인데, 그것마저도 아직은 너무 멀다. 기업은 나날이 성장하는 듯한데, 그 기업의 핵심인 국민들은 나날이 퇴보해가니, 이런 상황을 그냥 두고 '더불어 사는 사회'를 만들자고 하면, 씨알이라도 먹힐까.

한국 불명예스러운 1위, 누가 만들었는가

"한국이 재건되려면 향후 100년은 걸려야 할 것."

이 말은 6.25 한국전쟁 직후 맥아더 장군이 폐허가 된 우리나라를 보고

한 말이다. 하지만, 50년이 채 지나기도 전에 우리 사회는 소위 '한강의 기적'을 일궈냈다. 세계사에서도 일찍이 유례가 없는 초고속 성장을 창조해냈다. 이러한 기적을 일궈낸 기성세대들의 피땀은 고맙고도 고마운 일이다. 하지만 '한강의 기적'이니 '초고속 성장'이니 하는 말이 반가울 수만은 없다. 세상 모든 일에 명암이 있듯, 20세기를 넘어 21세기가 된 우리 사회는 아프다. 아파도 너무 아프다.

객관적인 데이터로 말해볼까? 우리나라는 OECD 국가 중 1위를 무려 50개나 석권하고 있다. 물론 좋은 일이 아니다. 50가지가 너무 많아 몇 가지만 추려서 말해 볼까 망설이다가, 우리 사회를 직시하는 데 도움이 될 것 같아 모두 나열해본다. 아래는 우리나라가 차지한 불명예스러운 항목 1위들이다. 하나하나 꼭꼭 씹으며 읽어보라.

"자살률, 산업재해 사망률, 가계부채, 남녀 임금격차, 노인 빈곤율, 청소년 흡연율, 성인 흡연율, 가장 낮은 최저임금, 저임금 노동자 비율, 자동차 접촉사고율, 인도에서 교통사고율, 보행자 교통사망률, 어린이 교통사고 사망률, 노인 교통사고 비율, 교통사고 사망률, 학업시간 가장 높은 순위, 환경평가 좋지 않은 순위, 어린이 행복지수 낮은 순위, 청소년 행복지수 낮은 순위, 이혼 증가율, 결핵 환자 발생률, 결핵 환자 사망률, 당뇨 사망률, 대장암 사망 증가율, 심근경색 사망률, 온실가스 배출 증가율, 노령화 지수, 국가채무 증가율, 자살 증가율, 공공사회복지 지출 비율, 실업률 증가폭, 대학교육 가계부담, 낙태율, 과학 흥미도 없는 순위, 중년여성 사망률, 사교육비 지출, 15세 이상 술 소비량, 독주 소비량, 출산율 제일 낮은 국가, 근무시간 많은 국가, 세부담 증가속도 빠른 국가, 국가부채 증가속도, 식품 물가 증가율, 양주 소비율, 저출산, 공교육비 민간 부담, 사회안전망 가장 안 좋은 순위, 정치적 비전이 안 좋은 순위, 고등교육 국가가 지원해주지 않는 순위."

이것이 나와 당신이 일궈온 대한민국이다. 이것이 초고속 성장을 이룬 우리 사회의 어두운 성적이다. 이런 많은 것들을 하나하나 읊으니 뼛속 깊이 아픔으로 다가온다. 우리사회가 살기 힘든 줄은 알았지만, 이렇게까지 힘든 줄은 몰랐다. 이런 것을 일러 '총체적 난국'이라고 하겠다. 이러한 사회를 누가 만들었는가. 나와 당신이 만들지 않았는가.

우리 사회에서 살기 싫어 죽어가는 사람이 '37분마다 1명 꼴'

그중에서도 우리 사회의 자살 현상은 가히 충격적이다.

"37분마다 1명 꼴."

위의 수치가 우리를 아프게 한다. 바로 2013년 한 해 동안 우리나라 사람이 자살한 수다. 매일 약 39명이 목숨을 끊는다는 이야기다. 1년이면 약 14,200명이 이 사회가 싫고 삶이 힘들어서 자신의 삶을 포기한다. 실제로 자살에 성공한 사람이 그 정도라면, 자살 언저리에서 힘들어 하는 사람은 도대체 얼마나 된단 말인가. 나와 당신이 살아가고 있는 이 사회에서 어떻게 이런 일이 있을 수 있을까. '한강의 기적'을 이뤘다는 사회에서 '한강의 자살'을 아파하는 사회가 되어버렸단 말인가.

이와 같은 우리 사회를 적나라하게 표현해주는 세 글자가 바로 '헬조선'이다. 엄연히 민주사회에 살면서도, 소위 '흙수저와 금수저'라는 계층이 나뉘

어져 있고, 기회는 만인에게가 아니라 소수 부자들에게만 열려 있다는, 그래서 흡사 조선시대 신분사회와 같다는 걸 빗댄 신조어다. 아무리 노력해도 밑바닥에서 헤매는 자신들의 처지가 지옥처럼 느껴진다는 이야기다. 그렇게 견디다 못해 수많은 이들이 자살로 삶을 마감한다.

이러한 상황을 해결하지 않고, '더불어 사는 사회'를 말한다면, 사람들은 분노한다. 최소한 이마를 맞대고 진지하게 해결하려는 노력을 하지도 않는다면, '더불어 사는 사회'를 말하지 말아야 한다. 내가 이 글을 쓰는 이유는, 이것을 더불어서 해결해 보자는 거다.

05

세월호 참사가
지겹다는 사람들

2014년 4월 16일 세월호 참사가 벌어지던 날, 나는 세상이 뒤집힐 줄 알았다. 아니 최소한 교회 말로 '회개운동'이라도 일어날 줄 알았다. 그런데 웬걸. 약 한 달 간 초상집 분위기로 서로 눈치를 보더니, 한 달이 지나고 나니 모든 게 정상(?)으로 돌아갔다. 이런 일련의 상황들을 그냥 지켜보고만 있을 수가 없어서, '더불어 바이러스' 운동을 시작하고 있다.

나는 세월호 이후 세 가지를 회개했다

나는 세월호 이후 크게 세 가지가 달라졌다.

첫째, 세월호를 상징하는 노란 리본 배지를 매일 달고 다닌다. '기억하겠다. 잊지 않겠다. 진실을 밝히겠다'는 의미도 있지만, 나 스스로 304명에 대한 미안함을 회개하기 위해서다. 목사라고 해서 눈물을 흘리며 난리를 치는 회개가 아니라, 평생 세월호를 생각하며 사는 회개를 하고자 함이다. 나 자신을 향한 일종의 '표지판' 같은 거다.

둘째, 기본 사회 질서를 지키는 습관이 생겼다. 특히 교통법규는 더욱 잘 지키고자 한다. 세월호 참사의 근본 원인 중 하나가, 우리 사회가 서로 지키자고 약속한 것을 지키지 않은 데서 왔다. 세월호 전에 나는 '사람 나고 법 났지, 법 나고 사람 났나' 하는 생각으로 교통법규에 대해 많이 유연(?)했다. 새벽에 남들이 신호등 안 지키면 나 혼자 지킨다고 서 있었다. 낮에 남들이 신호등 지킨다고 서 있으면, 나는 혼자 출발하곤 했다. 불법 유턴과 좌회전 등을 수시로 했다. 보행신호는 지키고 싶을 때 지켰다. 이런 내가 세월호 이후에는 될 수 있는 대로 모든 신호를 꼭 지킨다. 나는 원칙주의자가 아니라 융통성 지상주의자다. 하지만 세월호 이후 우리 사회가 이리 된 것은 내가 신호등을 지키지 않아서라는 걸 깨달았다. 나부터, 내가 할 수 있는 일부터 하자고 결심했다.

셋째, "님들이 부르시면 새벽에도 밤에도 달려간다"라고 결심했다. 여기서 '님'이란 누굴까? 그렇다. 바로 청소년들이다. 물론 세월호에서 죽어간 사람들이 어찌 청소년들뿐일까만, 기성세대로서 그들을 지켜주지 못한 미안함과 책임감 때문이다. 지금도 나는 안성에서 '청소년에 의한, 청소년을 위한, 청소년의 축제 야단법석 페스티벌'을 위해, 청소년들과 늘 함께한다. 안성에서 '메이저 중심이 아닌 마이너 중심, 서울 중심이 아닌 지역 중심'의 기치를 내걸고, 청소년들과 함께 '비주류의 혁명'을 일구어 가고 있다. '안성방송국 개국, 안성영화사 개국, 인재양성센터 개국' 등의 비전을 청소년들과 공유하면서 말이다. 실제로 그들이 밤에도(**물론 그들은 모두 부엉이과지만**) 부르거나 도움을 요청하면, 언제든지 '콜'이다. 내가 할 수 있는 일(**청소년들 밥 사 먹이기, 나의 더불어15인승으로 장비 나르기, 안성 시민사회에다 청소년 방송 도와달라고 요청하기 등**)을 하고 있다.

이것이 진정한 회개다.

'세월호 참사'를 우리 사회가 거듭나는 계기로 삼아야

하지만, 아쉽게도 2017년 현재 우리 사회가 세월호를 대하는 자세는 '지겹다'는 말로 통을 치고 있다. 세월호 참사의 진실을 밝히고 사회적 상처를 치유하는 것은 이미 희석되고, 정치적 이슈가 되어버린 지 오래다. "세월호의 진실을 밝혀라" 하고 외치면, "저놈 빨갱이다"라고 공공연하게 이야기된다.

세월호에 대한 우리의 자세가 어떠하든 분명한 진실이 있다. 국민의 반 이상이 세월호 때문에 상처를 입고 아파하고 있다. 그 나머지 반도 마음 깊숙한 곳에 '트라우마'(**상처**)를 가지고 있다. 세월호 활동에 대해 입에 거품을 물어가며 반대하는 사람들도, 세월호에 대해 우호적으로 활동하는 사람들도, 세월호 활동에 대해 무관심한 듯 지내는 사람들도 모두 '세월호 참사'로 피해를 입은 사람들이다.

이런 상황에서 "좋은 게 좋은 거다. 적당히 하고 넘어가자. 진실은 이미 모두 밝히지 않았느냐" 한다고 해서 넘어갈 수는 없다. 아니, 그냥 넘어가지지가 않는다. 어떤 식으로든 진실을 밝히고 치유를 해야, 새날이 온다.

세월호를 대하는 올바른 자세는 1차적으로 진실을 밝히고 온전한 치유를 해야 한다. 하지만, 궁극적으로 세월호는 거기서 멈추어선 안 된다. '의식혁명운동'으로 가야 한다. 이것을 하지 않으면 이 나라는 희망이 없다. 제2, 제3의 세월호는 또 침몰할 것이고, 급기야 '한국호'가 처참하게 침몰할 것이 불을 보듯 분명하다.

세월호 앞에서 우리 사회는 아직 한 걸음도 제대로 떼지 못하고 있으니, 어찌 '더불어 사는 사회'라 하겠는가. 세월호 활동을 보며 지겹다는 사람들아! 이대로는 대한민국이 망한다는 걸 명심하시라.

06
돈이 되면
뭐든 한다

사실 '돈이 되면 뭐든 한다'는 것은 어느 인터넷 사이트의 이름이다. 2016년 2월 24일 검거된 일당 여섯 명은 이 구직 사이트에서 만나 범행을 계획하고, 고급 아파트만을 골라 2억 원 상당의 금품을 절도하다가 검찰에 검거되었다. 그 사람들이 나보다 한발 앞서서 창조적이긴 하다. 하하하하.

돈이 되면 뭐든 하던 시절이 있었다

'돈이 되면 뭐든 한다'라는 말은 한때 근면성실의 대명사로 불리기도 했다. 1945년 일제강점기에서 벗어나자마자 1950년 한국전쟁을 치른 뒤, 우리 사회는 지독하게 가난하고 배고팠다. 그 시절엔 돈이 되면 뭐든 했다. 돈이 된다면 똥지게도 지고, 남의 나라에 광부로 가서 죽도록 고생도 하고, 남의 나라에 간호사로 가서 시체도 닦고, 남의 나라에 건설잡부로 가서 공사하다가 장애인이 되기도 하고, 베트남 파병을 당해 미군 것인지 베트콩 것인지도 모른 채 총알에 맞아 죽기도 했다. 배가 고팠고, 배가 고픈 걸 해결하기 위해서는 뭐든 해야 했다.

그 시절에는 대통령과 그 하수인들이 양민들을 수없이 죽여도 "나 하나 살아남기도 벅차다" 하면서 모르는 척했다. 군인들이 두 차례나 쿠데타를 일으키고, 그 과정에서 이웃들을 무참히 죽여도 "먹고살 수만 있다면 개라도 되겠다" 하면서 눈을 감았다. 국가정보기관에서 고문을 하고 인권을 무시해도 "그까짓 인권이 밥 먹여주냐"라며 미련스럽게도 참아냈다. 멀쩡한 이웃이 간첩으로 몰려 죽어나가도 "내가 책임질 가족들이 너무 배가 고프다. 미안하다" 하면서 돈을 벌었다. 어쩌면 돈이 되면 뭐든지 하고, 돈이 안 되면 뭐든지 안 했던 덕분에 대한민국이 건재한 것인지도 모른다.

돈이 되면 정말 뭐든지 하는 사회

하지만 오늘날에는 '돈이 되면 뭐든 한다'는 그 정신이 세상을 온통 어지럽히고 있다. 배가 고팠던 시절에는 '돈이 되면 뭐든 한다' 해도 최소한 목표와 양심이 분명했다. 목표는 '내 자신'이 아니라 '나의 가족'이었고, 양심은 '아무리 못 먹어도 도둑질은 하지 않는다'라는 것이었다. 하지만 지금 그런 정신은 우리 사회 그 어디에도 없다.

우리 선배들의 '헝그리 정신'을 폄훼하고 싶진 않지만, '앞만 보고 달려온 헝그리 정신'이 결과적으로 우리 사회에 커다란 독으로 작용하리라곤 그들 조차 몰랐을 거다.

이젠 '돈이 되면 뭐든 한다'라는 말은, 한계를 모르는 말이 되어버렸다. 말 그대로 돈이 되면 뭐든 하는 시대가 되어버렸다. 돈이 되면 남편도, 아내도, 자식도, 부모도, 친구도 모두 죽일 수 있다는 용례로 사용되기 시작했다. 돈 만 되면 사람도 죽여주고, 장기도 꺼내 팔고, 강간도 서슴없이 하는, 그 어떤 것보다 '돈'이 최우선인 사회가 되었다.

이러한 사회적 현상은 결국 나를 비롯한 기성세대가 만든 것이다. 돈이 면 사형수도 무죄가 되고, 돈이면 무죄가 사형으로 판정되는 사회. 돈이 있 으면 군대도 가지 않고 떵떵거리지만, 돈이 없으면 군에서 사고가 나 장애 인이 되는 사회. 돈이 있으면 조선시대 양반보다 더 '갑질'을 할 수 있는 사 회. 그러니 사람들이 "뭐니 뭐니 해도 머니가 최고"라고 하는 것이, 어쩌면 당연한(?) 현상이지 싶다.

돈이 돼도 안 하고, 돈이 안 돼도 하는 사회를 꿈꾸며

우리가 '돈' 앞에서 취할 수 있는 행동은 총 네 가지다. '돈이 되면 뭐든 한 다.' '돈이 돼도 안 한다.' '돈이 안 돼도 한다.' '돈이 안 되면 안 한다.' 이 네 가 지 중 당신은 어디에 속하는가. 사실 '돈이 되면 뭐든 한다'와 '돈이 안 되면 안 한다'는 같은 얘기다. 마찬가지로 '돈이 돼도 안 한다'와 '돈이 안 돼도 한 다' 또한 같은 말이다.

어떤 사람이든 이 네 가지를 다 가지고 있기 마련이다. 한 사회도 마찬가지다. 만일 사회구성원 모두가 전자의 방향, 즉 돈이 되면 뭐든 한다든지 돈이 안 되면 뭐든 안 하는 방향으로 간다면 그 사회는 필히 멸망한다. 이럴 때는 후자의 방향, 즉 돈이 돼도 안 하고, 돈이 안 돼도 하는 사람들이 많아져야 하지 않겠는가. 전자의 방향으로 사는 사람을 뭐라고 탓하기 전에, 후자의 방향으로 사는 사람이 많아지면 자동적으로 세상은 더불어 사는 사회가 될 게다. 아직은 전자의 방향으로 사는 사람들이 대세인 사회에서, 후자의 방향으로 사는 사람들을 많이 만들어보지 않겠는가. 나부터 시작해 너와 우리로 가보지 않겠는가. 이것이 '더불어 바이러스' 운동이다.

07

일본과 베트남을 대하는
우리의 이중 잣대

일본에 대해서는 참 할 말이 많다. 아니, 할 말을 참 많게 하는 나라다. 임진왜란 이전부터 우리 민족을 괴롭혀왔던 일본은 두 번의 조선 침략을 통해 우리의 땅과 사람들을 짓밟았고, 1910년에는 한일합방을 통해 우리 민족을 제대로 잡아 잡수셨다.

일본을 대하는 우리의 자세, 이대로 좋은가

일본의 침탈은 생각보다 심각해서, 그들이 물러간 뒤에도 우리 사회의 병든 부분은 치유되지 않고 지금도 혼란을 겪고 있다. 식민사관에 길들여진 피동적 역사관과 청산되지 않은 친일은, 70년이 지난 지금의 우리 나라에서 사회갈등의 중요한 요인이 되고 있다. 아무리 일본을 좋게 생각하려 해도 좋게 생각할 수 없는 이유다. 게다가 제대로 반성하지도 않는 일본 지도층과 우파들의 뻔뻔함이 우리의 부아를 북돋운다.

돌아보면, 우리 사회는 한때 온 국민이 '독도는 우리 땅'에 목을 매었다. 요즘은 '위안부 문제 해결'에 온 사회가 몸살을 앓고 있다. 모두가 과거사 청산의 일이다. 청산하지 않은 과거사는, 과거사가 아니라 오늘의 역사다. 그것이 현재에 남아 사회를 괴롭힌다는 교훈을 얻기에 충분하다.

그런데 과연 일본을 대하는 우리의 자세, 이대로 좋은가. 과거사 청산에만 목을 맬 것인가. 다른 담론은 필요 없는가. 과거사가 청산되지 않으면, 한 걸음도 못 나아가는가. '독도는 우리 땅'에 무관심하거나, '독도가 우리 땅이 아닐지도 모른다'는 담론을 들고 나오면, 그는 과연 매국노인가. '위안부 문제'는 무조건 일본이 잘못했다고만 할 수 있는가.

우리의 소녀들이 '위안부'가 되어 사지로 끌려갈 때, 우리나라 지도층들은 무얼 하고 있었는가. 그들은 과연 일본에게만 문제가 있다고 떠넘기며, 역사적 책임에서 자유로울 수 있는가. 오히려 그들이 잘못하는 바람에 나라를 통째로 일본에 들어다 바쳤으니, 더 근본적인 책임은 그들에게 있지 아니한가. 지도자들을 잘못 만난 죄로, 무자비한 일본 군인들에게 능욕당해야 했던 우리의 소녀들은 무슨 죄인가. 일본의 잘못만 탓할 게 아니라, 우리 민족 지도층들의 과오와 책임도 동일하게 물어야 하지 않을까. 어쨌거나 '일제강점기'의 고통은 현재진행형임이 분명하다.

우리 사회의 뜨거운 감자, 베트남 파병은 아직도……

우리가 일본의 과거사와 뻔뻔함에 분노하고자 한다면, 또 한 나라에 대한 우리의 자세를 제대로 해야 한다. 바로 베트남이다.

박정희 정부는 경제개발에 필요한 자금을 마련하고 주한 미군의 베트남 파병을 차단하기 위해 한국군의 베트남전 참가에 적극적으로 임했다. 한국군은 1964년 9월부터 1973년까지 총 4만 7,872명(연인원 34만 6,000여 명)을 베트남에 파병했고 1,170회의 대규모 작전과 55만 6,000여 회의 군사활동을 수행했다.

미국은 한국군 파병의 대가로 한국군을 현대화하고 일부 군수물자를 한국에서 구매하기로 약속했으며 한국 기업의 베트남 진출과 한국 상품의 수출을 지원했다. 그리고 베트남 파병 덕분에 박정희 정부가 바라던 것이 부분적으로 이루어졌다. 또한 베트남 참전의 전쟁 효과는 제2차 경제개발계획 목표를 초과 달성하는 바탕이 되기도 했다.

당시 파병된 병사 가운데 5,000여 명이 전사했다. 최근에는 고엽제 피해자 문제, 베트남 한국인 2세 문제, 민간인 살상 문제 등이 불거지고 있다.

일본의 사죄와 우리의 사죄, 무엇이 다른가

여기서 말하고 싶은 부분이 바로 '민간인 살상 문제'다.

베트남 전쟁은 제1차 인도차이나 전쟁(1946년 12월 19일~1954년 8월 1일) 이후 분단되었던 베트남에서 1955년 11월 1일부터 1975년 4월 30일까지 벌어진 전쟁이다. 처음에는 분단된 남북 베트남 사이의 내전이었다. 하지만 곧

이 전쟁은 냉전시대의 자본주의 진영과 공산주의 진영의 대리전 양상을 띠었다. 1964년 8월부터 1973년 3월까지는 미국 등 외국 군대가 개입했고, 캄보디아·라오스로 전선이 확대되면서 국제전이 되었다.

이런 전쟁에 한국의 젊은이들이 투입되었다. '돈이 되면 뭐든 한다'는 정신이 일구어낸 역사적 산물이었다. 5,000여 명의 우리 병사들이 사망했고, 수많은 사람들이 후유증으로 인한 고통의 언저리에서 헤매고 있지만 어차피 우리나라가 선택했고, 거기에 동의한 사람들이 한 일이니 남을 탓할 수가 없다. 제3국, 특히 미국의 베트남 침략에 동조한 우리는 분명 침략군이었다. 적어도 베트남의 입장에서는 그렇다.

당시 우리나라 군대가 베트남에서 저지른 양민학살은 아래와 같이 보고되었다.

"빈호아 학살은 베트남 전쟁 중이던 1966년 12월 3일부터 6일까지 대한민국 해병 청룡부대에 의해 430명의 마을 주민이 학살을 당한 대량 학살 사건이다. 21명의 임신부도 있었다."

"하미 마을 사건은 1968년 2월 25일 대한민국 해병 청룡부대가 베트남 꽝남성 디엔반현에 위치한 하미 마을에서 공산주의자로 추정되는 민간인 135명을 무참하게 토벌하고 매장한 사건이다."

"대한민국 해병대가 민간인 36명을 몰아넣고 학살한 쭈옹딘 폭탄 구덩이 옆에는 한국군 증오비가 세워졌다. 증오비에는 '하늘까지 닿을 죄악, 만대를 기억하리라'는 문구가 새겨져 있다. 한편, 영국과 일본에서는 빈호아 학살에 희생당한 주민들을 위로하는 위령비를 세웠다."

"고자이 양민 학살 사건은 1966년 2월 26일 베트남 빈딘성의 떠이선현 고자

이 마을 주민들이 대한민국 맹호부대에 의해 대량 학살당해 380명이 죽은 사건이다."

이밖에도 다른 양민 학살 현장이 수없이 보고되고 있다. 양민 학살뿐만 아니라 부녀자 강간 또한 사실로 인정되었다. 왜 그렇지 않겠는가. 역사적으로 침략군들은 그렇지 않은 적이 한 번도 없었다. 하지만 베트남전에 참전한 총 26개국 가운데 유일하게 한국군에 대한 증오비만 세워져 있다. 또 한국군만 '라이따이한'(베트남 여인과 한국 군인 사이에 태어난 아이)을 대량 생산해냈다. 그것은 얼마나 우리 국군이 수없이 강간을 하고 다녔는지 보여주는 증거다.

이러한 일들이 사실인지 여부를 조사하고, 사실이라면 책임을 묻고, 반성과 사죄를 하고, 배상을 해야 될 책임이 우리 사회에 생겼다. 이것이 우리가 베트남에게 해야 될 '과거사 청산'이다. 이것은 무시한 채 일본에게만 과거사를 청산해달라고 한다면, 우리 자신이 부끄러운 것은 둘째 치고, 국제사회에 명분이나 설까 말이다. 이런 이중 잣대로 사는 우리 사회가 과연 더불어 산다고 말할 수 있을까?

08

자꾸 입장 분명히
하라고 하는데……

나는 초등학교 시절에 만난 노래 "이 몸이 죽고 죽어 일백 번 고쳐 죽어 넋이라도 있고 없고, 임 향한 일편단심이야 가실 줄이 있으랴"('**일편단심가**')가 그렇게 좋았다. 뭔가 멋있어 보였고, 나랑 맞는 것 같았고, 내가 그럴 운명인 것 같았다. 원래는 시조이며, 고려말 신하 정몽주의 작품이라는 것도 나중에야 알았다. 사실, 그것을 알고 나니 노래가 더 멋있어 보였다. 청소년 시절, 한창 거기에 빠져 있다 보니 내가 좋아하는 나무는 언제나 변함이 없는 소나무가 되어 있었다.

어른이 되어서야 사회적 강요라는 걸 알았다

좀 더 크고 나서야 내가 한창 그것을 좋아했을 무렵이 박정희 정권과 전두환 정권에 걸쳐져 있었다는 걸 알게 되었다. 그것조차도 청소년 송상호만의 일이 아니라 내 또래의 웬만한 청소년들은 다 그런 마음으로 컸다는 것도, 그것이 사회적인 분위기였다는 것도 알게 되었다. 그것이 바로 두 전직 대통령과 그 부하들의 작품이었다는 것도. 아이러니하게도 쿠데타를 일으킨 장본인들이 정통성과 충성을 강조하기 위해 그런 암묵적인 사회적 강요를 했다는 것도, 어른이 돼서야 제대로 알게 되었다.

정몽주의 '일편단심가'의 대척점에 서 있었던 것이 태종 이방원의 '하여가'다. "이런들 어떠하리. 저런들 어떠하리. 만수산 드렁칡이 얽혀진들 어떠하리. 우리도 이같이 얽혀 한 백년을 누리고자"란 이 시는 왠지 배신자 같고, 간신 같고, 악당 같은 느낌이었던 때가 있었다. 하지만 나의 의식이 성숙할수록 '일편단심가'가 아닌 '하여가'에 더 끌렸다. 나는 한때 주위 사람들에게 '양시론자' 또는 '양비론자'란 소리를 듣기도 했다. 어쨌거나 지금은 둘 다 모두 나에겐 같은 무게다. 그럴 수도 있고, 이럴 수도 있다는 게 오늘까지의 내 생각이다. 물론 내일 어찌 될지는 나도 모르고, 부처님도 모르고, 예수님도 모른다.

사람들은 분류하기를 좋아한다

요즘 사람들은 항상 누군가를 만나면 입장을 분명히 하라고 한다. "니 입장은 뭔데? 너는 어떤 주의인데?"라고 묻기를 좋아한다. 이렇게 묻고는 상대방을 분류한다. '진보와 보수, 좌파와 우파'의 분류는 이제 너무 식상하다. 단순한 그 두 가지로 분류하기엔 사람들이 아주 복잡해져 버렸다.

사람들은 내게 "공중기도도 하지 않고, 예배도 잘 안 하고, 교회도 안 하는데 무슨 목사냐"라고 묻는다. 그럴 때마다 나는 "10년 전에 능력 부족으로 교회를 말아먹어서 그래요"라고 웃으며 대답해주곤 한다. 분류하기를 좋아하는 사람들에게 나는 분류하기가 곤란한 놈인가 보다. 분류가 되어야 그에 적합한 대우를 해줄 텐데, 분류가 잘 안 되니 거 참 애매한 녀석이다 싶은가 보다. 사실 그러한 것들이 인생에 있어서 아무것도 아닌데 말이다.

자신조차도 분류해야 마음이 놓이는 우리들

사람들은 남을 분류하기도 좋아하지만 자신도 분류하기를 좋아한다. '한국인, 기독교인, 진보좌파, 동성애주의자, 서울대 출신……' 등등으로 자신을 분류해 사회적 레벨을 정한다. 그러고는 사람을 만나면 이 분류법에 따라 상대를 분류하고 그에 합당한 예우와 관계를 맺으려 한다. 사람을 만나 뭐라고 이야기를 하든 결국 이 '분류 놀이'에 귀결된다.

그래서 사람들은 상대방이 조금만 애매해도 이렇게 말한다.

"너, 입장 분명히 해라!"

말하자면 아군이냐 적군이냐를 가리고 싶은 거다. "아군이면, 나의 호의를 받고, 적군이면 당장 꼬리를 내리거라" 뭐 이런 수준이다.

무언가를 분명히 한다는 것은 여러 가지 입장을 버리고 하나의 입장에 선다는 말이다. 그리고 대부분의 사람은 다양한 입장을 버리고 그 사회의 주류 가치 쪽에 서기 마련이다. 예컨대 예수시대의 율법논리, 우리나라의 국가보안법, 조선시대의 반상의법 등이다. 이것은 세상의 다양성을 슬쩍 밀어버리고, 획일성으로 줄을 서라는 강요 아닌 강요가 된다.

"입장 분명히 하지 말자"는 운동을 해야 하나?

무엇인가를 선택하는 순간, 다른 나머지는 배제하는 꼴이 된다. 그 선택이 강요에 의한 것이든 아니든, 선택당하지 않은 것에 대해서는 폭력적인 압력이 될 수 있다.

예수시대의 소위 '죄인'들은 이런 선택에서 제외당하거나 소외당한 사람들이다. 신약 원문에서는 그들을 '아웃캐스트'(죄인)라고 부른다. 말하자면, 그 시대의 주류 가치인 율법을 제대로 준수하지 못한 인간들이다. 가난 때문에 유대교의 종교세와 로마의 세금을 감당하지 못한 사람들이다. 그렇게 그들은 종교적 의무를 다하지 못한 '죄인'이 되어버렸다. 주류 세력이 오로지 율법 준수란 가치를 선택하는 바람에 생긴 비극이었다. 또한 그 시대 대부분의 사람들이 '율법 준수'를 선택했기에 생긴 일이었다.

그러면 우리는 어떠해야 하는가. 입장을 분명히 하고 정답을 찾는 입장을 벗어나 '경계의 자리'로 가야 한다. 그 경계에서 의식의 눈을 부릅뜨고, 오롯이 자신으로서 살아야 한다. 어느 입장에 서서, 그 입장에 집착하고 함몰되어 사람을 죽이고, 세상을 죽이는 일에 나서지 말아야 한다.

이런 빛나는 의식은 '집단가치'에서 벗어나 오로지 자신의 주체적인 사고와 의식으로 세상을 살아가게 한다. 또한 이런 의식은 자발적이고 자율적인 정신세계다. 이러한 사람들이 모이고 모인 세상이 바로 더불어 사는 세상이다. 이러한 사람들이 알짜배기 '더불어 사는 사회'를 창조해낼 것이다.

09

개만도 못한
인간들

우리는 흔히 짐승보다 못한 행동을 하는 사람을 일컬어 '개만도 못한 인간'이라고 말한다. 솔직히 이야기하면, 우리들 대부분은 개만도 못한 짓을 한두 번은 하지만, 실제로 우리는 주위에서 진짜 '개만도 못한 인간들'을 흔히 본다.

수아레스 할머니 빈소에 조문하는 개님들

2015년 3월 31일치 '마이데일리신문' 인터넷 판에는 이런 놀라운 기사가 떴다. 개들이 할머니의 빈소에 단체 조문을 했다는 기사다. 멕시코 쾨르나바카 모렐로스에 사는 할머니 마리아 수아레스는 집 없이 떠도는 '길강아지'들을 언제나 정성껏 보살펴줬다. 이런 행위가 개들 사이에서도 소문이 났는지, 길거리 개들이 그녀의 집으로 몰려가기도 했다.

'ABC뉴스'에 따르면, 지난 3월 수아레스가 죽자 일단의 개들이 그녀의 장례식장을 찾아 관의 경비를 서는가 하면, 단체로 슬피 울며 애도를 하기도 했다. 그렇게 개들이 장례식장이나 인근에서 수아레스의 곁을 지키는 모습들이 동영상으로 찍혀 전 세계에 알려졌고, 삽시간에 조회 수가 수십만을 넘겼다.

장례식장이 있는 메리다 유카탄에 모인 수아레스의 딸 패트리샤 우루티아와 다른 조문객들은 이러한 광경에 감동을 받았다. 특히 우루티아를 놀라게 한 건 어머니가 살던 집에서 장례식장까지는 무려 830마일(약 1,330킬로미터)나 떨어져 있었다는 점이다. 더 놀라운 것은 수아레스에게 먹이를 받아먹으며 평생 신세를 졌던 개들 외에 다른 유기견들도 수아레스를 애도하며 가까이 있기를 원했다는 것이다.

우루티아는 'ABC뉴스'를 통해 "개들이 온종일 엄마와 같이 있었다. 그리고 새벽까지 머무르다 아침에 없어졌다"며 "어머니를 화장하기 한 시간 전에 다시 개들이 돌아왔다. 조문객들 주위에 모여 있는 모습이 마치 엄마에게 마지막 작별인사를 하려는 것 같았다"라고 말했다. 더군다나 새들까지 장례식장에 나타나 할머니의 관 위에서 빙빙 돌며 원을 그렸다고 하니, 참 놀라운 일이다.

수자 할아버지와 펭귄 딘딤의 우정

말이 나온 김에 이젠 멕시코를 넘어 브라질로 건너가 보자.

한 할아버지와 펭귄의 우정을 다룬 유튜브 영상이 세상을 감동의 도가니로 몰아넣었다. 브라질 남동해안 어촌 프로베타에 살고 있는 일흔한 살의 후앙 페레이라 드 수자 할아버지와 '딘딤'(Dindim)이라 불리는 마젤란 펭귄이 나누는 특별한 우정 이야기다.

그들의 우정이 시작된 건 2011년 3월 수자가 사는 해변이었다. 수자는 기름에 뒤덮인 채 굶주린 펭귄 한 마리를 발견해 집으로 데려와 씻기고 먹이고 돌봐주었다. 은퇴한 벽돌공이자 파트타임 어부였던 수자는 일주일 정도 펭귄을 돌보다 펭귄이 기운을 차리자 바닷가로 돌려보냈다. 하지만 펭귄은 다시 돌아왔고, 수자는 펭귄에게 '딘딤'이란 이름을 붙여주고 11개월 동안 함께 지냈다. 그러던 어느 날 딘딤은 바닷가에서 만난 펭귄 친구와 함께 홀연히 사라져버렸다.

사람들은 모두 딘딤이 다시 돌아오지 않을 거라고 말했다. 하지만 딘딤은 다음 해 6월에 다시 돌아왔고, 매년 6월이면 다시 돌아온다. 딘딤이 헤엄친 거리는 3,200킬로미터다. 마젤란 펭귄은 원래 남미의 아르헨티나나 칠레의 파타고니아 해변에 서식한다. 주로 바닷가 절벽, 모래언덕, 숲 등지에서 무리생활을 하며 짝짓기를 하고 브라질 남부까지 이동하는 것으로 알려져 있다.

이렇게 돌아온 딘딤은 8개월 동안 할아버지와 함께 지내면서 수영을 하거나 낮잠을 자거나 해변을 산책한다. 다른 동물이 할아버지 곁으로 오면 날갯짓을 하며 쫓아내는 질투어린 행동까지 한다.

브라질에서는 야생동물을 애완동물로 기르는 것이 위법이다. 하지만 딘딤은 애완동물이 아니라 스스로 해마다 찾아와서 동거를 하는 상황이라 법으로도 어쩔 수가 없다고 한다.

개만도 못한 우리가 더불어 사회를 말할 수 있을까

"이런 이야기 들으면, 뭐 느끼는 거 없어?" 하고 남에게 말할 것 없다. 나 자신을 먼저 돌아볼 일이다. 그리고 우리 사회를 돌아보니, 보험금을 노리고 아내와 남편과 부모와 자식을 다반사로 죽이는 인간이 한둘이 아니다. 도대체 인간이 짐승보다 나은 게 무엇인가. 개보다 나은 건 고사하고, 개만도 못한 짓을 참 많이 하는구나 싶다. 이런 우리가 더불어 사는 사회를 말할 자격이나 있을까?

10

부족주의와
이방인 혐오증

인류의 역사는 '전쟁의 역사'라 해도 과언이 아니다. 그 수많은 전쟁의 원인은 무엇이었을까? 고대에는 주로 식량과 영토 확장, 중세에는 종교 분쟁과 영토 확장, 근대에는 이념 분쟁과 인종 분쟁 등이었다. 하지만, 이 다양한 이유들을 하나로 꿰뚫는 메커니즘은 바로 '부족주의'다.

종교적 명분도 결국 '편협한 민족주의'

종교만 해도 그렇다. 세계 유수 종교들의 발원지를 보면, 하나같이 특정 지역이나 민족이다. 예컨대 유대교와 기독교는 이스라엘 사막 지역, 이슬람교는 중동 사막 지역, 유교는 중국 농사 지역, 불교는 인도 농사 지역 등이다.

이런 종교들은 상당히 긴 시간 동안 특정 민족과 특정 지역에서 생존했다. 세월이 길어질수록 각 종교가 추구하던 이상은 엷어지기 마련이다. 지역의 민족성과 결합되어 민족적 기질과 풍습이 단단하게 자리를 잡기 때문이다. 각 종교의 교조와 초기 종교인들이 가졌던 초심보다는 민족과 나라의 자존심이 더욱 크게 자리 잡는다.

지구상 대부분의 종교들은 이렇게 진화했고, 결국은 종교 분쟁이 민족 분쟁과 인종 분쟁과 겹쳐서 세상을 아프게 한다. 종교주의자들이 신의 이름으로 무자비한 학살을 서슴지 않는 것은 바로 이런 이유에서다. '종교'를 내세우지만, 실상은 '편협한 민족주의'의 연장인 셈이다.

우리 안에 도사리고 있는 '이방인 혐오증'

이런 시각에서 보면 식량 분쟁도, 영토 확장도, 이념 분쟁도, 인종 분쟁도 모두 '편협한 민족주의'에 다름 아니다. 이런 현상을 '부족주의'라고 할 수 있다.

인류 초기 원시사회가 잉여농산물을 발생시키면서 지도자가 생기고, 씨족이 부족으로 커지게 되었다. 적어도 씨족사회에서는 씨족 간에 작은 다툼은 있었지만 지금과 같은 대규모 전쟁은 없었다. 하지만 '부족'이 생기면서, 각자의 부족은 나름의 정치체제, 권력체제, 생산체제 등을 갖추었다. 부족의 팽창은 부족 간의 다툼으로 번질 수밖에 없었다. 인류 전쟁의 시작은 '부족주의'로부터다. 인류의 모든 분쟁과 전쟁은 모두 이 '부족주의'의 연장선이라 할 수 있다. 요즘 말로 표현하면, '편협한 민족주의'다.

부족주의는 나아가 지독한 '이방인 혐오증'으로 나타났다. 오랜 세월 동안 동일한 지역에서 동일한 문화를 이어가던 특정 부족에게 새로운 문화와 사람의 유입은 혼돈을 야기하는 시초였다. 그런 새로움의 유입은 대부분 자연스러운 전파가 아닌 전쟁의 결과였다. 전쟁의 결과 패배한 부족은 승리한 부족의 문화에 점령당했다. 오랜 세월 지켜왔던 특정 부족의 문화가 이방인의 문화에 짓밟히는 순간이다. 부족에 집착하는 사람들에게 새로운 이방문화와 이방인이 반가울 리가 없다. 그들은 목숨을 걸고 물리쳐야 할 '무엇'이 분명했다.

이런 '이방인 혐오증'은 인류 역사에 깊게 뿌리박고 있다. '악마의 사도' 도킨스의 말대로 '밈'(1976년에 펴낸 《이기적인 유전자》에서 등장한 말로, 유전적 방법이 아닌 모방을 통해 습득되는 문화요소라는 뜻)이 적용되어 '이방인 혐오증 밈'이 인류를 사로잡아 버렸다.

21세기에도 부족주의가 잘 살고 있다

사실 요즘 우리 사회도 별반 다르지 않다. 우리 사회에서 흔히 쓰는 "우리가 남이가"란 말은, 바로 부족주의의 현대적 표현이다. 우리 사회 곳곳에 '학연, 지연, 혈연'의 문화가 자리 잡고 있다. 이런 문화는 구성원의 충성심을 부추긴다. 애국심, 애향심, 애사심, 애교심 등등. 이런 부족주의는 국가주의와 지역감정에서도 나타나지만, 영성과 깨달음을 추구하는 각종 단체에서도 나타난다. 예컨대 각종 종교단체, 수련과 명상단체, 인문학단체, 봉사단체에서도 말이다.

이런 부족주의는 항상 구성원들에게 '이방인에 대한 응징과 배척'을 통해 충성심을 입증하라고 요구한다. 그리고 자기 부족이라고 인식되면 서로가 서로의 뒤를 봐주며 똘똘 뭉친다. 반면에 자신의 부족에 속하지 않는 사람에게는 기회를 박탈할 뿐만 아니라 철저히 응징하고 배척한다.

오늘도 직장에서, 거리에서, 학교에서, 교회에서, 절에서, 성당에서 부족 간의 싸움은 처절하게 진행되고 있다. 우리 안에 있는 '이방인 혐오증'은 '부족주의'의 이름으로, 지구 곳곳에서 난동을 부리고 있다. 우리가 넘어야 할 산이 너무나 높고 크다.

11

누구는 굶어 죽고,
누구는 배불러 죽는 세상

인터넷과 SNS를 통해 지구별이 말 그대로 지구촌처럼 느껴지니까 살기 좋은 세상이 된 줄 착각하지 않나 싶다. 하지만, 더불어 사는 세상을 이야기하면서 세계의 '기아 현상'을 그냥 넘어갈 수는 없었다. 기아만큼 마음 아프면서도 너무도 당연한 듯 넘어가는 일도 따로 없기 때문이다.

하루 2만 5,000명, 1초에 다섯 명의 아이가 굶어 죽는다

지금 이 시간에도 영양실조와 기아로 인해 하루 2만 5,000명이 죽어가고 있다. 특히 아이들은 1초에 다섯 명꼴로 죽어가고 있다. UN과 식량농업기구(FAO)가 발표한 '2013세계식량불안상황' 보고서에 따르면 "전 세계 기아 인구는 8억 4,200만 명(2011~2013년)으로 세계 총 인구의 12퍼센트에 이르며 8명당 1명꼴"이다. 2015년에는 좀 더 늘어서 10억 명에 달하는 인구가 기아선상에서 허덕이고 있다. 특히 아프리카의 콩고민주공화국은 전체 인구의 50퍼센트가 넘는 약 3,500만 명이 영양 결핍 상태에 있으며 소말리아, 앙골라, 탄자니아 등도 사정이 다르지 않다.

기아는 영양 섭취가 매우 부족하여 심각한 상태의 영양실조가 된 것을 의미한다. 기아의 원인으로 몇 가지를 꼽는다.

첫째는 자연재해를 들 수 있다. 홍수, 아열대 폭풍우, 장기간 이어지는 가뭄 등과 같은 자연재해는 저개발국가의 인민들이 식량을 자급하지 못하게 한다. 더구나 이상기후로 인해 식량 안정성이 더욱 악화되고 있다.

다음으로는 국가 간 전쟁이나 내전으로 인한 기아가 증가하고 있다. 아시아와 아프리카, 남미에 이르기까지 분쟁으로 인해 수백만의 사람들이 난민이 됐고, 세계 식량 부족 사태를 초래했다.

빈약한 농업기반시설 역시 기아의 원인이다. 장기적인 관점에서 농업 생산량의 증가는 빈곤과 굶주림을 개선할 수 있는 가장 빠른 해결책이다. 하지만 많은 국가들이 충분한 도로와 개간시설 등의 농업기반시설을 갖추지 못하고 있다. 게다가 대부분의 저개발 국가들이 농업에 의존하고 있으면서도 도시 개발에 초점을 맞추고 있어, 기아 해결은 쉽지 않아 보인다.

지구촌 사람들이 굶어 죽는 진짜 이유는 우리의 욕심

하지만 앞의 요인들은 지금부터 말하는 요인들에 비하면 정말 '개 풀 뜯어먹는 소리'에 불과하다.

그거 아는가. 오늘날 지구별에서 생산되는 식량은 전 세계 인구 64억 명을 먹여 살리고도 남을 만큼 충분하다는 것을. 우리나라만 해도 수입식량 덕분에 '쌀 창고'에는 쌀이 남아돌아간다. 해마다 쌀이 남아 재고가 쌓이지만, 어떻게 처리할 수도 없는 상태에서 계속 곡식 수입이 이루어지고 있다. 이런 지경인데, 정작 어느 곳에서는 10억 명에 가까운 사람들이 배고픔으로 죽어가고 있다.

기아의 원인을 '자연재해, 전쟁, 빈약한 농업기반시설 등'이라고 얘기하는 것은 '정말 눈 가리고 아웅'하는 격이다. 선진국의 식량창고에는, 식량의 안정적 수급이나 전쟁과 같은 비상시에 대비하기 위한 많은 양의 식량이 비축되어 있다. 우리나라의 경우, "남아도는 쌀을 북한에 보낸다, 기아국가에 기증한다" 등의 의견이 나왔지만, 운반비가 더 든다는 이유로 실행하지 못하고 있다. 물론 "우리나라에도 배고픈 사람이 있는데, 굳이 외국으로 보내야 하나" 하는 의견도 한몫했다.

나 배 부르려고 남을 굶겨 죽인다(?)

하지만 기아로 인해 하루 2만 5,000명이 죽어가고, 1초마다 다섯 명의 아이가 죽어간다는 사실을 심각하게 받아들인다면, 시도해보지 못할 일이 무언가. 역시나 '경제적 논리' 즉 '돈이 안 되니 안 한다'는 논리에 길이 막혀버린 거다. 이런 문제를 그냥 두고 '더불어 살자'를 입으로만 떠든다면, 우리를 스스로 속이는 것이리라.

또 한 가지 우리가 주목할 만한 기아의 원인이 있다. 그것은 바로 축산업의 급성장이다. 인구 13억 명인 중국의 소득수준이 증가하면서 축산물 소비가 늘어나자, 세계적으로 목축 지역이 증가하면서 곡물 생산이 감소하게 된 것이다. 곡물 농사를 지을 자리에 축산 농사를 하니 자연스레 곡물 농지는 줄어들고 그에 따라 농사 인구도 감소하게 되었다.

그렇다. 세계 기아의 원인은 식량이 부족해서가 아니라 식량을 서로 나누지 않기 때문이다. 현대인들이 잘 걸리는 대부분의 병은 '영양 결핍'이 아니라 '영양 과잉' 때문이다. 그리고 우리는 '영양 과잉'으로 오는 병 때문에 빨리 또는 서서히 죽어간다. 지구의 어느 곳에서는 배가 고파 죽고, 어느 곳에서는 배가 불러 죽는다. 이게 무슨 지랄이 풍년인가. 앉아서 욕만 하지 말고, 얼굴을 맞대고 방법을 찾아 나누어야 하지 않겠는가. 우리만이 아니라 모두가 더불어 살아야 하지 않겠는가.

12

다른 종이 멸종하면,
사람인들 살 것 같으냐

인도양의 작은 섬 모리셔스에 '도도새'가 살고 있었다. 도도새는 먹이가 풍부하고 천적도 없었기 때문에 굳이 날아오를 필요가 없어 날개가 퇴화했고, 빨리 뛰어다닐 필요가 없었기 때문에 다리도 짧았다. 그러던 어느 날 모리셔스에 상륙한 포르투갈 선원들이 도도새를 잡아먹기 시작했다. 그때까지 도도새는 천적이 없었고, 인간을 본 적도 없었기 때문에 겁을 내지도 않았고, 도망가지도 않았다. 덕분에 도도새는 좋은 사냥감이 됐고, 선원들이 들여놓은 원숭이와 돼지, 쥐, 개 등도 도도새의 알과 새끼들을 마구잡이로 잡아먹었다. 결국 도도새는 모리셔스에서 사라졌다.

포르투갈 사람들은 그 새를 '바보새' 즉 '도도새'라고 불렀다. 사람들은 도도새가 도도하게 굴다가 바보처럼 잡아 먹혔다고 말한다. 하지만, 정말 그럴까? 사람들이 잡아먹지 않았다면, 그런 일은 애초에 없었을 것이다. 사람들은 모른다. 동물이 멸종하면 사람도 멸종할 수 있다는 사실을. 그 새가 바보가 아니라 사람들이 바보라는 것을.

지금은 '인류세' 시대

중앙일보 이기준 기자는 '인간 때문에 생물 50퍼센트 멸종 중 … 지금은 인류세일까(2016. 4. 29.)란 제목의 기사를 통해 오늘날을 '인류세'라고 규정했다.

2016년 1월, '인류세 워킹그룹'(미국·영국·프랑스·캐나다 등 12개국 연구자 24명으로 구성된 국제지질학연합 IUGS 산하 국제연구팀)은, "지구는 현재 '인류세'라는 새로운 지질연대에 들어섰다"는 증거를 국제학술지 '사이언스'를 통해 발표했다. 말하자면 인류의 활동이 지구 환경을 급격히 바꿔놓은 탓에, 과거 자연적인 과정에 따라 생성된 지질연대와는 별도로 오늘날을 구분해야 한다는 거다.

영국지질연구소 연구원 콜린 워터스는 "지금 지구상에 일어나고 있는 변화는 1만 2,000년 전 마지막 빙하기가 끝난 직후의 변화만큼이나 크다"라고 말했다. 이어 "인류가 지구에 가장 큰 영향을 미친 사건은 1950~60년대에 행한 핵실험"이라며 "핵실험으로 인한 방사능 낙진이 인류세를 보여주는 뚜렷한 신호"라고 덧붙였다.

지금의 인류는 과거 어느 때보다 지구에 많은 흔적을 남기고 있다. 18세기만 해도 불과 7억 명에 불과하던 세계 인구는 어느덧 70억 명을 넘어섰다. 이산화탄소·메탄 등 공기 중의 온실가스 농도는 지구 역사상 전례가 없는 수준으로 높아졌다. 화석연료로 인한 대기오염이나 오·폐수로 인한 수질오염, 토양오염도 급증하고 있다. 썩지 않고 오래 보존되는 플라스틱과 콘크리트 등의 인공물은 먼 미래에 화석처럼 지층에 남는다는 뜻에서 '기술화석'(technofossil)이라고 부를 정도다.

지구는 과거의 어느 한때 자연적으로 온난화를 일으켰다가 빙하기로 접어들면서 스스로 온도를 조절했지만, 지금처럼 평균기온이 빠르게 변한 적은 없었다. NASA는 지구 최후의 빙하기였던 '뷔름 빙하기'가 약 8,000년간 진행된 온난화로 인해 끝이 났다며, 이 기간 지구의 평균기온은 섭씨 약 5도 상승했다고 분석했다. 지난 100여 년간 인간의 활동으로 인해 지구의 평균기온은 0.85도 상승했다. 말하자면, 인류에 의한 지구 온난화 속도가 마지막 빙하기를 끝낸 자연적 온난화 속도보다 10배 가까이 빨라졌다는 얘기다.

인간은 지구를 말아먹고, 스스로 자멸할 것인가

인류세가 지구에 미치는 가장 큰 영향은 '지구 대멸종'이다. 여러 생물종이 특정 기간에 급격히 멸종하는 현상을 대멸종이라고 부른다. 지구별에선 백악기의 공룡의 대멸종 등 다섯 차례의 대멸종 사건이 있었다. 지구상에 존재하는 생물의 최소 75퍼센트 이상이 멸종했을 정도로 광범위한 대멸종이었다. 원인은 빙하기의 도래, 대규모 지각변동과 화산 폭발, 운석 충돌 등 다양했다. 가장 심각했던 3차 대멸종(약 2억 5,000만 년 전) 때는 삼엽충 등 전체 생물종의 약 96퍼센트가 멸종하기도 했다.

인류세라고 하는 지금, 6차 대멸종 현상이 지구별에서 아주 빠르게 진행되고 있다. 미국 생물다양성센터는 "우리는 6,500만 년 전 공룡의 멸종 이래 가장 심각한 대멸종 사태에 직면해 있다"라며 "하루에도 10여 종이 멸종하는 가운데 현재 대멸종이 진행되는 속도는 과거 대멸종의 1,000배에서 1만 배로 추정된다"라고 설명했다. 이 센터에 의하면, 향후 50년 내에 현존 생물종의 30퍼센트에서 50퍼센트가 멸종할 우려가 있다.

최상위 포식자는 반드시 멸종했다

대멸종의 원인은 오롯이 인류다. 인류의 활동이 '지구 온난화와 서식지 감소' 등을 부추겨 멸종을 야기하고 있다. 그중 가장 심각한 것은 양서류다. 지난 수백 년간 수많은 양서류가 이미 멸종했고, 전체 6,000여 종 가운데 약 41퍼센트가 멸종 위기에 처해 있다. 사람이 선박, 항공기 등으로 전 세계를 이동하면서 옮겨 온 진균류가 원인이었다. 지난 30년간 인간이 옮긴 진균류로 인해 멸종한 양서류만 100여 종에 달한다.

과학전문지 《사이언스》에 따르면 양서류뿐 아니라 포유류의 26퍼센트, 조류의 13퍼센트도 멸종 위기에 처해 있다. '인류세'인 지금 대멸종 수치는 점점 더 높아지고 있다. 그렇다면 인간은 어떨까? 인간도 안심할 수 없다. 서대문자연사박물관 이정모 관장은 그의 저서 《공생 멸종 진화》에서, "지난 다섯 번의 대멸종에서 최상위 포식자는 반드시 멸종했다"라고 밝혔다. 즉 빙하기 때처럼 "현재 최상위 포식자인 인간도 공룡처럼 완전히 지구상에서 사라질 수 있다"라고 경고한 것이다. 공룡은 뼈와 발톱을 남기고 멸종했지만, 우습게도 인간은 플라스틱 페트병과 알루미늄 캔을 남기고 사라질 듯하다. 사람은 같은 사람과도 더불어 살지 못하더니, 자연과도 더불어 살지 못해 이 꼴을 만드는가.

duboora virus

5

생존경쟁과
적자생존을 넘어

01
세상을 '생존경쟁'이라고
보기 때문

"우리는 왜 더불어 살지 못하는가?"에 대한 결론적인 대답은, 한마디로 '왜곡된 정보 때문'이다. 이 말 한마디면, 이 장은 끝내도 된다. 이 장에 제시된 모든 이유를 포함하기 때문이다. 하지만, 이 말만 하고 끝내면 당장 "책값 물어내. 이 도둑놈아" 하실 테니, 더 풀어가 보겠다.

선천적 정보와 후천적 정보가 기질과 성격과 습관을 만든다

'왜곡된 정보'에 관해 얘기하려면, 우선 우리 뇌의 구조를 말해야 한다. 뇌에는 수많은 정보가 축적되어 있다. 이 정보는 선천적인(유전자) 정보와 후천적인(습관과 행동) 정보로 나뉜다. 선척적인 정보는 우리 자신의 의지와 상관없이 물려받은 정보다. 부모의 유전자 정보뿐만 아니라 조상들의 유전자 정보까지 고스란히 담겨 있다. 말하자면 당신이 그렇게 행동하고, 사고하고, 선택하는 그럴 만한 원인들이 그 정보에 담겨져 있다. 이것을 '기질'이라고도 한다.

반면 후천적인 정보는 살아가면서 의식적으로든 무의식적으로든 습득한 모든 정보를 말한다. 말하자면 우리 자신이 경험하거나, 경험되어져서 습득한 정보들이다. 이 정보들 또한 우리로 하여금 어떤 행동을 하게 하고, 무언가를 선택하게 하고, 어떠한 사고를 하게 만드는 메커니즘을 제공한다. 즉 우리의 성격과 습관을 형성하는 원인이 된다.

지금 당신이 이 책을 선택해서 읽고 있는 것 역시 이러한 뇌의 정보가 작용한 것이다. 다른 책을 읽거나 아무런 책도 읽지 않을 수 있지만, 그럼에도 이 책을 읽고 있는, 더 정확하게 말해서 이 책의 여기까지 읽고 있는 것은 순전히 당신의 뇌의 정보가 작용하고 대화한 결과다.

우린 사실 '1등 정자'가 아닌 '2등 정자'들

우리 인류에게 전달된 가장 왜곡된 정보는 바로 '약육강식, 생존경쟁'이다. 우리는 태어나면서부터 그 정보에 노출된다. 예를 들자면, 정자와 난자의 만남도 굳이 생존경쟁으로 설명한다. "네 인생을 봐라. 아빠의 수억의 정자가 엄마의 난자를 향해 돌진하지만, 결국 그중에 한 마리만 난자에 입성하지 않느냐. 너의 인생 출발 자체가 생존경쟁이다"라고 말한다.

그거 아는가. 우리는 모두 '1등 정자'가 아니라 '2등 정자'들이라는 걸. 한 남자의 거시기에서 처음에 배출된 1~2억 개의 정자가 난자를 향해 돌진한다. 이렇게 돌진하는 정자들의 목표 지점은 하나, 바로 한 여자의 난자다.

그때, 그 많은 정자들은 도대체 무엇을 생각하고 뛸까? 우리가 받은 '왜곡된 정보'에 따라 '난 저 새끼들을 제치고 1등 정자가 되고 말 테다'라고 생각할까, 아니면 다른 생각을 할까?

그렇다. 다른 생각을 하는 게 분명하다. 왜냐고? 결국 난자와 만나는 것은 소위 '1등 정자'가 아니기 때문이다. 난자 앞에 도착한 '1등 정자'가 하는 일은 난구 세포를 없애는 것이다. 그러면 '1등 정자'를 따라오던 2등 그룹 중에서 한 정자가 난자와 도킹을 한다. 이걸 보면 정자들은 '어떻게 하면 팀워크를 발휘해 이 미션을 완수하지? 나는 여기서 어떤 역할을 해야 하지?'라고 생각하는 게 분명하다.

이렇게까지 설명해도, "봐라. 용맹한 정자(1등 정자)가 아니라, 똑똑한 정자(2등 정자)가 골인한다. 너희들도 용감하고 무식한 사람 되지 말고, 똑똑한 사람이 되어야 한다"라고 아이들에게 가르친다면, 내 더 이상 할 말이 없다.

하여튼 마지막에 난자에 골인하는 한 마리의 정자는, 자신의 힘만으로 거기에 도달한 게 아니다. 수억의 정자들이 함께 출발해서 러닝메이트로 뛰어줬기에 가능했던 것이다. 수억의 정자들이 러닝메이트로 뛰어줬다는 사실을 잊지 말아야 한다.

만약 이 세상에 '생존경쟁'이란 게 있다면, 이런 것이다. 모두가 골인 지점을 향해 뛴다. 그들은 경쟁자가 아니라 '러닝메이트'들이다. 그들은 모두 1등을 하기 위해 죽어라 뛴다. 그러다 최후의 순간에 좀 더 열심히 했거나, 체력이 좀 더 좋은 사람이 1등으로 골인을 한다. 바로 그런 현상이 굳이 말하자면 '생존경쟁'이라 할 수 있다.

원숭이 잡아먹고, 원숭이 보호자가 된 표범

그렇다면 동물의 먹이사슬은 어떻게 바라봐야 할까? 그 문제의 해답은 동학의 교조 최제우에게서 찾을 수 있다. 그는 그런 현상을 '기식'이라고 명명했다. 초식동물이 식물을 먹고, 그 초식동물을 육식동물이 잡아먹는 것은 자연스러운 생명현상이라고 본 것이다. 동물이 풀을 먹는 것은 식물의 생명을 몸속에 모셔서 생명을 이어가는 길이다. 동물이 동물을 잡아먹는 것 또한 마찬가지다. 사자가 사슴을 잔인하게 잡아먹는 장면에서 우리는 '생명지지의 길'을 발견한다. 그 둘에게서 '약육강식과 생존경쟁'이 아니라 '생명지지현상'을 본다.

인터넷을 달군 하나의 동영상, 그것은 실로 충격적이었다. 표범이 한 원숭이를 공격했다. 순식간에 생긴 일이라 원숭이는 속수무책으로 당했다. 여기까지는 전혀 새로울 것도 충격적일 것도 없다. 하지만, 원숭이가 죽자 그 뒤에서 새끼원숭이가 나타났다. 그 원숭이가 속수무책이었던 것은 날렵하지 못해서가 아니라 순전히 새끼를 지키기 위해서였다.

이 장면도 숭고하지만, 역시 새로울 것이 없다. 이때, 표범의 행동은 어땠을까? 표범은 그 새끼를 보는 순간 후회의 눈빛을 한다. 원숭이 새끼에게 다가가 위로한다. 그러고는 그 원숭이 새끼를 보호하기 시작한다. 시간이 지나면서 표범은 점점 원숭이의 어미가 되어 간다. 도저히 있을 수 없는 일인 듯하지만 자연세계에선 종종 있었던 일이다. 눈으로, 아니 동영상으로 확인해볼 일이다.

진화론과 창조론은 둘이 아니다

우리는 흔히 '진화=생존경쟁'이라는 등식을 떠올린다. 그리고 '진화론'은 '창조론'과 반대되는 개념으로 교육받아왔다. 하지만, 그렇지 않다. 창조론은 "태초에 하나님이 천지를 창조했다"(창세기 1장 1절)라는 구약성서의 가르침이다. '천지창조란 모든 만물이 한 근본에서 나온 하나'라는 진리의 표현이다. '진화란 우주의 모든 것이 하나로 연결되어 있다는 진리 아래에서 진행되는 만물의 유기적인 행진'이다. 이것은 요즘 인류학자와 자연과학자들의 주장에 근거해서 진술하는 나의 견해다. 이 세상을 '생존경쟁'으로 볼 거냐, '생명지지'로 볼 거냐. 당신이 선택하라.

02
세상을 '적자생존'이라고
보기 때문

바로 앞장에서 말한 '생존경쟁, 약육강식'이란 '왜곡된' 정보를 세상에 학문적으로 알린 사람이 다윈이다. 더 정확하게 말하면, 다윈을 잘못 해석한 사람들이다. 솔직히 다윈이 다시 살아서 온다면 펄쩍 뛰면서 "어떤 미친놈이 내 과학을 이따위로 만들어 놓았느냐!" 할 게 분명하다. 제일 화낼 부분이 바로 '적자생존' 부분이지 싶다.

다윈은 '적자생존'을 말하지 않았다(?)

다윈의 이론은 "적자가 살아남는 게 아니라 최적자가 살아남는다"이다. 말하자면, 적자가 생존하는 것이 아니라 살아남은 자가 적자라는 의미이다. 다윈의 '적자생존 이론'은 사실상 '최적자생존 이론'이라 표현해야 맞다. 가장 강한 자가 적자가 되는 게 아니라 단지 환경에 잘 적응해서 살아남은 자가 최적자인 것이다.

사실 '적자생존'의 영어명인 'survival of the fittest'도 다윈이 먼저 사용한 게 아니라 1864년 영국의 철학자인 허버트 스펜서가 《Principles of Biology》에서 인간들의 사회적 생존경쟁의 원리를 함축시킨 사회·철학 용어로 처음 사용한 것이다. 그리고 이 용어를 다윈이 그의 저서 《종의 기원》에서 차용한 것이다. 그런데 허버트가 사용한 이 용어의 의미가 '인간들의 생존경쟁의 원리'이다 보니, 다윈의 진의와는 상관없이 '적자생존'은 곧 '생존경쟁과 약육강식의 대명사'로 사용되었던 것이다.

환경에 잘 적응하는 생물체를 표현하는 '적자'라는 개념과, '약육강식'의 '강자'라는 개념이 종종 혼동되어 사용되고 있다. '적자생존'에서의 '적자'는 오로지 해당 시대의 환경에 잘 적응하는 생물을 표현했을 뿐 '강자'와 '약자'를 구분하는 단어는 결코 아니다. 말하자면 '적자'란 어떠한 환경에서 얼마나 잘 적응하느냐 하는 '적응력'만을 나타내는 단어이다. 사실 어떤 시대에 강자가 적자가 될지, 약자가 적자가 될지는 그 누구도 모른다.

공룡을 예로 들어보자. 공룡은 당대에 최고로 강했다. 하지만 멸망했다. 기후변화에 적응하지 못했기 때문이다. '강함'을 상징하는 '몸집 큼'이, 적어도 기후변화에 적응하는 데는 전혀 도움이 안 될 뿐 아니라 오히려 죽음을 앞당긴 것이다.

강자가 살아남는 게 아니라 살아남은 자가 강자다

환경은 계속 변한다. 따라서 누가 적자이고 누가 강자인지는 정해져 있지 않다. 우리나라의 경우, 호랑이는 거의 멸종되었다. 힘으로만 보면 최강자는 호랑이였다. 하지만 그 강함이 인간에게 위태롭다 하여 일제강점기에 '호랑이 소탕령'이 내려지고, 그 덕분에 호랑이들은 모두 멸종해버렸다. 강해서 살아남은 게 아니라, 오히려 강하기 때문에 멸종되어버린 역사다.

다시 말하지만, 강자가 살아남는 게 아니라 최적자가 살아남는다. 어디에? 환경에. 그 환경은 언제든지 변할 준비가 되어 있다. 말하자면 변화하는 환경에 살아남을 적자는 정해져 있지 않다. 환경에 따라 변한다. 변화된 환경에 최고로 적합한 유형이 살아남는다. 이것은 다른 동물과 겨루어서 '최강자'가 살아남는다는 말이 아니다. 그래서 '적자생존'은 '동물 상호간의 힘겨루기'가 아니라 '동물들의 환경적응기'를 말하는 것이다. '동물 vs 동물'이 아니라 '동물 vs 환경'인 셈이다. 물론 '환경'에는 동물끼리 먹고 먹히는 먹이사슬도 한몫을 하긴 하지만, 그것은 수많은 요소 중 일부일 뿐이다.

'적자'만이 아니라 '모두'가 살아남을 수 있는 길이 있다

그렇다면, 누구는 죽고 누구는 사는 식의 최적자 생존이 아닌, 다 같이 사는 길은 없을까? 있다. 환경이 풍요로우면 누구를 버리고 누구를 취하는 취사선택을 하지 않고 모두가 함께 살 수 있다. 인간의 힘으로 어쩔 수 없는 천재지변만 아니라면, 가능한 한 모두가 더불어 살 수 있는 환경을 만들 수 있다. 사실, 천재지변조차도 인간의 노력으로 조절이 가능하다. 이 세상에 펼쳐지는 천재지변 중 상당수가 인간의 욕심이 만들어낸 결과라는 걸 모르는 사람은 거의 없다. 모두가 함께 살 수 있는 환경은 그 누구도 아닌 나와 당신이 만들 수 있다. 우리가 결의하고 실행하기만 하면 된다. 사실 이 책을 쓴 이유도 환경에 희생되는 종을 최소화해보고자 한 것이다. 말하자면 환경 때문에 희생되는 종이 자꾸 생기는, 그런 일을 만들지 않기 위해서다.

'모두가 더불어 살 수 있는 풍요로운 환경'이란 말은, '약자도 살 수 있는 환경'과 동의어다. 현재 지구별에 있는 약자(그중에서도 **최약자**)가 잘 살 수 있는 환경이라면, 모든 존재가 다 잘 살 수 있다. 마찬가지로, 인간의 경우에도 최약자가 잘 살 수 있는 사회라면 모두가 잘 살 수 있다. 그것이 우리가 약자를 배려하고자 하는 궁극적 목적이다.

이렇게까지 말했는데도 "자연에서 동물들도 강한 자가 살아남고 약한 자는 먹히니까, 우리도 스스로를 강하게 해서 약자를 밟고 일어서야 살아남는다" 하는, 이런 '개 풀 뜯어먹는 소리'를 하고 싶지는 않으시겠지?

03
정의가 바로 서 있지
않기 때문

프란스 드월(《침팬지 폴리틱스》 저자, 미국 에머리대학 여키스 국립영장류연구소 소장)은 재미있는 실험을 하나 했다.

먼저 흰목꼬리말이원숭이들이 돌멩이를 가져오면 오이로 교환해주었다. 원숭이들이 한창 그 실험에 맛을 들일 즈음, 갑자기 규칙을 바꿨다. 한 원숭이에게만 맛있는 포도를 주기 시작한 것이다. 그러자 40퍼센트의 원숭이들이 교환행동을 그만두었다. 그러다 돌멩이를 가져오지도 않은 원숭이에게 포도를 주기 시작하자 무려 80퍼센트의 원숭이가 자신의 돌멩이를 집어던 졌다. 오이만으로 만족하던 원숭이들이, 단지 불공평한 어떤 현상을 보고 삶을 집어던져 버린 것이다. 원숭이도 그럴진대 사람인들 오죽하랴.

독일과 프랑스의 나치 청산 VS 우리의 친일 청산

독일은 종전이 되고 70년이 지난 지금도 '나치범죄중앙수사국'을 운영하 고 있다. 이 수사국은 2015년 8월 14일에 아흔네 살의 두 노인을 체포해 법 정에 세웠다. '전 나치 친위대원 오스카 그뢰닝'과 '전 나치 수용소 경비원 힐데 미히니아'이다. 이들은 거동조차 불편한 노인이었지만, 나치에 부역을 했다는 이유로 독일 법정에 세워졌다.

이 수사국에 쌓여 있는 서류마다 나치 전범들의 이름과 범죄 내용이 빼 곡히 적혀 있다. 그동안 이렇게 모은 170만여 건의 기록을 바탕으로, 나치 전범 7,000여 명을 찾아냈다. 60년 가까이 전 세계를 샅샅이 뒤진 결과다. 이 수사국의 수사원칙은 두 가지다. "직접 살인이 아니라 하더라도 나치에 가담한 사람들을 지위 고하에 상관없이 모두 추적한다"는 것과 "나치 처벌 엔 공소시효란 없다"라는 것이다.

프랑스의 나치 청산 작업은 더 대단했다. 1945년 5월에 나치로부터 해방 된 프랑스는 제일 먼저 나치에 협력한 사람들을 재판 없이 처형했다. 이때, 약 10만 명 가까이가 즉결처형됐다. 그러다 즉결심판의 문제점을 인식한 프 랑스는 '부역자재판소'를 설치해, 1948년까지 7,037명에게 공식적인 사형선고 를 내렸다. 나치협력자 대숙청을 통해 12만 7,751명이 재판을 받은 결과 4만 명이 징역형, 6,760명이 사형선고를 받았으며 이 가운데 실제 사형이 집행된 사람은 760명이었다. 친나치 문인들은 작품 발표가 금지되었고, 친나치 노조 지도자들은 노조에서 잘렸으며 나치 부역 언론은 폐간되었다. 친독 비시 정부의 페탱 원수와 라발 총리 등 최고위 관료 18명은 1944년 11월 사형을 언도받았다. 대숙청 작업을 통해 체포된 자는 99만 명에 달했다. 체포된 사람들은 '지위 고하, 명성 여부'가 전혀 고려되지 않았다.

반면, 우리나라의 친일 청산 성적은 초라하다 못해 부끄럽다. 광복 후 제헌국회는 정부 수립을 앞두고 친일파를 처벌할 특별법 제정에 착수해 반민족행위처벌법을 제정했다. 이 법은 1948년 9월 22일에 공포되었으며, 같은 해 10월 22일에 반민족행위특별조사위원회(**반민특위**)가 설치되었다.

반민특위는 7,000여 명의 친일파 명단을 작성하고, 체포 준비에 들어갔다. 하지만 이승만 전 대통령의 '반민특위'에 대한 부정적 입장이 전해지면서 친일파들이 득세를 함으로써 친일 청산은 물 건너가고 말았다. 반민특위, 특별검찰부, 특별재판부는 1949년 10월에 해체되었고, 반민족행위처벌법은 1951년 2월에 폐지되었다. 결국 친일 청산은 역사의 뒤안길로 사라졌다.

이런 나라에 무슨 '정의'가 남아 있겠는가. "괜찮아, 괜찮아! 엿같이 살아도 돈 있고 힘 있으면 더 잘 되는 거!" 이러고 싶나?

6,000억을 포탈한 회장도 있는데, 우리도 세금 포탈할까?

아래는 KBS 최창봉 기자의 '신격호 총괄회장이 6,000억대 세금 포탈 지시' 기사 중 일부다.

신격호 롯데그룹 총괄회장이 일부 가족들에게 일본 롯데홀딩스 지분을 넘긴 것은 2000년대 후반. 사실혼 관계인 서미경 씨와 딸에게 약 3퍼센트, 첫딸인 신영자 씨에게도 약 3퍼센트의 지분을 건넸습니다. 검찰은 이 과정에서 롯데 측이 6,000억 원에 달하는 증여세를 내지 않은 것으로 보고 있습니다. 6,000억 원의 증여세 포탈 혐의는 재벌가의 세금 포탈 사례 가운데 역대 최대 규모입니다. 검찰은 롯데그룹 내부 관계자들을 조사하는 과정에서 이 같은 조세 포탈을 신격호 총괄회장이 지시했다는 진술을 확보했습니다. 신 회장이 '세금을 안 내는 방법을 찾아보라'고 지시를 내렸다는 겁니다. 검찰은 롯데 측이 미국과 홍콩, 싱가포르 등지에 4개의 페이퍼컴퍼니를 세워 여러 차례 주식을 넘기는 방식으로 세금 납부를 피한 것으로 보고 있습니다.(2016. 8. 6)

이것이, 나와 당신이 사는 대한민국의 현실이다. 이것을 보는 서민들이 세금을 내고 싶겠는가. 아니 세금은 고사하고, 이 나라에 기분 좋게 살고 싶겠는가. "세금 낸 놈만 억울하지"라며, 할 수만 있으면 세금 포탈을 하고 싶어지지 않겠는가. 이렇게 '조세정의'가 제대로 지켜지지 않는 나라에서 '복지'가 이루어질 리가 없다. 복지는 '세금'으로 하는 것이다.

'공의'가 아닌 '사의'가 득실거리는 사회

이렇듯 '정의'란 이상적인 개념이 아니라 우리 실생활에 너무나도 처절하게 적용되는 실제적 개념이다. 정의가 바로 서지 않으면 그 사회는 망하기 마련이다.

'정의'의 비슷한 말은 '공의'다. 공의(公義)란 공평하고 의로운 도의를 말한다. 또는 '공적인 뜻'이라고도 말할 수 있다. 좀 더 풀어 쓴다면 '공공의 정의'다. 공의가 실현될 때 사람들은 사회와 사람을 신뢰한다. 공의가 바로 서지 못한 사회에선 서로를 불신한다. 공의롭지 못한 사회, 즉 신뢰가 깨진 사회가 소모하는 사회적 비용은 엄청나다. 구성원 간의 불신에서 오는 사회적 비용은 고스란히 나와 당신이 책임져야 한다.

우리 사회가 '공의'가 아닌 '사의'로 돌아간다면 어떻게 되겠는가. 우리나라에 그런 때가 있었다. 이승만과 자유당의 몇몇 권력자들, 박정희와 그 수하들, 전두환과 그 수하 등 몇몇 권력자들이 우리 사회를 주무르던 때였다. '공의'가 아닌 '사의'가 판을 치는 세상이었다. 지금은 권력자가 아닌 몇몇 재벌이 세상을 '사의'로 떡 주무르듯 하고 있다. '공의'가 죽고 '사의'가 득실거리는 사회에서 '더불어 사는 사회'란 있을 수 없다.

04
/ **자부심**
때문

　이 책을 처음부터 찬찬히 읽어본 당신이라면, 자부심(pride)이 얼마나 양면성을 가지고 있는지 알게 되었을 거다. '자부심'은 모든 인류가 더불어 살지 못하게 하는 주범 중 하나다. '자부심'은 '패거리의식'과 연결되어 있고, '친족파벌연대의식'과 연결되어 있다. 이러한 결론이 타당한지 아닌지는 앞으로 이어질 자부심에 관한 이야기들을 보면 잘 알 수 있다.

자부심은 세상을 분열시키고 파벌주의를 발생시킨다

인류사에서 '자부심'의 실체와 폐해를 가장 잘 드러낸 사람이 영적 교사 데이비드 호킨스다. 그가 이야기한 '자부심의 세계'를 중심으로 이 장을 풀어가 보기로 하자. 아래는 호킨스의 '자부심 부분'을 내 나름대로 번호를 매겨 재구성한 것이다.

1. '자부심'은 오늘날 보편적인 인류가 동경하고 추구하는 의식수준이다. '자부심'은 '안정'을 선물해주고 '보람'을 안겨준다. 때로는 '에고의 무한한 격정'에 이르게 한다.

2. 자부심은 아직 낮은 에고의 수준에서 벗어나지 못한 하위단계의 의식수준이다. 그럼에도 자부심에 가득 찬 사람들은 자신들이 하위수준임을 전혀 알아차리지 못한다. 오히려 자신의 수준이 상위수준이라고 착각하고, 자랑스러워한다.

3. 자부심이 강한 사람은 거만하다. 주제파악을 하지 못하며 배우려 하지도 않는다. 사람들이 하는 말을 귀담아 듣지 않고 마음이 꽁꽁 닫혀 있다. 자신이 생각하고 파악한 '올바름'에 집착하고 그것을 끊임없이 변호한다. 문제가 생겨도 자신이 아니라 세상이 잘못된 거라고 본다.

4. 자부심의 저변에는 두려움이 깔려 있다. 자부심을 잃어버리면 어쩌나 하는 두려움, 자부심에 이르지 못할지도 모른다는 두려움 등이다.

5. 자부심은 방어적이고 상처받기 쉽다. 자부심은 자칫 수치심으로 곤두박질칠 수 있다. 내면에 '자부심 상실'에 대한 두려움이 자리 잡고 있기 때문이다.

6. 자부심은 외적 조건에 의존한다. 그렇기에 해당 조건이 없어지거나 약화되면 언제나 타락할 준비가 되어 있다. 자부심은 내면에 기반하는 것이 아니기 때문에 늘 불안하다.

7. 자부심은 자신을 세우기 위해 자신을 희생시키기도 한다. 자부심은 종종 '맹목적'일 때가 많다. 이슬람 테러집단의 '자살폭탄테러'와 2차 세계대전 중 일본군의 '가미가제 특공대'를 생각해보라.

8. 자부심은 늘 이중적이다. 겉으로는 아주 명예스럽고 번듯한 듯 치장을 하지만, 속으로는 "누구든 내 자부심에 상처를 주기만 해봐라" 하고 싸울 준비를 하고 있다.

9. 자부심은 세상을 분열시키고 파벌주의를 발생시킨다. 자신이 속한 그룹을 위해 수십만 명, 수백만 명을 죽여도 오히려 자랑스러워하고, 거기에 정당성을 부여한다.

10. 자부심의 그림자는 부정과 오만함이다. 자부심은 사람의 의식성장을 가로막는다. 자부심 안에서는 중독에서 회복되는 것이 불가능하다. 왜냐하면 자부심은 감정상의 문제나 성격 결함을 부정하기 때문이다.

11. 인간은 습관적으로 자부심을 위해 죽었다. 종교전쟁, 정치적 열광에 의한 테러, 중동과 중부 유럽의 유혈 사태 등은 모두 자부심으로 인해 치른 대가이다.

자부심에는 항상 멸망이 따른다

12. 자부심은 항상 방어적인 자세를 취한다. 분노 및 두려움과 마찬가지로 자신의 위치에 대한 보호와 방어를 필요로 한다. 그런 내재적 취약성으로 인해 여전히 방어적이다.

13. 자부심의 에고 팽창은 취약성의 핵심이다. 에고는 자신의 중요성을 과대평가하고 자신의 가치를 오산해 스스로를 기능이나 생존, 타인과의 상호작용에 있어서 안내자로 보기 때문이다. 자부심의 자존감은 실상에 근거하는 것이 아니라 팽창되고 과장된 의견에 근거한다.

14. 자부심은 종종 사회적 이미지에 의존한다. 소유물, 명성, 호칭 등을 매개로 하는 사회적 지위 및 그것의 상징은 성공에 대한 독자적이고 고유한 증표를 가지고 있는 하위문화들에 동기를 부여한다.

15. 자부심은 '자뻑'을 잘 한다. 이는 곧 나 자신은 우월하고, 남들은 비교적 열등하다는 의식을 저변에 깔고 있다.

16. 자부심에는 멸망이 따른다. 자부심을 바탕으로 한 자기 중요성의 귀결은, 내적 의심 및 완전함과 완벽함의 결핍을 상쇄하기 위한 끊임없는 지지와 보강의 필요성이다. 원시적이고 자부심 강한 에고의 탐욕스럽고 속이 훤히 들여다보이는 약점은 결국 교만의 귀결을 끌어당긴다.

17. 자부심의 내재적 근원은 에고의 자기애적 에너지다. 이로 인해 자부심은 이미지와 상징을 매개로 우회적 자기 강화 방식을 통해 자가 증식된다. 중요성은 가치나 중요성을 의미하는 복합적 구성요소를 수반하는 하나의 감정적 가치이며, 항상 상대적이어서 모순을 일으키기 쉬운 것은 물론 오류에 빠지기 쉽다.

18. 자부심은 부서지기 쉬우며, 따라서 자부심의 방어는 종종 편집증이라고 해도 좋을 만큼 완강하고 극단적이다. 팽창되어 있는 것은 수축하기 쉽고, 수축은 급속히 수치심을 유발한다.

이러한 자부심을 가지고는 결코 '더불어 사는 세상'을 펼칠 수 없다. 우리는 하루 속히 '자부심'을 넘어 더 큰 세상, 더 '큰 나'로 나아가야 한다.

05

이분법적
사고 때문

어떤 사회가 종교적이고 도덕적일수록 이분법적 사고는 더 창궐한다. 정확하게 말하면, 종교와 도덕을 강조하는 사회가 그렇다는 거다.

2017년 현재 우리 사회는 종교현상이 창궐하고 있다. 개신교, 천주교, 불교 등 기성 종교뿐만 아니라, 민족종교를 비롯한 신생종교들이 만연하다. 각자의 종교가 기를 쓰고 성장하려면, 이분법적 사고와 친해질 수밖에 없다. "남의 종교는 그럴지 몰라도 우리의 종교는 아니다"라고 말하고 싶겠지만, 그것이 종교집단의 한계다.

이분법, 알고 보면 나쁜 놈 아니다

이분법이란 대상 전체를 둘로 나누는 논리적 방법을 말한다. 이 세상 모든 만물과 현상을 둘 중 하나로 보는 프레임이다. 이 프레임은 세상을 간단 명료하게 이해할 수 있게 한다. '아리까리'하거나 헷갈리는 게 없다. 세상 모든 것이 '흑 아니면 백', '선 아니면 악', '양 아니면 음'이니까 말이다.

사실, 음양오행설도 세상을 그렇게 설명하고 있다. '음양'은 원래 햇빛을 향하는 방향을 두고 나온 말이다. 해를 향하는 곳을 양(陽), 해를 등진 곳을 음(陰)이라 한다. 중국의 고대사상은 일체의 모든 사물에는 정(正)과 반(反) 두 면이 있다고 보고, 음양(陰陽)으로 만물의 생장과 소멸을 해석했다.

음양사상은 모든 사물을 서로 대립되는 속성을 가진 두 개의 측면으로 이루어져 있다고 본다. 한 측면은 음, 다른 한 측면은 양이다. '음양'은 사물의 발생과 변화, 발전의 원인을 설명한다. 우주나 인간 사회의 현상은 '하늘에 대해서는 땅이 있고, 해에 대해서는 달, 남에 대해서는 여가 있다' 하는 식으로 항상 상대적으로 파악한다. 마치 전기의 속성인 '플러스(+)와 마이너스(−)'처럼 세상을 보고, 그 둘이 교류하고 변화하면서 우주의 현상과 인간 사회 현상을 만들어낸다는 세계관이다.

이로 보건대 우리가 그토록 성토(?)하는 이분법은, 사실 그 자체로는 무슨 가치판단이 존재하지 않는다. 이분법은 세상과 우주의 원리를 분명하게 설명해내는, 아주 훌륭한 세계관이다. 이분법이 마치 세상의 악을 조장해내는 것처럼 말하는 것은, 그 스스로가 이분법적 사고에 갇혔기 때문이다.

이분법이 사람에게 오면 이렇게 변질된다

그러면 이분법이 대체 뭐가 문제란 말인가. 문제가 있으니까 말을 하는 거지, 설마 아무 문제도 없는데 내가 '된밥 먹고 쉰 소리'나 하겠는가.

앞에서 설명한 것처럼 이분법 자체는 '가치판단'이 존재하지 않는다. 하지만 사람이 '이분법'을 취하면서 자신의 가치판단이 들어간다. 말하자면, 이분법이라는 거대한 우주 원리에다 자신의 가치판단을 투사시키는 것이다. 그렇다. 문제는 이분법 자체가 아니라 이분법을 취하는 사람들의 자세다.

이렇게 이분법이 변화되면 여러 가지로 취약해진다.

이분법적 사고를 하는 사람들은 극단에 치우치기 마련이다. 그들은 중도나 중립적 시각을 죽어도 인정하지 않는다. 그들의 잘못을 지적하면, 그 사람은 '적'으로 간주된다. '중립'을 이야기하면 당장 '회색분자, 기회주의자' 등으로 매도된다. 그들은 입버릇처럼 "너의 색깔을 분명히 하라" 한다.

이분법적 사고의 가장 큰 폐해는 자신(**또는 자신이 속한 곳**)을 선, 남(**또는 남이 속한 곳**)을 악이라고 보는 데 있다. 이러한 사고는 자기 편이 아니라고 판단되어지면 무조건 악이라고 본다. 타협이란 있을 수 없다. 타협을 하는 순간, '악과의 타협'이라며 분노한다. 그들은 아이러니하게도 '정의'란 말을 좋아한다. 상대적으로 '불의'란 말을 배격한다. 자신과 자신이 속한 곳을 '정의'에 끼워 넣고, 남과 남이 속한 곳을 불의라 치부한다.

이러한 사고에 사로잡힌 사람들은 세상을 '악'으로 보고, 자신들을 '선'이라 보며, 세상을 '속'이라 보고, 자신들을 '성'이라 본다. 그래서 자나깨나 세상을 구원하려고 한다. 그들에게 있어 세상은 구원의 대상이지 '더불어 살아야 할' 대상이 아니다.

이분법적 사고의 깊숙한 곳엔 '이기적 에고'가 도사리고 있다. 말하자면,

이분법적 사고의 시발점은 '이기심'이라고 할 수 있다. 이분법적 사고를 하는 사람은 '이기적 에고'에서 벗어나지 못한 사람이다. 그들은 '이분법'이라 쓰고 '이기심'이라고 읽는다. 문제는 본인들은 전혀 그렇지 않다고 생각한다는 것이다.

인중천지일, 사람 가운데 하늘과 땅이 더불어 잘 산다

생물학자 부케티츠(독일)는 "자연에는 진보도, 합목적성도, 아름다움도 없다. 자연에 그런 것이 있다고 믿는 것은 단지 인간의 희망이 자연에 투사된 것일 뿐"이라고 했다. 부케티츠가 말한 자연이란 나와 당신이 관계하는 모든 우주를 말한다.

심리학자 칼 융은 진작부터 '대극의 통합'을 이야기했다. 이 세상 모든 만물과 현상은 '음양'의 원리와 꼭 같이 대극이 있다. '남과 여, 하늘과 땅, 빛과 어두움, 하나님과 사탄' 등이 그것이다. 그것들은 모두 대극의 위치에 있다. 칼 융은 그 대극이 오롯이 우리의 마음에도 존재한다고 보았다. 그는 인생의 길을 '대극의 통합의 길, 대극끼리의 화해의 길'로 보았다. 양극단에 머물지 않고 통합의 길로 가는 것을 인격의 완성으로 본 것이다.

중국 철학의 '중용의 도'도 그렇다. 중용이란 '중간'을 의미하지 않는다. 중용이란 양극단을 피하고, 오롯이 자신의 길을 가는 것을 말한다. 그 길은 양극단을 배격하는 길이 아니라 그것마저도 아우르는 길이다. 헤겔이 말한 '정반합의 길'이다. 중용의 길은 '조화로운 길'이며, '균형 잡힌 길'이다.

우리 민족에게도 그런 길이 있었다. 바로 《천부경》의 '천지인의 길, 삼재의 길'이다. 특히 그중에서도 '인중천지일'(人中天地一)은 그 길의 정수라 하겠다. 사람의 마음속에 하늘과 땅이 하나로 통합되어 있다는 뜻이다. "사람 가운데 하늘과 땅이 하나로 더불어 산다"로도 풀 수 있다. '사람 가운데'란 것이 '사람의 중심'을 말하기도 하지만, 사람과 사람 즉 사람의 관계를 말하기도 한다. 사람 가운데서 하늘과 땅이 더불어 잘 산다.

여기서 잠깐, 앞에서 말한 '음양'과 지금 말하고 있는 '삼재'는 서로 대립되는 것일까? 아니다. '음양'이 '우주의 구조적 원리'를 말한 것이라면, '삼재'는 '우주가 사람에게 적용되는 원리'다. 말하자면, '음양'의 원리가 사람에게 적용될 때는 '삼재'의 원리가 된다는 거다. '음양'의 원리조차 '음양'을 대립되는 것으로 보지 않고, 각자의 위치에서 서로 조화하는 것으로 보았다.

그렇다. 이분법이 아니라 이분법적 사고를 하는 사람들이 세상을 더불어 살지 못하게 만들고 있다. 나와 당신 안에 있는 이기적인 이분법을 몰아내자.

06 / 엘리트의식
때문

이분법적 사고의 자식 중 최고 효자는 '엘리트의식'이다. 왜냐하면 그놈이 세상을 먹여 살린다고 생각하니까. '엘리트의식'은 세상을 둘로 나눈다. '엘리트'와 '비 엘리트'로 말이다. '비 엘리트'인 우리가 보면, 같잖지도 않다.

중국 고대에도 '엘리트의식'을 부추긴 사람이 있다. 공자다. 그는 《논어》에서 '군자의 도'를 수없이 계속 말한다. 제일 당황스러운 것은 "군자는 식무구포(食無求飽)다" 하는 말이다. 군자란 사람은 먹을 때도 배부름을 구하지 않는다는 뜻이다. 먹을 때 배가 부르기를 원하는 인간은 죽었다 깨어나도 군자가 되기 힘들단다. 물론 "먹는 걸 탐하지 마라, 적당히 먹어라" 한다면 이해한다. 하지만, 고작 먹는 것 하나 가지고 군자와 소인이 갈라진다니 너무하다. 그렇다. 공자는 세상에 군자와 소인이 있다고 가르친다.

공자의 '군자의 도', 알고 보니 엘리트의식(?)

공자가 그렇게 '군자의 도'를 가르치는 데는 그만한 이유가 있다. 그는 아버지 숙량홀과 어머니 안징재 사이에서 태어났다. 어머니 안징재는 정실부인도 아니거니와 정식부인도 아니어서, 호적에도 올라가지 못했다. 설상가상 그가 어렸을 때 아버지가 돌아가시는 바람에 서자 축에도 못 낀 채 공씨 형제들로부터 온갖 설움을 받으며 자랐다. 이런 그는 평생 '인정받지 못한 설움'과 '인정받으려는 욕구'를 가지고 살았다. 《논어》에서 누누이 "누군가 자신을 인정해주지 않는다면, 세상을 탓하지 말고 자신을 돌아보라"라고 말하는 이유다. 이런 그가 열일곱 살 때 '입신'을 하면서 세상을 보니, 세상은 온통 강자들이 약자 위에 군림해서 세상을 어지럽히고 있었다. 그는 문득 어렸을 적 공씨 집안 다른 형제들로부터 당한 '갑질'을 떠올렸다.

어떻게 이 세상을 바로 잡아야 할까? 그가 떠올린 것이 바로 '군자'다. '군자의 도'는 사실 평민이 가야 할 길이 아니라 임금이 가야 할 길이었다. 임금이 '군자의 도'를 걸을 때 세상이 편안해진다는 가르침이다. 말하자면, 요즘 엘리트의식과 상통한다. 한 사회의 엘리트들을 바로 세우면 온 나라가 산다는 사상의 발로다.

하지만 이를 정면으로 반대한 사상이 있으니, 바로 노장사상이다. 특히 노자는 "많이 배운다는 것은 세상을 둘로 나누는 것"이라고 비판했다. 세상이 어지러운 것은 배운 자와 배우지 못한 자로 나누고, 그것이 곧 세상의 계급으로 이어지는 것이라고 보았다. 노자는 여기에서 '무위도식'이란 도를 세상에 내놓았다. 뭔가를 배우고 뭔가를 함으로써 세상에 도를 심는 게 아니라, 아무것도 하지 않음으로써 세상에 도를 심는다는 것이다.

공자의 도가 때론 맞다. 노자의 도가 때론 무리일 수 있다. 하지만, 분명한 건 노자의 도가 훨씬 '자연의 도'와 가깝다는 것이다. 앞에서 소개했지만, 생물학자 부케티츠는 "자연에는 진보도, 합목적성도, 아름다움도 없다. 자연에 그런 것이 있다고 믿는 것은 단지 인간의 희망이 자연에 투사된 것일 뿐"이라고 하지 않았던가. 그래서 난 개인적으로 공자보다 노자를 더 좋아한다.

'학생복 엘리트' 아닌 진짜 엘리트란?

'엘리트'란 '사회에서 뛰어난 능력이 있다고 인정한 사람 또는 지도적 위치에 있는 사람'을 뜻하는 프랑스어다. 거기서 파생된 '엘리트 이론'은 '특수한 자격을 갖춘 개인이나 그 집단이, 그렇지 아니한 일반 대중을 지배하고 사회 발전을 주도한다는 이론'이다. 이것은 '엘리트주의'(소수의 엘리트가 사회나 국가를 지배하고 이끌어야 한다고 믿는 태도나 입장)에 기반한다.

2차 세계대전 당시 이 '엘리트주의'가 크게 한 건 해 잡수셨다. 독일 나치의 '대 유대인 정책'이 바로 그것이다. 나치의 입장에서 보면 독일 민족이 최고의 엘리트여야 하는데, 더 엘리트 같은 놈들이 있었으니 그게 바로 유대인이었다. 그래서 히틀러는 당시 독일이 망해가는 주 요인으로 유대인을 꼽았다. 독일과 인근 유럽에서 경제와 정치의 요직을 맡고 있는 유대인들 때문에 독일 민족이 기를 못 펴고 산다고 독일 국민에게 호소했다. 사돈이 논을 사면 배가 아프듯, 배가 살살 아팠던 독일 국민들은 바로 "하일 히틀러"로 답했다.

그 시대 광기의 주범은 히틀러가 아니라 일반 대중이었다. 그들은 유대인을 처단하고 새로운 세상을 열어줄 엘리트를 강력하게 원했다. 그 엘리트란 히틀러를 중심으로 한 나치당 주요 인물들이었다. 영웅과 그 일당이 설치는 세상은, 어떤 경우에도 건강한 세상이 아님을 그들은 놓쳐버렸다. 그들이 택한 엘리트들이 역사에 남긴 자취는 '아우슈비츠 수용소와 유대인 600만 명 학살'이었다.

이는 아이러니하게도 엘리트의식 즉 자신들이 여호와 하나님으로부터 선택받은 민족이라는 선민의식으로 세상을 열어갔던 유대인들이, 또 다른 엘리트의식에 부딪혀 당한, 인류 역사의 비극이었다.

'잘난' 소수가 아니라 '그저 그런' 다수가 열어가야 세상이 건강하다

우리 사회에도 그런 일이 있었다. 구한말의 이완용과 그 일당들의 잘못된 엘리트의식이 나라를 통째로 일본에게 들어다 바쳤다. 광복 후, 이승만 전 대통령과 자유당 나부랭이들의 엘리트의식이 무수한 양민을 학살하고, 인민을 괴롭혔다. 박정희 전 대통령과 그 수하들이 엘리트의식으로 나라를 바꿔보겠다고 설친 역사도 있다. 곧이어 전두환 씨와 그 수하들도 똑같은 짓을 했다. 세상을 바꾸겠다는 '영웅과 몇몇 무리들'의 엘리트의식이 얼마나 세상을 괴롭게 하는지, 우리는 알아야 한다. 세상을 '구원받아야 할 대상과 구원하는 자신'으로 이분하는 종교들도 마찬가지다.

모든 엘리트의식과 선민의식, 구원자의식 등을 내려놓을 때, 세상은 비로소 더불어 살 수 있다. '잘난' 소수가 아니라, '그저 그런' 다수가 열어가야 세상이 건강하다.

07
에너지가
약해서

내가 다녔던 부산신학교는 대부분의 교수가 현직 목사였다. 거룩한(?) 분위기의 신학교 수업이었지만, 참으로 고맙게도 국문학과 교수가 한 분 있었다. '김금순 교수'라고 기억이 되는데, 그는 종종 '종교서적이 아닌' 책을 읽고 독후감을 리포트로 내라고 했다. 그때 읽었던 책 가운데 《침묵》(엔도 슈사쿠)은 단연 압권이었다. 그 책의 줄거리를 소개한다.

아니 페레이라 신부마저 배교하다니!

일본 막부시대, 기독교 탄압이 시작되면서 고문과 학살이 자행되었다. 고문에 못 이긴 명망 높은 페레이라 신부도 배교를 했다. 이 소식이 교황청에 날아들었고, 교황청은 비상이 걸렸다. 교황청 입장에서는 있을 수 없는 일이었다.

페레이라 신부가 누구였던가. 포르투갈의 세바스티안 로드리게스(주인공) 신부가 정신적 스승으로 모실 만큼 영성이 대단한 사람이었다. 로드리게스는 교황청의 명령을 받고 현지에 파송된다. 배교 여부의 진실과 현지 사정을 파악하기 위해서다.

현지 사정에 빤한 가톨릭 신자 기치치로가 로드리게스를 인도한다. 하지만 기치치로는 얼마 가지 않아 로드리게스를 밀고하고, 로드리게스는 감옥에 갇힌다. 일본 막부는 로드리게스를 고문하면서 한 가지 제안을 한다. "예수의 상본을 밟아라. 그러면 살려주겠다" 하는 거였다. 하지만 로드리게스는 '상징적인 배교'라도 할 수 없다며 끝까지 거부한다.

이때, 일본 당국은 아주 잔인한 방법을 하나 동원한다. 로드리게스의 눈앞에서 기독교 신자를 하나씩 둘씩 죽이는 방법이다. 역시 일본답다. 우리나라에 쳐들어왔을 때도 그러더니. 고뇌하고 있는 로드리게스 앞에 페레이라 신부가 나타난다. 페레이라는 우선 배교부터 하라고 로드리게스를 설득한다. 과연 우리의 로드리게스는 배교를 할까?

주인공 로드리게스를 중심으로 이 소설에 나오는 명대사를 살펴보자.

"뭐라고 말씀을 해주십시오. 만약 저를 가엾이 여기신다면 뭐라고 말씀을 해주십시오."

로드리게스의 처절한 부르짖음이다. 그는 성화를 밟으면 살려주겠다는 일본 당국 앞에 서 있는, 도살장으로 끌려가는 한 마리 어린 양이었다.

신은 침묵하지 않고 무얼 했을까

그는 "박해가 일어나 오늘까지 20년, 이 땅이 많은 신자들의 신음소리로 가득 차고, 신부의 붉은 피가 흐르고, 교회의 탑이 무너져 가는데도, 하느님은 자기에게 바쳐진 너무나도 참혹한 희생을 앞에 두고도 여전히 침묵만 지키고 계십니다"(94쪽) 하면서 하느님께 항의를 한다. 그의 처절한 외침은 "왜 당신은 침묵만 하고 계십니까"였다.

그런 로드리게스에게 신은 이렇게 말한다.

"밟아도 좋다. 나는 너희들에게 밟히기 위해 이 세상에 태어났고, 너희들의 아픔을 나누어 갖기 위해 십자가를 짊어졌다."

결국 그는 성화를 밟았다. 밟고 또 밟았다. 그렇지 않으면, 그의 눈앞에서 기독교도들이 하나둘 죽어나가기 때문이었다. 자신의 종교적 신념보다 사람을 선택했다. 아니, 그래야만 했다.

"당신의 기도하는 얼굴을 기도드릴 때마다 생각하고, 당신이 축복하고 있는 얼굴을 고독할 때 떠올리고, 당신이 십자가를 지신 때의 얼굴을 붙잡힌 날에 되새기고, 그리고 그 얼굴은 저의 영혼속에 깊이 새겨져, 이 세상에서 가장 아름다운 것, 가장 고귀한 것이 되어 저의 마음속에 살아 있습니다. 그것을 이제 저는 이 발로 밟으려고 합니다."

그때, 로드리게스는 발견했다. 신은 침묵하고 있었던 게 아니라는 것을.

"침묵을 지키고는 있지만 다정한 눈으로 나를 지켜보고 있다. 마치 그 얼굴은 이렇게 말하고 있는 것 같았다. '그대가 괴로워하고 있을 때 나도 곁에서 괴로워하고 있다. 끝까지 나는 그대 곁에 있겠다.'"

그랬다. 신은 로드리게스 옆에서 같이 아파하고 있었다.

수많은 '이치치로'를 품어야 더불어 사는 세상이 온다

사실 이 책에서 주목하고 싶은 사람은 따로 있다. 바로 배신자 이치치로다. 그는 가톨릭 신자였고 누구보다 신을 믿고 따랐지만, 여러 번의 배교와 밀고를 한 사람이다. 그가 외친 대사가 눈에 띈다.

"저는 그들처럼 강해질 수가 없는 걸 어찌합니까? 성화를 밟은 자에겐 또 그런대로 할 말이 있단 말입니다. 성화를 제가 좋아서 밟은 줄 아십니까? 성화를 밟은 이 발은 아프고 쓰립니다. 정말 못 견디게 아프답니다. 저를 이렇게 약골로 태어나게 해놓고서 강한 자 흉내를 내라고 하느님께선 말씀하십니다."

보았는가. 이치치로인들 배신하고 싶어서, 그것이 좋아서 하는 일이 아니었다. 사람들은 항상 문제에 봉착하면 "난들 그러고 싶어 그랬겠냐"라고 외친다. 그것은 적어도 이 세상 모든 약자, 에너지가 약한 자들의 뼈아픈 진실의 외침이다.

물론, 심리학자 아들러의 목적론에 의하면 "사람들은 자신이 불행해지고 싫어서 불행을 선택한다. 사람들은 스스로 불행해지기로 작정하고 불행을 선택한다." 맞는 말이다. 사람이 불행해지는 것은 그 누구도 아닌 자신의 선택의 결과가 맞다. 하지만, 그걸 알면서도(**모를 수도 있지만**), 안 되는 사람들이 많다. 마치 《침묵》의 이치치로처럼. 우리는 그걸 놓쳐서는 안 된다.

일곱 살 아이가 좀 잘 뛴다고 마라톤을 시킬 수는 없다. 왜 그것도 못 뛰느냐고 야단치는 것은 더더욱 안 될 말이다. 신약성경에 나오는 '달란트'의 비유는, '재능'을 말한 게 아니다. 사실은 각자에게 주어진 '에너지의 양'이다. 말하자면, 사람마다 선천적으로 타고난 에너지의 양은 다르다. 누구는 1, 누구는 2, 누구는 5만큼 가지고 태어난다. 우리는 누구라도 이치치로처럼 선천적 에너지가 약할 수 있다. 평생 인생 공부를 해서 에너지를 끌어올리고 의식수준의 도약을 이루는 게 인생이다. 주인이 돌아와서 정산할 때까지 말이다.

우리 속에 있는 수많은 '이치치로'와 우리 곁에 있는 수많은 '이치치로'를 품지 않으면, 더불어 사는 세상은 없다. 로드리게스가 고통의 현장에서 만난 신처럼 말이다.

"약자를 책하고 벌하는 엄한 신이 아니라 상처 입은 자를 위로하고 격려하며, 배반자를 용서하는 자비로운 어머니 같은 신이었다."

08

너무나
지혜롭기 때문

　우리나라 속담 중에서 아주 무시무시한 게 하나 있다, "제 발등에 도끼 찍는다"라는 속담이다. 정말 잔인하다. 혹시 당신은 자기 발등에 도끼를 찍어보았는가. 자기 발등에다 도끼를 찍으면, 뼈가 으스러지고 깊게 파이면서, 피가 억수로 튈 게다. 그 힘이 아주 강하거나 도끼날이 아주 에리하다면, 발이 쪼개질 수도 있는 형국이다. 이런 무시무시한 속담의 진의는 "실수하지 마라"라고 하기엔 약하다. 그렇다. 자신의 꾀에 자기가 넘어간다는 말이다. 이걸 사자성어로는 '자승자박'(자신이 만든 줄로 제 몸을 스스로 묶는다는 뜻. 자기가 한 말과 행동에 자신이 구속되어 어려움을 겪는 것)이라고 한다. 이런 역사가 우리 인류의 역사라면 믿으시겠는가.

밀림 속 낙원에 한계가 오다

지금부터 말하는 것은 인류학자 제레드 다이아몬드의 《제3의 침팬지》와 데스먼드 모리스의 《털 없는 원숭이》를 내 방식으로 재구성한 것이다.

인류가 막 태동하려던 원시 밀림에는 다양한 종의 침팬지들이 살고 있었다. 그들은 그냥 단순한 침팬지가 아니라 인류에 가까운 침팬지들이었다. 지금은 '침팬지'라고 말하지만, 사실 그들은 현생인류와 비슷한 포유류였다. 지금의 침팬지와 비슷하긴 하지만(실제로 인간과 침팬지의 유전자는 99퍼센트가 일치한다) 분명히 지금 우리가 보는 침팬지와는 달랐다.

그들은 밀림에서 살았다. 밀림에는 애써 수고하지 않아도 먹을 것이 늘 풍부했다. 채소와 과일들은 경작하지 않아도 알아서 잘 자라주었다. 배가 고프면 따먹으면 되었다. 자연은 알아서 비를 내려주고, 햇빛을 주고, 바람을 주고, 흙을 주었다. 힘써서 농사를 지을 필요도, 서로 먼저 먹겠다고 싸울 필요도 없었다. 더군다나 계절이 따로 없이 항상 여름이니, 옷을 입을 필요도, 옷을 만들어야 할 수고도 없었다. 그야말로 낙원이었다. 구약성서의 에덴동산과, 두 학자가 밝힌 원시 세상은 너무나도 닮았다.

하지만, 항상 파국은 소리 없이 다가오기 마련이다. 그들의 개체수가 점점 많아졌다. 한정된 지역에 있는 한정된 열매는 다툼을 불러일으켰다. 그들은 어느새 서로를 경계했다. 그들의 머릿속에는 '남보다 먼저 먹지 않으면 내가 굶어 죽는다'는 생각이 자리 잡기 시작했다. '내가 배가 고픈 것은 순전히 옆집 철수네와 영이네 때문'이라고 생각했다. 이런 다툼이 처음 일어날 때는 그래도 "어허. 우리 가족이 참을게. 너희들 가족이 먼저 먹어"라고 했다. 하지만, 참는 것도 한두 번이지. 매번 뺏기고 나니 열이 엄청 받는다. '안 되겠다. 나도 나지만 내 가족을 위해서라도 싸워야겠다' 하는 마음으로, 이웃집 철수와 죽도록 싸웠다. 여기저기서 싸우고, 죽이고, 물어뜯었다. 그곳은 이제 낙원이 아니라 지옥이었다.

이때, 무리 가운데 제일 연장자가 중재에 나섰다(이 장면은 우리 민족의 창조설화 '마고성 이야기'를 참고했다). "우리 모두가 여기 살다간 공멸할 것이니, 여기에 남을 가족들과 여기를 떠나 새로운 세계로 갈 가족들을 정하자" 하고 안을 내놓았다. 처음엔 "미치지 않고서야 누가 여기를 두고 두려운 저 바깥으로 나가느냐"라고 했다. 하지만 곰곰이 생각해보니, 여기 계속 있다가는 내 집도 죽고 다른 집도 죽겠다 싶다. 용기 있는 상호네 가족이 먼저 "우리가 나가겠소"라고 했다. 사실 철수네 가족도, 영이네 가족도 나가고 싶었지만 엄두도 나지 않고, 같이 간다는 가족도 없어서 망설이고 있었다. 그들도 가겠다고 했다. 이렇게 되니, 마치 도미노 현상처럼 바깥세상으로 나가겠다는 이들이 속출했다.

'출 낙원'은 개고생의 시작이었다

의기투합한 그들은 밀림(낙원)을 떠났다. 하지만 그들이 이른 곳은 낙원이 아니었다. 평원(광야)이었다. 바람은 쌩쌩 불고, 날씨는 아침저녁으로 일교차가 심했다. 밀림 속에서 경험해보지 못했던 날씨 때문에 옷이란 걸 만들어 해 입었다. 옷이라고 해봐야 나뭇잎과 칡넝쿨을 엮어 만든 것이었다. 게다가 밀림처럼 늘 준비돼 있는 음식도 없었다. 스스로 '쎄가 빠지게' 농사를 지어야 열매가 나왔다. 농사를 지어본 사람들이 아니어서 첫해 농사는 완전 망했다.

배가 고팠다. 고향 생각도 났다. 괜히 나왔나 했다. 고향 사는 명박네는 잘 먹고 잘 살겠지. 고향 사는 근혜네는 지금쯤 다리 쭉 펴고 잘 자고 있겠지. 돌아가려고 하는 이들도 생겨났다. 이렇게 의견이 분분해지자 수십 가족이 그곳을 떠나버렸다. 하지만 그들은 다시 밀림으로 가지는 않았다. 물가로 갔다. 물가에서 물고기를 잡아먹고 살려고 했다. 그들은 물가 동굴에서 살았다.

이때, 상호네가 또 용기를 냈다. 이제 열매만 먹지 말고 고기도 잡아먹자고 제안했다. 처음엔 모두가 머뭇거렸지만, 농사도 못 짓는 주제에 찬밥 더운밥 가릴 처지가 아니었다. 그들은 달라졌다. 초식만 하던 그들은 스스로를 변혁시켜 육식까지 하는 잡식성 동물이 되었다. 그들은 독수리 같은 날개도 없고, 사자 같은 예리한 발톱도 없고, 호랑이 같은 튼튼한 이빨도 없었다. 그들은 머리를 써야만 했다. 사슴을 한 마리 잡을 때도 그들은 몸을 쓰지 않고 머리를 써야 했다. 달리기로야 어디 감히 사슴에게 '잽'이나 되겠는가. 함정을 파고, 여럿이서 사슴을 몰아 함정에 빠트려 잡곤 했다. 그랬다. 원시시대 우리 조상들은 서로 협력하고 살 수밖에 없었다.

결국 머리 좋은 놈들이 살아남았다

이런 그들에게 또 한 번의 위기가 왔다. 다른 곳에서 온 다른 족속들이었다. 그들도 다른 밀림에서 살다가 개체수가 많아지자 이주해온 족속들이었다. 그들은 서로 더불어 살기에는 너무나도 갖춰진 게 없었다. 그들도 스스로 머리를 쓰고 수십 명이 협동을 해야 먹고 살 수 있었다. 이렇게 경쟁을 하다 보니 결국 머리가 좋은 종들만 살아남았다.

우리는 그들을 '호모 사피엔스 사피엔스'라고 부른다. 4만~5만 년 전에, '호모 사피엔스(**지혜로운 사람**)가 다른 호모(**호모 에렉투스, 호모 하빌리스**)들을 물리치고 인류의 강자로 등극했다. 호모 사피엔스는 다른 호모들을 용납하지 않았고, 독식을 추구했다. 그렇게 할 수 있었던 것은 바로 호모 사피엔스의 '뇌의 발달' 덕분이었다. 현생인류는 얼마나 지혜로운지 스스로를 일러 '호모 사피엔스 사피엔스'라고까지 한다.

보았는가. 왜 우리가 그토록 세상을 '생존경쟁'으로 보는지를. 원래부터 그랬던 것이 아니라, 살아보겠다고 발버둥을 치다 보니 그렇게 된 것이다. 인류가 생존을 하기 위해 자신들의 뇌를 발달시킨 결과다. 이것이 종교에서 말하는 '타락의 결과'다. 근본에서 끊어진 결과다. 창세기에서 선악과를 "먹으면 눈이 밝아진다. 먹음직도 하고 보암직도 하고 지혜롭게 할 만큼 탐스럽기도 하다"라고 표현한 것은 우연이 아니다. 그 선악과가 바로 '뇌의 발달'이었다. 그 결과 우리는 끊임없이 뇌를 발달시켜 2017년까지 왔다.

뇌의 발달은 인류를 달나라로, 동물복제로, 인공지능 로봇으로, SNS 세상으로 이끌어 왔다. 하지만, 그 영악한 뇌로 인해 밀림에서 살던 천성을 잃어버렸다. 원시 초기 협동심을 잃어버렸다. 우리 인류는 아직도 부지런히 자기 발등을 찍고 있다. 그런 줄 아는 놈이나 모르는 놈이나 모두 그러고 있다. 이제 우리 인류는 바꿔야 한다. 이젠 도끼를 거두고, 나를 살리고 너를 살리고 우리를 살릴 때가 되었다.

09
내 뜻대로 세상을
바꾸려 하기 때문

혈액형으로 우리의 '지랄 맞음'을 드러내준 이야기가 있다.

A형은 소세지 = 소심하고 세심하고 지랄 맞다.

O형은 단무지 = 단순하고 무식하고 지랄 맞다.

B형은 오이지 = 오만하고 이상하고 지랄 맞다.

AB형은 스리지(3G) = 지랄 맞고 지랄 맞고 지랄 맞다.

'지랄 맞은 사람들'과 어떻게 더불어 살 건가

이건 어디까지나 재미로 본 거다. 설마 웃자고 하는 말에 죽자고 덤비지는 않으시겠지. 특히 AB형 사람들은 이해하시라. 하하하.

위의 이야기에서 내가 주목하고 싶은 것은, 누가 더 '지랄 맞느냐'가 아니다. 모두의 공통점이 '지랄 맞다'는 거다. 그렇다. 우린 모두 한 사람도 빠짐없이 '지랄 맞은 면'들이 있다. 자세히 들여다보면, 온전한 사람은 없고 모두 '정신병적인 증세'들을 안고 산다. 이런 지랄 맞은 면들은 다툼의 요인도 되지만, 때론 우리를 성장하게 하는 원동력이 되기도 한다.

우리는 어떻게 '지랄 맞은 인간'들을 대해야 하는가. 그들과 어떻게 더불어 살아갈 것인가. 그것이 우리에게 던져진 숙제이며, 인생 공부이며, 우리 인생의 과정이다. 이런 인간들과 잘 맞춰 '지랄 맞게 사는' 사람이 잘 산다.

"우리 아빠가 달라졌어요"

나는 안성에서 '지역방송국 개국' '지역영화사 개국' '인재양성센터 개국' 등을 목표로, '청소년들이 함께 열어가는 세상'의 멘토로 활약하고 있다. 2017년 현재 열여섯 살부터 스물한 살까지의 청소년들이 주역들이다. 그들은 안성에서 '서울 중심이 아닌 지역 중심, 메이저 중심이 아닌 마이너 중심' 등의 기치를 내걸고, 자신들의 '파이'를 스스로 창조해 나가고 있다. 뿐만 아니라 그런 후배 인재들을 키워 내는 걸 비전으로 삼고 있다. 이런 청소년들을 위해 내가 하는 일은 '차량 운전해주기, 점심식사 사주기, 사무실 알아봐주기' 등이다.

언젠가 방송 촬영을 마치고 청소년들에게 밥을 사준 적이 있다. 이때 한 청소년이 밥을 먹으면서 이상한(?) 행동을 했다. 별다른 건 아니다. 곧 대학생이 될 열아홉 살짜리 청소년이 밥을 시켜놓고, 내 눈앞에서 콩을 가려내고 있었던 것이다. 식당 주인이 콩밥을 내놓은 탓이었다.

"OO아! 콩 못 먹어?"

"네."

"그럼, 친척집에 가거나 어른들 앞에서 어쩔 수 없이 콩밥을 먹어야 할 때는 어떡하니?"

잠시 머뭇거리던 그 청소년이 대답한다.

"네, 그럴 때는 콩을 일일이 못 골라내니까 눈 딱 감고 씹지도 않고 삼켜요."

헉! 그랬구나. 그 아이에겐 콩을 먹는 것이 죽기보다 싫었구나. 그 순간 편식하는 세상의 모든 사람들이 이해가 갔다.

그때, 나의 딸(2017년 현재 스물네 살)이 떠올랐다. 내 딸은 편식이 심한 편이다. 나는 편식을 싫어하는 편이다. 물론 편식하는 사람을 싫어하는 편은 아니다. 하지만, 유독 딸의 편식에 대해선 마음을 내려놓지 못했다. 그놈의 '부모 사랑'이란 미명 아래 말이다.

딸이 낀 온 가족 식사는 100퍼센트 좋지는 않았다. 늘 10~20퍼센트가 개운하지 않았다. 이유는 '딸의 편식' 때문이었다. 아니 더 정확하게 말하면 '딸의 편식을 바라보는 나의 시각' 때문이었다. 그런 생활을 23년 넘게 했다. 딸이 어렸을 때는 그런 마음이 심했고, 좀 더 커선 조금 나아졌지만 여전히 100퍼센트 내려놓지 못한 나의 마음 때문에 가족의 공동식사는 늘 개운하지 않았다.

하지만 이젠 달라졌다. 누가? 딸이? 아니다. 내가 달라졌다. 딸이 편식을 하는 것은 딸의 숨길 수 없는 음식 취향이며, 그것이 곧 딸이라는 것을 내가 100퍼센트 인정하게 되었다. 콩 골라내는 그 청소년 덕분이었다.

수도 없이 "우리는 서로 다릅니다. 취향도, 성격도, 기질도, 느낌도, 몸도, 마음도. 그러므로 우리는 서로를 인정해야 더불어 잘 삽니다"라고 외치던 나였다. 그렇다는 걸 누구보다 잘 안다고 생각한 나였지만, 그건 착각이었다. 딸에게만은 예외를 두고 있었다. 그러고 보면 가족이기 때문에 너무 쉽게 대하지는 않는지 돌아볼 일이다. 특히 내가 낳은 아이들이라고 너무나 쉽게 대하는 것은 아닌지를.

이렇게 내 마음을 바꾸고 나니 공동식사 시간이 얼마나 좋은지 모른다. 딸도 나도 서로 좋아졌다. 이젠 딸의 취향을 알아서, 딸이 좋아하는 반찬이 있으면 일부러 딸 앞으로 챙겨준다. 이제 우리 집은 "우리 아빠가 달라졌어요"다. 가족끼리 집에서 잘 지내려면, 상대방에 대한 요구를 내려놓기 시작해야 한다.

하드웨어는 업그레이드하지 않고, 소프트웨어만 갖고 그래서야

수많은 사람들과 관계를 맺고 살지만, 그 사람들과 다투는 것은 십중팔구 나의 뜻대로 상대방을 바꾸려 하기 때문이다. 가족관계라면 특히 더 심하다. 나의 기대치를 상대방에게 끊임없이 투사하면서 상대방을 대하기 때문에 잘 지내기가 어렵다. 투사하는 것엔 항상 감정이 실리고, 그 좋지 못한 감정은 상대방이 알아차리곤 한다. 이런 감정을 지닌 채 오랜 세월을 살다 보면, 왠지 모르게 "저 사람이랑 나는 안 맞아"라고 이야기하게 된다. 사실 이유는 단 한 가지, 상대방을 내 뜻대로 바꾸려는 자신의 마음을 내려놓지 못했기 때문이다.

나는 살아가면서 세상을 바꾸겠다고 하는 사람들을 꽤 만났다. 하지만 아쉽게도 그들은 중요한 걸 놓치고 있었다. 세상을 바꾸기 전에 자신부터 바꿔야 한다는 것을. 자신은 그대로 두고 세상을 바꾸겠다는 것은, 마치 컴퓨터 하드웨어를 업그레이드하지 않고 소프트웨어만 바꾸면서 "컴퓨터가 왜 이 모양이냐" 하고 투덜대는 사람과 같다.

세상을 바꿔야 한다는 생각에 사로잡힌 사람은 세상에 자신을 투사하고, 끊임없이 자신과 세상을 닦달한다. 그는 강박증에 사로잡힌다. 이런 사람에겐 진정한 쉼이란 없다. 우리가 더불어 살지 못하는 큰 이유 중 하나가 바로 이 '투사와 강박증' 때문이다. 이것 때문에 상대방을 있는 그대로 봐주지 않기 때문이다.

이에 대해 명상가 피터 러셀은 "타인을 변화시켜야겠다고 생각한다면 그것은 핵심을 놓치는 것이다. 그런 식으로 생각하는 것은 우리 스스로를 특별하다고 여기게 한다. 그리고 상황을 지배하고 통제하는 위치에 우리를 놓는다" 하고 말했다.

그러면 당장 따져 물을 것이다. 지금 이 글을 쓰는 당신도 세상을 당신 뜻대로 바꾸려고 하는 거 아니냐고. 물론 "난 아니다"라고 부정할 수 없다. 그럼에도 나 자신의 뜻만이라면 그럴 수 있다. 하지만 '더불어 바이러스 운동'이 시대의 뜻이라면, 하늘의 뜻이라면, 인류의 간절한 바람이라면, 그건 달라진다. 이 운동이 개인 몇몇의 뜻일지, 하늘의 뜻일지, 뚜껑을 열고 역사의 심판을 받아보자고 이 운동을 연다. '내 뜻대로'가 아닌 '우리의 뜻, 인류의 뜻'대로 말이다.

10 /
자기가
빠져 있기 때문

"깨달음이란 무엇인가"라고 누군가 나에게 묻는다면, 바로 "깨에 설탕을 바른 것"이라고 대답하겠다. 눈치 빠르지 못한 독자를 위해 부연설명을 하면, '깨에 설탕을 발라서 달다'는 뜻이다. 또 다른 '깨달음'이란, 깨가 다르다는 뜻이다. 말하자면, '참깨와 들깨는 다르다'는 뜻이니, '깨다름'이라 할 수 있다.

이렇게 말장난을 해보는 것은, 소위 깨달음을 추구한다는 '민족종교' '명상종교' 등에 진정한 깨달음이 있느냐 싶어서다. 마찬가지로, '구원의 종교' 또한 구원이 있느냐 싶어서다. 그 이유는 여러 가지가 있지만, 지금부터 밝힐 이유가 공통적이다.

예수가 미친 사람이 아니라면, 왜 그랬을까?

나는 "예수가 왜 십자가에 못 박혀 죽었느냐"에 대한 답으로, "예수는 나 대다가 죽었다"라고 다른 글에서 계속 밝혔다. 그 이야기를 잠시 해볼까 한다.

예수와 예수의 정적(바리새인과 서기관 등 당시 유대교 지도자들) 간 쟁점의 논지는 이랬다.

예수의 정적들은 "너는 안식일에 해서는 안 될 일을 왜 하느냐"였고, 예수는 "너희는 천국 문 앞을 가로 막고 서서 너희도 들어가지 않고 사람들도 들어가지 못하게 하느냐"였다.

사람들은 예수가 하도 예수의 정적들에게 "이 독사의 자식들아, 외식하는 자들아"라고 욕을 해대니까 그놈들이 진짜 '외식과 허례허식으로 똘똘 뭉친' 나쁜 놈들이라 생각할 수 있다. 물론 그런 면도 없지는 않겠지만, 사실은 결코 그렇지 않다.

그들은 예수 당시의 사회를 지탱하는 경건한 종교지도자들이었다. 유대교 사회의 핵심인 율법(토라)을 가르치고, 연구하고, 전수하는 사람들이었다. 그 시대의 중심 가치인 율법정신을 지켜내고 세상을 안정되게 한 그 시대의 역군들이었다. 그들의 종교적 경건함과 철저함이 없었다면, 아마도 지금의 유대사회는 존재하지 않을 것이다. 그들은 자신들에게 주어진 종교적 권위와 권력을 온통 한 사회를 지키는 데 쏟았다.

예수의 정적들이 예수를 성토한 죄목은 두 가지다. 첫째는 "안식일에 해서는 안 될 일을 한다"였고, 둘째는 "율법을 준수하지 못한 죄인들과 먹고 마신다"였다. 당시 율법을 지키는 지도자들이 예수에게 요구한 주문은 당연함을 넘어 거룩하다. 그들은 그들의 책무에 충실한 인간들이었다.

이런 그들이 왜 예수에게 욕을 먹어야 하는가. 오히려 그들을 욕한 예수는 비겁하고 옹졸한 사람일 수 있다. 자기 연민과 콤플렉스(**나의 저서《예수의 콤플렉스》를 참조하라**)로 똘똘 뭉친 인간이 아닐까?

예수는 일부러 정적들 앞에서 보란 듯이 안식일에 병자를 낫게 했다. 그들이 약이 올라 죽으라고. 예수가 하는 말이 더 가관이다. "사람이 안식일을 위해 있는 것이 아니라 안식일이 사람을 위해 있는 것이다. 사람이 안식일의 주인이다"라고 말이다. 이런 걸 두고 우리 옛말은 "염장을 지른다"고 표현한다.

누가 그걸 모르냐고. 누가 몰라서 그러냐고. 저 미친놈이 우릴 가르치려 하냐고. 우린들 몰라서 그러겠냐고. 종교지도자들은 열을 받았을 게 분명하다.

생명의 법을 지키기 위해 생명을 죽이다니

예수가 그토록 성토했던 당시의 종교지도자들은 '아주 질 나쁜 인간'들이 아니었다. 그들은 단지 종교에 빠진, 정확하게 말하면 종교 도그마에 빠진 사람들이었다. 그들이 섬기는 신과 그 신을 섬기는 메커니즘에 너무나도 충실한 사람들이었다. 유대교의 입장에서 보면, 그들은 아주 선량한 지도자들이었다. 그럼에도 그들을 향해 "화 있을 것이다, 이 독사의 자식들아"라고 말했다면 예수가 미쳤거나, 그들이 뭔가 문제가 있거나 둘 중 하나다.

하지만 예수가 미치지 않았다는 증거는 곧 드러난다. 예수가 그들에게 들이댄 죄목은 바로 "너희는 천국 문 앞을 가로 막고 서서 너희도 들어가지 않고 사람들도 들어가지 못하게 한다"라는 거였다.

예수의 정적이 예수를 성토할 때도, 예수가 자신의 정적들을 성토할 때도 공히 '율법'을 바탕에 깔고 있었다. 율법을 대하는 그들의 태도가 어땠기에 그랬을까? 바로 그렇다. 종교지도자들은 사람보다 율법을 세우려고 하다가 사람을 잃어버렸다. 당시 종교지도자란 사람들은 종교를 지키기 위해 사람을 억압하는 짓을 서슴없이 행했다. 율법을 지키지 못한 사람들에게는 율법의 핵심인 사랑보다 심판을 실천했다. 그들은 생명의 법을 준수하기 위해 생명을 죽이는 일까지 했다. 자신도 그렇게 살면서, 당시 많은 종교인들을 그렇게 살도록 인도했다. 예수의 말대로 그들은 자신도 생명의 법에서 멀어지고, 유대교도들도 생명의 법에서 멀어지게 했다.

2017년 지금도 마찬가지다. 종교를 따른다는 사람들이 하는 짓이 그렇다. 종교 도그마에 빠져 '사람을 죽이는 일'이 다반사다. 어찌 그것이 종교뿐이랴. 가정도, 회사도, 학교도, 나라도, 지구별도 모두 그렇다.

깨달음을 강조하는 사회일수록 자기 자신은 빠져 있다

종교의 세계를 강조하는 사회일수록 정작 자기 자신은 빠져 있다. 세상을 바꾸려고 하는 사람들일수록 정작 자기변혁은 빠져 있다. 깨달음을 강조하는 단체일수록 정작 자기 자신은 깨닫지 않는다. 온갖 구호가 난무하고 열정이 판을 치지만, 진지한 '자기성찰'은 빠져 있다. 마치 예수시대의 종교지도자들이 유대교에 빠져 유대교 사람들을 놓친 것처럼 말이다. 예수 당시 유대교 지도자들이 놓쳤던 것은 사실은 유대교도들이 아니라 그들 자신이었다. 신을 구하고 따르지만, 정작 자기 자신이 신이라는 사실을 놓친 거다. 마찬가지로 자기 자신을 비롯한 이웃 모두가 신이라는 사실을 놓쳤다.

예수는 끊임없이 그 사실을 일깨워줬다. 착한 사마리아인(**종교지도자들이 외면한 강도 만난 이웃을 구해주는 사마리아 사람 이야기**), 양과 염소의 최후의 심판 이야기(**네 이웃에게 선을 베푼 것이 곧 신에게 한 것이다**)나, 부자와 나사로 이야기(**이웃을 돌아보지 않은 경건한 부자가 지옥에 간 이야기**) 등을 통해서 말이다.

우리 사회가 지금 더불어 살지 못하는 것 또한 마찬가지다. 사람들은 회사, 단체, 정당, 구호, 투쟁 등에 빠져서 자기 자신을 잃어버렸다. 자기 자신을 비롯한 사람을 잃어버렸다. 늘 '사람만이 희망이다'라고 하지만, 거기엔 구호만 있을 뿐 자기 자신을 비롯한 '사람'이 없다.

분명한 것은 더불어 살아야 할 주체도, 그러기 위해서 변혁해야 할 주체도 바로 우리 자신이다. 왜냐하면 바로 우리 자신이 생명이요 신이요 우주 그 자체이기 때문이다. 이런 '자기로부터의 혁명'이 없는 이상, 더불어 사는 세상은 고사하고, 자기기만의 세상에서 허우적댈 것이다.

11

겸손하지
않기 때문

겸손이란 자기를 낮추거나 상대방보다 자신이 낮아진다는 뜻이 아니다. 진정한 겸손이란 사전적 의미가 아니다.

세상이 일반적으로 말하는 겸손의 기준은 나 자신이 아니라 상대방이다. 그래서 사전적 의미도 '남을 먼저 존중하는 것, 남보다 자기를 낮추는 것'이 겸손이라 말해진다. 하지만 본래 겸손의 기준은 '남을 대하는 방식'이 아니라 '나 자신을 대하는 방식' 또는 '우주 자체를 대하는 방식'이다.

겸손이란 상대방보다 나를 낮추는 것이 아니다

겸손한 사람은 언제든지 자신에게 오류가 있을 수 있음을 인정한다. 겸손한 사람은 자신도, 세상도 있는 그대로 본다. 겸손한 사람은 하나에 집착하지 않는다. 겸손한 사람은 자신이 지금 이른 경지가 언제든지 바뀔 수 있음을 인정한다. 겸손한 사람은 "오늘까지 내 생각은 이렇지만, 내일은 어떻게 될지 모른다"라고 말한다. 겸손한 사람은 오늘 이르른 자신의 깨달음을 전부라고 생각하지 않는다.

겸손한 사람은 이웃과 의견과 뜻이 다를 때, 틀리다고 말하지 않고 다르다고 말한다. 혹시 틀린 사람을 보았을 때조차 '나도 언젠가는 틀릴 수 있다'며 자신을 돌아본다. 겸손한 사람은 자신을 높게도 낮게도 보지 않고, 이웃 역시 높게도 낮게도 보지 않고 있는 그대로 본다.

겸손한 사람은 우주 앞에서 늘 자기를 낮춘다. 겸손한 사람은 사람들 앞에서도 자기를 낮춘다. 겸손한 사람은 상대방보다 자기를 낮추는 게 아니라 그냥 마음을 낮춘다. 겸손한 사람은 늘 열린 마음으로 세상을 대한다. 겸손한 사람은 사람이나 세상을 우습게 보는 법이 없다. 겸손한 사람은 세상의 모든 것이 고맙기만 하다. 겸손한 사람은 세상의 모든 존재들의 존재 이유를 받아들인다. 겸손한 사람은 "너는 왜 그런 식으로 생겨 먹었느냐"라고 따지지 않는다. 겸손한 사람은 최선을 다해 일하지만, 결과에 집착하지 않는다. 겸손한 사람은 마음을 다해 사람을 사랑하지만, 자신의 것으로 만들려는 생각은 추호도 없다.

겸손한 사람이 더불어 잘 산다

겸손한 사람은 자신의 겸손함을 자랑하지 않는다. 겸손한 사람은 '겸손의 메커니즘'에도 빠지지 않는다. 겸손한 사람은 종교보다 법보다 나라보다 사람을 사랑한다. 겸손한 사람은 성과보다 과정을 사랑한다. 겸손한 사람은 '동물애호법'보다 더 꼼꼼하게, 개미 한 마리도 죽지 않도록 신경 쓴다. 겸손한 사람은 매 순간 자신을 돌아보는 사람이다. 겸손한 사람은 매 순간 자신을 돌아보고 매 순간 이웃과 자연과 더불어 살고자 하는 사람이다.

이렇지 못한 사람들을 우리는 오만한 사람이라 한다. 오만한 사람은 결코 더불어 살지 못한다. 오만한 사람은 겸손한 사람을 싫어하고 밀어낸다. 왜냐하면 자신의 약점이 거울로 비춰지기 때문이다. 우리가 더불어 살지 못하는 것은 순전히 우리가 겸손하지 않기 때문이다.

duboora virus

6

"I Am, Beacause We Are!"

01

서로를
살리니까

더불어 살아야 할 이유로 "서로를 살리니까"라고 하면, 당신은 '상생, 공생, 윈윈' 등을 떠올릴 게다.

맞다. 하지만, 당신이 식상해 할까 봐, 이 장에서는 '호혜성 이타주의'로 풀어볼까 한다. 생물학자 로버트 리버트즈와 최재천 이화여대 생물학과 교수를 중심으로 말하겠다.

드라큘라들의 '피 품앗이'

서양 귀신의 대명사 '드라큘라'를 아실 게다. 드라큘라는 박쥐를 모티브로 만들어낸 캐릭터다. 덕분에 박쥐는 우리 인간에게 한 번도 피를 빨아보지 못한 채 천하의 악당으로 전락했다. 물론 생긴 것이 쥐처럼 생겨서 악당(?)처럼 보인다지만, 그건 외모로만 판단하는 못된 습성 때문이다. 징그럽게 생긴 이구아나가 얼마나 순한지, 귀엽게 생긴 곰이 얼마나 포악한지 알고 나면 무조건 외모로만 판단하는 버릇을 조금은 고칠 수 있을 것이다.

중남미 열대 밀림지대에는 흡혈박쥐들이 서식한다. 그들은 밤마다 소나 말 또는 맥 같은 큰 동물의 피를 빨아먹고 산다. 워낙 소화력이 좋아서 사흘을 넘겨 피를 먹지 못하면 죽을 수도 있다. 피를 먹지 못해 비실비실한 박쥐는 어떤 동물을 향해 날아갈 힘조차 없다. 이런 상태를 종종 겪어왔던 흡혈박쥐들은 지혜를 발휘했다. 피를 나눠 주고 나눠 받는 풍습을 만든 것이다. 그래야 자신들이 살아남는다는 것을 알게 된 거다.

그들은 자신들의 친척들과 빈번하게 피를 나눈다. 때로는 이웃에게도 피를 나눠준다. 그러면 그 이웃은 또 그 박쥐에게 피를 갚아준다. 이미 그들은 '피 품앗이'를 해 오고 있다. 이런 '피 품앗이' 덕분에 흡혈박쥐들의 수명은 3년에서 15년으로 늘었다. 이 연구결과는 생물학자 윌킨스 박사가 흡혈박쥐들을 통해 보여준 '호혜성 이타주의'다.

청소놀래기는 과연 목숨을 걸고 청소할까?

바다의 청소대장 '청소놀래기'를 아는가. 이름에 '청소'가 들어가니 청소 하나는 '짱'인 걸 알 수 있을 것이다. 그들은 큰 물고기의 입 속을 드나들면서 기생충, 죽은피부 등을 먹고 산다. 또 열대 바다의 산호초 주변에 사는 다른 물고기들의 몸을 깨끗이 청소해주며 살아가기도 한다. 물고기들은 손이 없어서 양치질을 못하니, 그런 서비스를 해주는 청소놀래기는 '인기 짱'일 수밖에 없다. 하지만 모든 청소놀래기가 그렇게 사는 건 아니다. 청소놀래기란 인간이 붙여준 이름일 뿐, 다른 평범한 물고기들처럼 먹고사는 '그냥 놀래기'도 많다.

최재천 교수가 자신의 아들과 함께 겪은 수족관 경험이 청소놀래기의 생태를 리얼하게 보여준다.

최 교수는 자신의 어린 아들과 함께 63빌딩 지하 수족관에 갔다. 그러다 대형 수족관 속 청소놀래기를 보고 반가워서 아들에게 설명을 해주었다. 이를 본 관광객들이 최 교수 주변으로 모여들었다. 본래 그쪽 전문가이기도 하지만, 졸지에 수족관 가이드가 된 셈이다.

큰 물고기가 입을 벌린 채 마치 미용사에게 자신의 머리를 통째로 맡기는 손님처럼 가만히 있다. 청소놀래기는 가사도우미가 주인집 드나들 듯 그 입 속으로 들어간다. 그리고 아가미 덮개 밑으로 파고들어 아가미 속살에 붙어 있는 온갖 찌꺼기를 제거한다. 급기야 입 속으로 들어가 이빨 사이사이를 청소한다.

이때, 최 교수는 생각한다. 저 큰 물고기는 무슨 생각으로 입을 저렇게 벌리고 있을까? 청소놀래기가 입 속으로 들어왔을 때, 마침 배가 고프다면 그냥 잡아먹지 않을까? 눈 질끈 감고 입만 한 번 닫아버리면 먹잇감이 절로 생기는 절호의 찬스다. 하지만 큰 물고기는 안다. 놀래기를 잡아먹고 싶은 마음을 한 번만 꾹 참으면, 가사도우미처럼 단골로 와서 입 속을 청소해준다는 것을. 한 번 배를 채우는 것보다 계속 청소 서비스를 받는 게 자기로선 훨씬 유리하다는 것을.

큰 물고기는 바보가 아니었다. 또한 청소놀래기 역시 다른 바깥 음식을 먹지 않고 굳이 거길 들어가 굳이 그걸 먹는 것은, 아마도 그것이 좋고 행복하기 때문이리라. 이렇게 동물들 사이에서는 '호혜성 이타주의'가 진화해왔다. 이 메커니즘이 지구 생명체들을 살려왔다.

한국 청년이 일본인 구하려다 죽은 사건

2001년 1월 26일 오후 7시 18분, 일본 신오쿠보역에서 놀라운 일이 발생했다. 일본인 사카모토가 술에 취해 발이 미끄러져 철로로 떨어졌다. 전차는 플랫폼으로 들어오고 있었다. 그대로 두면 그는 전차에 깔려 죽게 생겼다. 전차는 들어오고, 사카모토는 인사불성이다. 숨 막히는 10초의 시간이 흘러갔다. 이때 누군가 그를 구하기 위해 철로에 뛰어들었다. 그가 사카모토를 구하려 철로에 뛰어들자, 또 한 젊은이가 뛰어들었다. 안타깝게도 세 사람 모두 전차에 치여 죽었다. 구하려고 먼저 뛰어든 젊은이는 이수현(26. 부산 연제구 연산9동. 고려대 무역과 4년 휴학)이었고, 뒤에 뛰어든 사람은 요코하마의 일본인 신문기자였다.

이 죽음은 일본 사회에 신선한 충격을 주었다. 일본인도 아닌 한국 젊은이가 자신의 온몸을 던져 일본인을 구하려고 한, 이기적이고 자기중심적인 일본 사회에서는 있을 수 없는 그런 일을 한 이수현에 대한 경외심이었다. 소위 '이수현 신드롬'이 일본 사회를 강타했다. 다른 일본 역에서 떨어진 승객을 구했다는 뉴스가 여기저기서 들려왔다. 전철역 내에서 술 판매가 금지되고, 선로와 플랫폼에는 스크린도어가 설치되었다. 이수현을 기념하는 기념비가 세워지고, 이수현의 아버지는 2015년 6월 16일(사고 발생 14년 후)에 일본으로부터 훈장을 받았다.

그의 희생이 한 사회를 통째로 바꿨다. 흡혈박쥐보다 청소놀래기보다 이수현이 훨씬 아름답지 아니한가. 호혜성 이타주의를 넘어선 진정한 인류애다. 우리 인간들에게는 여타 동물에 없는 이런 인류애가 있다.

'자신을 위해' 이웃에게 호의를 베풀 줄 알아

물론 많은 평범한 사람들은 흡혈박쥐와 청소놀래기처럼 '호혜성 이타주의'로 산다. 그러한 삶이 우리의 일상이다. 특별한 원한이 있지 않는 한, 굳이 이웃을 죽이겠다고 자신의 한 몸을 다 바쳐 사는 사람은 거의 없다. 대부분은 자신을 보호하고 키우기 위해, 이웃에게 호의를 베풀고 산다. 그렇게 사는 것이 자신에게 얼마나 플러스인지 알기 때문이다.

이렇게 호혜적 이타주의(**또는 계약적 이타주의**)는, 가족이나 친족이 아니더라도 잘 발휘하고 산다. 사고로 혹은 자살하기 위해 한강에 떨어진 사람을 구하려고 뛰어든 사람의 얘기를 종종 듣는다. 물에 뛰어든 사람이 자신과 가까이에 살고, 다음에 또 만날 확률이 높을수록 물에 뛰어들 확률이 높다. 누군가에게 호의를 베풀 때는 자신에게 돌아올 것을 염두에 둔다.

하지만 그런 것이 아니더라도 우리 인간은 서로를 도우며, 더불어 사는 것이 몸에 배어 있다. 물론 독일의 라인강에 누군가 빠졌을 때, 그를 구하려고 한국인이 뛰어들 확률은 낮다. 하지만, 일본 신오쿠보역 철로에 뛰어들어 기꺼이 죽을 수도 있는 게 우리 인간이다. 우린 그런 존재들이다.

02

우리는
하나니까

　나는 나의 여러 저서들(《모든 종교는 구라다》《그래도 종교가 희망이다》 등)을 통해서 이 세상 모든 만물이 하나임을 역설해왔다. 여기서도 굳이 그 방식으로 말하면 당신이 식상해 할 것 같아, '우분투'(ubuntu)로 풀어보려고 한다. '우분투'는 우리가 왜 더불어 살아야 하는지를 잘 보여준다.

아프리카 아이들에게 실험을 해봤더니……

아프리카의 한 부족을 연구하던 인류학자가 그 부족 아이들을 모아놓고 그 앞에 신선하고 맛있는 과일을 담은 바구니를 놓아두었다. 그리고 "누구든 먼저 달려와서 이 바구니를 터치한 아이에게 이 과일을 모두 주겠다" 하고 얘기한 다음 출발선을 긋고 아이들을 준비시켰다.

학자는 몹시 궁금했다. 어떤 그림이 펼쳐질까? 누가 1등을 할까? 1등을 하기 위해 어떻게 서로 경쟁을 할까? 1등을 한 아이는 바구니를 쟁취한 후 어떻게 행동할까? 1등을 하지 못한 아이들은 어떻게 반응할까? 짧은 순간에 참 많은 생각이 스쳐지나갔다. 그 생각의 진원지는 그의 이전 실험이 한몫을 했다. 그가 살던 곳 아이들에게 이미 해본 실험이었던 거다. 그랬다. 학자는 나름대로 실험의 결과를 이미 머릿속에 그리고 있었다. 적어도 그에게는 뻔한(?) 실험일 수 있었다.

아이들의 눈이 반짝인다. 아이들은 입을 앙다문 채 출발 신호를 내리게 될 학자의 손만 뚫어져라 보고 있다.

"4, 3, 2, 1 출발!"

드디어 아이들이 달리기 시작한다. 서로 먼저 가려고 난리를 친다. 한 아이가 1등을 하려는 아이의 다리를 걸어 넘어뜨린다. 다른 아이들은 넘어진 아이를 아랑곳하지 않고 달린다. 넘어진 아이는 울고, 앞서 달려가던 아이들도 서로 스텝이 엉켜 게임은 뒤죽박죽이 된다.

학자의 머릿속에서는 이와 비슷한 그림이 펼쳐졌다. 그런데 학자의 눈앞에 신기한 그림이 펼쳐졌다.

아이들이 서로 손을 맞잡았다. 누가 시킨 것도, 눈치를 준 것도 아니었다. 아주 자연스러웠다. 평소에 늘 그렇게 해왔던 것처럼. 아이들은 출발 신호가 떨어지자 마치 사전에 약속을 한 듯 모두 손을 잡고 천천히 바구니를 향했다. 머릿속에 그려보라. 12명의 아이들이 어느 누구 한 사람도 소외됨 없이 손을 잡고 바구니를 향해 천천히 걸어가는 모습을. 얼마나 장관이었을까. 영화의 한 장면이었다면 그 순간 장대한 음악이 나오면서, 아이들이 아프리카의 초원을 손잡고 달리는 장면이 '오버랩'되지 않았을까?

학자는 생각했다. 이상하다? 아까 분명 출발선상에 있던 아이들은 입을 앙다물었고 자신의 손만 뚫어져라 보았는데? 그제야 알았다. 그가 그렇게 보고 싶었기에 아이들이 그랬다고 착각한 것을. 아이들은 그냥 출발 직전이라 말을 하지 않았고, 이런 장면이 신기해서 학자의 손을 쳐다봤을 뿐이라는 것을. 정말 뭐 눈에는 뭐만 보인다더니. 하하하하.

더 놀라운 건 아이들이 바구니에 도착한 이후였다. 12명의 아이들은 과일을 사이좋게 나눠 먹기 시작했다. 그 순간 아이들의 얼굴은 웃음이 가득했고, 천사들이 있다면 이런 모습일까 싶었다. 학자는 한참을 넋을 잃고 그 광경을 쳐다보았다. 자신이 게임 진행자란 사실조차 망각한 채.

아이들이 거의 과일을 다 먹었을 때쯤, 학자의 정신이 안드로메다에서 거기로 돌아왔다. 학자가 물었다.

"너희들 뭘 잘못 먹은 거 아니지?"라고 물으려다 '맞다 내가 준 과일을 먹었지'라는 생각을 하고는 이렇게 물었다.

"내가 분명 1등한 아이에게 이 모든 과일을 다 준다고 했는데, 너희들은 무슨 생각으로 이렇게 했니?"

그러자 아이들의 입에서는 약속이나 한 듯 한 단어가 튀어나왔다. 그랬다. 이구동성이 아니라 '십이구동성'이었다.

"우분투(ubuntu)!"

'우분투'가 뭐냐고 물으려 하자, 그중 제일 나이 많은 한 여자아이가 입을 열었다.

"다른 아이들이 슬퍼하는데 어떻게 나만 좋을 수가 있겠어요?"

학자는 그렇게 말하는 아이의 입이 아닌 눈에 절로 눈이 갔다. 학자는 오십 평생을 살면서 그렇게 맑고 깨끗한 눈은 처음 보았다. 다른 아이들의 눈도 마찬가지였다.

"I Am, Beacause We Are! We are, Beacause I am!"

혹시 당신은 혼자서 잘 살아갈 수 있다고 생각하는가? 혼자서 얼마든지 자신의 능력을 펼칠 수 있다고 생각하는가? 지금까지 당신이 일구어 온 일이 당신의 능력으로만 이뤄졌다고 생각하는가? 그럴 리는 없겠지만, 이 책을 집어든 당신이 만약 그런 생각을 한다면, 당신은 상당히 착각하며 살고 있다.

우리에게 '우분투'는 말한다. "내가 있기 전에 우리가 있다. 우리가 있기에 내가 있다."(I Am, Beacause We Are! We are, Beacause I am!)

이 말은 어설픈 '통합주의'나 지독한 '집단주의'를 조장하자는 게 아니다.

말 그대로 당신은 '우리'라고 하는 인류가 있기에 존재한다. 나아가 지구별이라고 하는 만물의 역사가 있었기에 당신은 오늘 나의 책을 읽고 있다. 당신의 모든 삶은 우주와 연결되어 있다. 영적 교사 데이비드 호킨스는 "온 우주로부터 홀로 동떨어진 채 독자적으로 움직이고 활동하는 것은 아무것도 없다"라고 강조했다.

끝으로 스티븐 런딘과 밥 넬슨의 《우분투》(케이디북스)에 소개된 이야기를 들려주고자 한다.

"우분투는 고대 아프리카인의 정신을 말한다. 우분투 안에는 많은 의미가 포함되는데, 가장 바탕이 되는 것이 존중이다. 존중은 신뢰를 만들고, 신뢰는 서로의 믿음을 만든다. 그 안에서 협동과 조화 그리고 포용과 이해를 수반한다. 우분투의 정신은, 세계 모든 인류는 하나의 가족이고 이 지구를 함께 여행하는 형제이자 자매라는 의식으로 귀결된다. 눈물을 흘리지 않는 사람이 없듯이, 모든 인류는 슬프면 아파하고 기쁘면 웃는다. 한 사람이 학대를 당하면 우리의 가슴은 아프다. 고통받는 아이들이 있으면 우리는 눈물을 흘린다. 서로 간의 인간성을 인식함으로써 결코 끊어지지 않는 유대관계가 존재하는 것을 깨닫는다. 그것은 인류 전체를 연결하는 절대 끊을 수 없는 연결고리며, 우분투의 위대한 정신이다."

03
/
생산적이고
효과적이니까

이왕《우분투》에 대한 이야기가 나온 김에, 좀 더 우려먹어보자. 사실《우분투》란 책은 고상한 인류애를 말하려는 인문교양서가 아니다. 그 이야기는 우리 주위에서 흔히 만나는 회사 이야기를 다룬 일종의 자기계발서다.

이야기 속 주인공 존은 '불스아이금융센터'의 신용팀 팀장이다. 그는 책임감이 강하고 매사에 성실한 남자였다. 그 덕분에 많지 않은 나이에 팀장으로 승진했다. 일이 밀리면, 주말에도 혼자 나와서 일을 처리했다.

존이 새로운 세계를 만나다

하지만 이런 그에게도 불만이 있었다. 그것은 조직에 충성하고 열심인 모든 사람들의 공통점, 즉 구성원들에 대한 불만이었다. '왜 팀원들은 나만큼 열심히 일하지 않을까? 아니 나의 반의반만 해도 우리 팀이 잘 돌아갈 텐데' 하는 생각들이 그로 하여금 더 열심히 일하게 만들었고, 더 열심히 팀원들에게 불만을 품게 했다. 이때, 존의 팀에 신입사원 사이먼이 나타난다. 그는 아프리카 남아공 출신이었다. 존이 여전히 평소처럼 주말에 일을 하러 나왔을 때, 사이먼은 존의 일을 도와준다.

이렇게 단둘이 함께 일하면서 존은 사이먼으로부터 놀라운 이야기를 듣게 된다. 바로 '아프리카의 정신 우분투'에 대한 이야기다. "우분투 정신은 세계 모든 인류는 하나의 가족이고 이 지구를 함께 여행하는 형제이자 자매라는 의식으로 귀결된다"는 이야기다. 너무나도 신선한 충격에 휩싸인 존은 '우분투'를 더 알고 싶다는 생각에 마음이 설렌다. 어쩌면 '엉망진창이 된' 자신의 팀을 구원해줄 빛일지도 모른다는 설렘이었다.

뜻을 품으면 기회는 오기 마련이다. 사내 동기 프로그램 '우리 직원은 소중하다'에서 사이먼이 대상을 받게 되었는데, 그 포상으로 사이먼의 고향 남아프리카공화국에 가게 된 것이다. 물론 존과 함께. 심지어 회사의 자문위원인 링 박사도 동행을 한다. 사이먼의 고향에서 유감없이 '우분투 정신'을 배운 존은 팀의 변화를 생각하며 부푼 마음으로 귀국한다.

그는 당장 '우분투'를 실천했다. 팀원을 자기와 하나의 공동체인 우리로 여기기 시작했다. 각자의 사정과 능력을 따져보고, 자신의 일처럼 여기기 시작했다. 인사도 먼저 하고, 그들의 의견에 귀를 기울였다. 상하 관계를 지양하고, '팀원은 톱니바퀴의 톱니다'라는 생각을 버렸다. 팀원 모두를 원동력 그 자체로 여겼다. 팀이 달라지기 시작했다.

'더불어 사는 우분투 정신'은 기업의 이윤을 증대시킨다

하지만, 첫술에 배부르랴. 팀원 대부분은 우분투의 효과를 보았지만, 유독 한 사람만은 예외였다. 바로 디카르도였다. 그는 계속 존과 부딪혔고, 겉돌기만 했다. 이런 부딪힘이 이어지자 서로가 힘들어 했다. 이때 존이 먼저 디카르도에게 말을 걸었다. 이래 봬도 아프리카까지 가서 '우분투'를 배워온 아프리카 유학파 장학생 존이 아니었던가. 하하하.

디카르도는 충격적인 이야기를 존에게 들려준다. 몇 년 전 디카르도의 의형제가 죽었다. 이때 디카르도는 휴가를 신청했다가 혈육이 아니라는 이유로 존에게 거절당했다. 디카르도는 이때부터 존에게 악감정이 생겼고, 매사에 존에게 적대적이었다. 이런 걸 두고 '감정의 악순환'이라고 한다. 그 이야기를 들은 존은 디카르도에게 진심으로 용서를 구했다. 디카르도도 존을 용서했다. 역시 아프리카 유학파답게 존은 관계를 잘 소화해냈다.

그 후 팀은 어찌 됐을까? '일사천리, 일취월장, 천군만마, 일신 우 일신'을 거듭했다. 막힌 물꼬를 잘 틔워만 주면, 물은 거침없이 흘러가는 법이니까.

'이윤추구'를 지상과제로 삼는 기업에서 '우분투'는 망상에 불과할까? 이에 대해 존은 대답한다. "결코 그렇지 않다. 내가 해보니 오히려 '우분투'가 회사를 살리고, 이윤을 증가시킨다"라고.

> "우분투는 그 안에서 나의 일이든 남의 일이든 구분 짓지 않고, 그저 우리의 일로 생각한다."

"우분투의 주체는 우리다. 아무리 바빠도 가장 중요한 이 사실을 간과해서는 안 된다."

"진심으로 누군가와 소통하게 되면, 믿을 수 없을 만큼 강력한 에너지가 생성된다."

책에 있는 이런 이야기들이 존의 주장을 뒷받침해주고도 남는다. 그렇다. 회사에서 직원들을 회사의 부속품쯤으로 생각하면, 직원도 부속품 정도로 일을 해준다. 회사에서 직원들을 사람으로 대하면, 직원은 사람으로서 양심껏 최선을 다한다. 소통을 우선시하고 존중을 바탕으로 하면 팀원끼리 무한대의 시너지를 발휘한다.

"회사에서 우분투를 적용하면, 혁신과 전략 혹은 촉진과 동기 같은 과정을 통해 더 위대한 목표에 도달할 수 있다. 개인에게 우분투를 적용하면, 존중과 신뢰 그리고 믿음이 커지면서 공감과 소통이 잘 어우러진 조화로운 삶을 이뤄나갈 수 있을 것이다. 우분투는 먼저 인간 대 인간으로서 서로 공감할 수 있는 공통분모를 찾아내야 한다. 그 바탕 위에 수많은 가치를 덧칠하면 우리는 더 나은 미래를 맞이할 수 있을 것이다."

요즘은 컨베이어 벨트 시스템보다는 셀(cell) 시스템이 각광받는다. 셀 시스템은 기계적이고 위계적인 시스템을 지양하고, 각자의 의사가 서로 영향을 주고받는, 세포처럼 유기적으로 움직이는 시스템이다. 이런 시스템을 나는 '우분투 시스템' 또는 '더불어 시스템'이라고 부른다. 이런 회사와 단체가 건강하게 성장하는 것은 불을 보듯 뻔하다.

04 /
건강하게
살아야 하니까

서양의학은 병에 걸린 뒤에 치료하는 것에 초점이 맞춰져 있다. 반면 동양의학은 병에 걸리지 않도록 사전 예방하는 것에 초점이 맞춰져 있다. 서양의학에서 건강은 "단순히 질병이 없거나 허약하지 않다는 것에 그치지 않고 완전한 신체적, 정신적 및 사회적 안녕상태"(WHO 세계보건기구 헌장)라고 정의된다. 동양의학은 그것을 넘어 "온몸이 잘 순환하여 면역력이 살아 있는 상태"를 건강하다고 말한다. 나는 '동양의학의 건강'에 주목하고자 한다.

이제는 꼰대 정신이 통하지 않는다

텔레비전의 예능 프로그램 가운데 젊은 사람과 나이 든 사람이 세대 간 토론을 하는 프로그램이 있었다. 한참을 토론하다가 MC 이경규 씨가 고백을 했다. "아, 이제 알았네요. 우리 세대는 많은 의견이 나오면 빨리 빨리 하나로 모아서 행동하는 것이 편하고 좋은 것이라 생각했는데, 요즘 젊은 사람들은 다양한 의견을 이야기하는 자체를 즐기는군요."

토론 멤버 가운데 나이 든 사람의 대표격인 이경규 씨가 그렇게라도 깨달아서 다행이다. 그런 걸 깨닫지도 못하고 밀어붙이는 사람을, 젊은이들은 '꼰대'라고 부른다. 이경규 씨가 그렇게 생각해왔던 것은 무리가 아니다. 그는 소위 '사내들 머리가 길다고 잡혀가고, 여자들의 미니스커트 길이를 경찰이 재고, 밤 12시만 되면 사이렌이 울려 전 국민이 신데렐라가 되고, 수많은 가요들이 말도 안 되는 이유로 금지곡이 되던' 시절의 사람이었다. 그 시대에는 자신의 의사와 상관없이 '잘 살아보세'란 지침이 내려오면 열심히 새마을운동에 참여해야 했던 시절이었다. 이런 그에게 더불어 산다는 것은, "초가집도 없애고 마을길도 넓히고 푸른 동산 만들어 알뜰살뜰 다듬세. 살기 좋은 내 마을 우리 힘으로 만드세"와 같은 것이다.

이런 정신이 그 시절엔 통했다. 그 시절엔 그 정신이 유효했다. 그 정신이 한 일도 많다. 하지만 지금은 아니다. 시대가 달라졌다. 달라진 이 시대에, 그나마 이경규 씨가 깨달은 것처럼 수많은 꼰대들이 잘 깨닫기를 바랄 뿐이다.

성에 대한 당신의 태도는?

그렇다면 '성'에 대한 당신의 태도는 어떠한가? 당신의 태도와 견주면서 두 가지 예화를 보라.

우리나라의 한 남성이 프랑스의 누드비치를 갔다. 그 남성은 침대의자에 누워 선글라스 너머로 열심히 여체를 구경했다. '역시 서양 여자들의 가슴은 죽인다 죽여'라면서. 그러다가 그의 앞을 한국 여성 혹은 동양 여성이 나체로 지나간다. 이 남성은 순간 무슨 죄라도 지은 것처럼 얼굴이 빨개지고 화끈거린다. 도대체 이런 심리는 어떻게 이해해야 할까?

또 하나는 우리나라의 한 젊은 교수가 노르웨이에 강의를 나갔을 때의 일이다. 훤한 대낮에 현지 여교수들과 악수를 하며 통성명을 했다. 밤이 되자 동료 교수가 '남녀혼탕 사우나'를 가잔다. 그는 몇 번을 거절했지만, 따라갔다. 발가벗고 탕 입구에 들어서자, 놀랍게도 낮에 인사를 나눴던 여성 교수들이 인사를 해온다. 물론 그녀들은 실오라기 하나 걸치지 않았다. 그녀들은 이 남성이 미안해 할까 봐 더 활발하게 인사를 해온다. '도대체 어떻게 해야 할지, 누가 아는 사람 있으면 좀 가르쳐달라'는 심정으로, 그는 '대략난감'을 되뇌고 있다.

성에 대한 우리나라 남성들의 이런 자세는 사실 여성들도 오십보백보다. 성을 감춰야 할 것, 부끄러운 것, 나아가서 '금기시'해야 할 것으로 보기 일쑤다.

잠시 이슬람 사회의 '성의식'을 보자. 그들은 성을 금기시하는 차원을 넘어 죄악시하고 있다. 문란한 성생활을 엄격하게 법으로 처벌하고 있다. 반면 노르웨이나 프랑스 등에서는 성생활을 개인의 취향 문제로 받아들인다. 간통죄란 용어도 없어진 지 오래다. 강간만 아니라면 어떠한 형태의 성생활도 받아들인다.

어떤가. 어떤 사회가 더 더불어 사는 사회라고 보는가. 답은 나와 있다. 이슬람 사회가 아니라는 건 삼척동자도 안다. 사실 그렇게 성을 금기시하는 사회에서는 고스란히 여성들만 피해를 본다. 금기시하는 주체는 '남성'(권위적인 기득권자)이고, 피해는 '여성'(권력에 피해 보는 약자들)이 본다. 앞에서는 성을 금기시하는 '남성'들이 뒤에서는 온갖 추잡한 일을 벌인다.

건강하면 뭐든지 할 수 있다

우리가 더불어 살아야 될 이유가 이런 것이다. 다양한 의견과 개성이 존중되는 사회가 건강하기 때문이다. 그런 사회가 선진사회이고, 사람이 살기 좋은 사회다. 몇몇 지도자나 정부기관이 삶을 주도해 나가는 사회는, 추진력은 있을지 모르지만 건강하지도 더불어 살지도 못하는 사회다. 그런 사회는 결국 공멸하는 사회가 된다.

앞에서 설명한 동양의학의 건강을 다시 되새겨본다. "온몸이 잘 순환하여 면역력이 살아 있는 상태." 맞다. 어느 한 곳이라도 막힘이 있는 사회는 결코 건강할 수가 없다. 나아가서 면역력이 있을 수가 없다. 우리 어렸을 적에는 흙을 주워 먹기도 하고, 외출에서 돌아와 흙이 묻은 채로 밥을 먹었지만 아이들은 건강하기만 했다. 그 시절엔 웬만큼 아파도 좀체 병원을 가지 않았다. 물론 지금은 시절이 달라졌다. 하지만 우리의 몸이 달라진 건 아니다. 더러운 것에 노출되어 있는 아이는 면역력을 키우지만, 깨끗하게만 키워지는 아이는 면역력과 친해질 수가 없다. 부모의 절대 권력으로 아이가 더러워질 수 있는 권리를 무조건 차단해버리면, 아이는 면역력이 약한 아이로 길러질 게 분명하다.

마찬가지로 한 사회도 각자가 '개성'(혹은 더러운 것, 추한 것, 야한 것, 이상한 것일지라도)이 존중되면, 웬만한 사회풍파가 와도 잘 이겨낼 뿐만 아니라, 건강하고 행복한 사회로 만들 수 있다. 더불어 사는 사회는 이래서 필수적이다. 건강하면 뭐든지 할 수 있다.

05

인간을
해방하니까

최근 내게 감명을 준 마르퀴스 드 콩도르세를 알게 된 것은 얼마 되지 않았다. 어떤 책을 읽다가 그 책을 통해 알게 된 것이다. 콩도르세는 18세기 프랑스의 사상가이자 수학자다. 스펙을 말해놓고 보니 마치 학계에 영감을 준 인물인 듯싶지만, 사실 그는 '실패한 혁명가'였다.

콩도르세, 인간사회의 무한진보를 말한 선구자

그는 18세기에 이미 "투표의 최다득표제는 다수의 폭력이 될 수 있으며, 반드시 합리적인 것도 아니다"라고 역설한 사람이다. 이걸 일러 '콩도르세의 역설'(Condorce's paradox)이라고 한다. 예컨대 A, B, C라는 세 정책에 대해 투표를 한다고 치자. 투표 결과 A〈B이고, B〈C가 되었다. 하지만 그렇다고 해서 반드시 A〈C의 결과가 나오리란 보장은 없다. 반대로 A〉C의 경우도 생긴다는 거다. 그는 이에 대해 "투표는 늘 최다득표제지만, 최다득표제가 항상 유권자의 선호도를 반영하는 것은 아니다"라고 말했다. 현대 민주주의가 태동하려고 몸부림치던 시절(프랑스혁명 당시)에 이미 이런 사회현상을 예견하고 그 모순을 지적한 그는, 대단한 사람이 분명하다.

우리나라에 번역돼 나온 그의 책은 《인간정신의 진보에 관한 역사적 개요》(책세상)가 유일하지만, 그가 보여준 삶의 족적은 대단했다. 그는 인간정신과 사회는 무한히 진보한다는 걸 역설했다. 이러한 주장에 입각해 인류사를 10개의 시대로 구분하고, 각 시대의 특징을 시대별로 도달된 과학의 질적 수준과 이 과학의 대중적 보급의 정도로 추정했다. 역사의 진행을 부단한 전진 운동으로 간파한 그는, '인간 능력의 발전에는 어떤 한계도 존재하지 않는다'라는 계몽주의적 '무한 진보'의 생각을 펼쳤다.

그는 또한 19세기에 이미 "모든 시민에게 공교육을 해야 한다"라고 주장했다. 그리고 "차별 없는 공교육을 하지 않으면 사회가 불평등해지고 더불어 살지 못한다"라고 주장했다. 시민 모두에게 공평한 교육의 기회를 주어야 한다는 것이다. 또 "남녀의 자연권과 재능은 동등하다"라고 강조했다. 차이가 있다면 그것은 왜곡된 사회교육의 결과라고 보았다.

콩도르세, 옥중에서 자살한 시대의 비운아

프랑스혁명 당시 콩도르세는 처음에는 혁명에 가담하지 않았다.

1743년 9월 17일 피카르디(Picardi)의 리브몽에서 출생한 그는 열여섯 살 때부터 적분·해석 등의 수학적 업적을 쌓았다. 라인의 제수이트대학, 파리의 나발대학을 거쳐 수학자가 되었고, 스물여섯 살에 과학아카데미 회원이 되었다. 1789년에는 철학부장이 되어 18세기 사상가들의 후계자로 지목되기도 했다. 《적분학 시론》, 《해석론》 등을 집필했다. 엘베시우스·튀르고의 영향을 받았고, 사회과학에 수학 및 물리학의 방법을 대입시켜 '사회 수학'을 수립하려 했다. 1782년 프랑스 학사원 회원이 되면서 학문적 성취에 정점을 찍었다.

하지만 그의 지성은 그로 하여금 학문에만 머무는 것을 허락하지 않았다. 그는 순전히 자발적으로 정치 및 사회 문제에 관심을 가지게 되었다. 대혁명 시대에는 공화당 정치가로 활약했다. 입법의회의 공교육위원회 위원장 및 국민공회의 헌법위원회 위원 등을 역임하면서 여러 가지의 제안을 내놓았다. 특히 공교육위원회 위원장으로서 제출한 《공교육 일반 조직에 관한 보고 및 법안》(1792)은 교육사에서 주목할 만한 문헌이 되었다.

지롱드당에 동조하고 자코뱅 정부에 반대하다가 사형선고를 받은 뒤 8개월간 은신하면서 유작 《인간 정신의 역사》를 집필했다.

하지만 안타깝게도 시대를 앞서가는 그의 주장은 그 시대에 받아들여지지 않았다. 프랑스혁명 기간 동안 지롱드 당원으로 활약한 탓에 반대파인 자코뱅당의 고발로 체포된 그는 1793년 옥중에서 자살로 생을 마감했다. 그 시대가 그를 품을 만한 그릇이 못 되었던 것이다. '미인박명'이라고 하기엔 너무나 안타까운 죽음이었다.

"여성 해방 없이는 인간 해방은 없다"

이렇게 한 시대의 '더불어 바이러스'의 창조자였던 그는 또한 "인류의 절반에 해당하는 여성의 해방 없이는 인간 해방은 없다"라고 주장했다. 이와 더불어 '소수자와 약자의 권리 보장을 위한 법안' 등도 의회에 제출했다. 그는 말로만이 아니라 실제로 여성과 소수 약자들을 위한 행동을 했다.

인류 역사상 이런 이들은 종종 있었다. 이집트의 억압으로부터 이스라엘 민중을 해방시킨 모세, 메카의 기득권자의 압제로부터 인민을 해방시켜 메디나로 이주시켰던 마호메트, 유대 종교 지도자와 로마의 폭력 아래에서 약자들과 아픔을 함께하다 죽어간 예수, 백인들의 인종차별에 온몸으로 맞서다 죽어간 마르틴 루터 킹 목사, 종족과 인종차별에 저항하다 감옥에서 수없이 고생한 넬슨 만델라 등이 바로 그들이다.

약자를 압제하고 강자만 살기 좋은 세상, 더불어 살지 않는 세상에 온몸으로 맞선 그들이 있었기에, 인류 역사와 정신문명은 진보해왔다. "여성 해방 없이는 인간 해방은 없다"라는 콩도르세의 말은 2017년 지금에도 여전히 실현해야 할 사회적 과제다. 성차별 금지운동은 단지 남성의 차별에서 여성을 구해내자는 운동이 아니다. 이 세상의 인류들을 더불어 살지 못하게 하는 근본적인 오류와 억압으로부터 해방시켜내자는 운동이다. 우리도 선배들의 정신을 이어받아 우리 사회의 모든 억압과 차별로부터 인간을 해방하자.

06

지구도 더불어 사는
생명체니까

우리 인류는 아이러니하게도 지구에 살면서도 자신들이 살고 있는 지구가 무엇인지, 뭐하는 곳인지, 어떻게 생겼는지 모르고 살았던 시절이 훨씬 길었다. 참 대단한 인물들 나셨다. 하하하하.

언제는 하늘이 움직인다더니……

'천동설'은 '하늘이 움직인다' 즉 '태양이 움직인다'는 주장이다. 어디를? 지구 주위를. 기독교적 심상이 세상을 지배했던 중세시대까지 대세를 이루었던 시대정신이다. 또한 이 생각은 교회 중심의 세상을 말하는, 교회이기주의의 동력원이 되었다. 세상이 자기(교회) 중심으로 돌아간다는 지극히 극단적이고 이기적인 생각의 발로였다. 이 생각들은 구약성서의 몇 가지 구절들이 자양분이 되었다. 사실 '여호수아' 시대까지만 해도 태양은 열나게 지구 주위를 돌고 있었다.

그런데 코페르니쿠스라는 사람이 나타나 "꼭 그렇지만은 않다" 하고 외쳤고, 갈릴레이라는 사람은 "그래도 지구는 돈다"라고 말을 얼버무렸다. 시간이 지나면서 세상은 바뀌었다. 태양이 지구를 돌다가 힘이 들어서 그랬는지, 이젠 지구가 "그래 이제부터 내가 네 주위를 돌아줄게"라고 했다는 거다. 그러더니 태양은 가만히 있고, 지구가 열나게 태양을 돌아간다는 거다. 이런 걸 두고 지동설이라 한다. 어찌 이럴 수 있지 싶어 헛웃음만 나온다. 그 전에 열나게 돌았던 태양은 뭐며, 지금 열나게 돌아가는 지구는 뭐란 말인가.

그 이후로 "세상이 자기(교회) 중심으로만 돌아간다"라는 이기적인 세계관이 "자신은 세상을 위해, 서로를 위해 존재하는 이타적인 존재"라고 변했다. 참 지구별이 웃기긴 하다. 열나게 돌던 태양이 어느 날 갑자기 멈추질 않나. 여태껏 가만히 있던 지구가 변심해서 태양 주위를 돌아가질 않나. 그걸 바라보는 사람들이 세계관을 바꾸질 않나. 참 지랄도 풍년이다.

이젠 태양이 움직인댄다

이게 끝이 아니다. 볼텍스, 즉 '생명의 소용돌이'란 개념을 만나면 지구는 또 달라진다. 기존에 알고 있던 태양계는 태양이 가만히 있고, 다른 행성(지

구 포함)들이 돌고 있었다. 하지만 태양도 시속 7만 킬로미터의 속도로 어딘가를 향해 간다는 학설이 바로 '볼테르 설'이다.

그렇다면 지구를 포함한 행성들은 어떡하고 있단 말인가? 자, 당신의 상상력을 동원해보라. 중심에 있는 태양이 어딘가를 향해 열심히 날아간다. 그 주위를 태양계 행성들이 돌고 있다. 이 장면을 고속촬영을 하면 이렇다. 하나의 큰 공이 빛을 발하며 어딘가를 향해 질주한다. 그 큰 공 주위를 작은 공들이 계속 돌고 있다. 큰 공이 계속 앞으로 나아가니, 마치 어미 공이 새끼 공들을 이끌고 어딘가를 향해 질주하는 모습이 된다. 상상이 되는가. 태양계는 태양을 포함한 모든 행성들이 '한 배'를 타고 우주의 망망대해를 항해하는 모습이다.

학자들은 15억 년 후 태양이 수명을 다하고 사라질 것이라고 한다. 또 우리 은하와 안드로메다 은하는 40억 년 후 서로 충돌할 가능성이 있다. 원래 지동설도 처음에 나올 땐 '잡설'을 넘어 '악설'이었다.

지구는 생명체다

하지만 여기서 우리가 알아야 할 진실은 이것이다. 그런 놀라운 '생명의 소용돌이'는, 우리로 하여금 지구와 태양 등을 단순한 물질이 아닌 생명이라는 관점으로 보게 만든다.

지구를 우리가 사는 땅덩어리로만 보는 시각에서 벗어나 하나의 생명으로 받아들여야 한다. 지구를 땅덩어리로만 본다면, 중세시대의 '천동설 세계관'과 별반 다르지 않다. 지구를 중심으로 하늘(태양)이 돈다는, 지극히 이기적인 세계관에서 조금도 벗어나지 못한 것이다. 지구가 하늘(우주)의 중심이라는 가소로운 생각은 21세기를 살아가는 우리는 더 이상 하지 않는다.

그러기에는 너무나 많은 우주의 실상들을 각종 매체를 통해 알게 되었다.

마찬가지로 지구를 마치 인간을 보호하기 위한 그릇 정도로 생각해서도 곤란하다. 천동설에서 지동설로, 이젠 인동설로 생각을 바꾸어야 한다. '천지인' 사이클로 우주와 지구와 인간을 봐야 한다. 지구는 분명히 하나의 생명체이며, 우리들을 낳은 어머니다. 지구는 오늘도 살아 숨 쉰다. 지구가 하나의 생명체라는 것은 이미 많은 과학자들이 설파한 진실이다. 이 책을 보는 당신이 이런 큰 틀에서 합의하지 못한다면, 더불어 사는 세상을 이야기하는 것은 시간낭비라 할 수 있다.

우리 속에도 볼텍스, 태양계도 볼텍스

그런데 말이다. 그 '볼텍스'가 우리 인간 내면에도 있다는 보고가 있다. 에스더 힉스와 제리 힉스 부부가 펴낸 《볼텍스》(나비랑북스)가 바로 그것이다. 그들은 '볼텍스'가 모든 사람의 내면에 이미 내장되어 있는 근원 에너지의 집합소라고 주장한다. 볼텍스라는 끌어당김의 법칙에 따라 소용돌이치며 돌고 돈다. 우리의 근원에 있는 볼텍스에 접속하는 순간, 인간관계의 대부분의 문제가 풀린다. 볼텍스에 접속하려면 우리의 편견들을 내려놓아야 한다. 인간 내면의 볼텍스와 태양계의 볼텍스! 놀랍지 아니한가. 이렇게 우리는 지구라는 생명체 안에서 '자타불이'의 우주를 일구고 있다. 이런 우주에 사는 나와 당신 그리고 세상 모든 만물이 더불어 살아야 할 이유가 너무나 충분하지 아니한가.

07

행복해야
하니까

"왜 사느냐?" 물으면, 그냥 웃지만 말고, 대답 좀 해보시라. 대답은 다양하겠지만, 아마도 이 말 한 마디는 모두가 공통적일 게다. 바로 "행복하려고 산다"라는 것. 어떤 꿈과 포부와 이유를 갖다 대도, 행복하고자 하는 열망에 모두 포함된다. 더불어 살자는 것도 예외일 수는 없다.

행복지수 1위 덴마크, 그 비결은?

21세기 '행복의 대사' 말레네 뤼달이 '중앙시사매거진'에 기고한 '덴마크인의 행복추구법'(2016. 6. 4)이란 글을 토대로 이야기를 풀어 나가보자. 뤼달은 1975년 덴마크에서 태어났으나 열여덟 살 때부터 20년 넘게 프랑스 파리에서 살고 있다. 2014년 프랑스 그라세 출판사에서 《덴마크 사람들처럼 행복하게》를 출간했다.

유엔 자문기구인 지속가능발전해법 네트워크(SDSN)가 2016년 3월에 발표한 '세계 행복보고서 2016'에 따르면, 덴마크가 행복지수 1위를 차지했다. 덴마크인은 스스로 신뢰의 인간이 되어 공동체에 참여하고 그 안에서 자유를 발견한다. 자신과 다른 사람을 억압하지 않지만 공동체에 대한 책임감은 그 누구보다 강하다. 그들은 어떻게 그런 나라를 만들어 왔을까?

행복을 느끼는 데 중요한 것은 우리 내면의 토대다. 내면의 토대에 따라 행복 수준이 달라진다. 인생에서 일어나는 많은 경험들은 그것을 어떻게 받아들이는가에 따라 달라진다. 그것은 항상 우리 자신에게 달려 있다.

좋은 토대가 있는 사람이 당연히 행복하다. 좋은 토대는 자신이 누구인지 알고, 어떻게 살지 고민하며 살아갈 때 만들어진다. 뤼달이 덴마크에서 자란 것을 행운으로 여기는 것도 행복의 토대를 만드는 가치가 살아 있는 나라이기 때문이다. 그렇다면 어떻게 행복의 토대를 만들 수 있을까? 그는 덴마크 행복의 3대 요소로 '신뢰, 자유, 공동체의식'을 꼽았다.

평화의 기초 - 신뢰

신뢰는 행복한 사회를 만드는 가장 중요한 토대다. 우리는 다른 사람을 신뢰할 수 있을 때, 그리고 다른 사람에게 신뢰를 받을 때 행복을 느끼고 삶을 긍정할 수 있다. 팅가르 스벤센 교수가 쓴 《신뢰》(Tillid, 2012)에 따르면 덴마크 국민 78퍼센트가 다른 사람을 믿는다고 응답했다. 정부와 기관을 믿는다고 응답한 사람의 비율은 더 높아서 84퍼센트에 이른다. 이런 높은 신뢰 덕분에 덴마크 사람들은 흔들리지 않는 마음의 평화를 갖고 산다.

한 예로 덴마크에서는 가게나 식당 밖에 세워둔 유모차 안에서 자고 있는 아기를 쉽게 볼 수 있다. 외국인들은 '무책임하게 아기를 방치했다'고 생각할지 모르지만 덴마크 사람들은 모두가 아기를 보고 있다고 생각한다. 서로에 대한 깊은 신뢰가 있기 때문이다. 또 다른 예를 하나 더 들자면 덴마크 식당이나 극장에서는 외투를 보관하는 곳에 지키는 사람이 없지만 값비싼 모피 코트를 입고 온 사람도 아무런 의심 없이 옷을 벗어두고 공연이나 식사를 마음껏 즐길 수 있다.

어떻게 이런 일이 가능할까? 신뢰는 우리 자신이 신뢰할 수 있는 사람이 되기로 선택하는 데서 시작된다. 방글라데시에 세계 최초로 그라민은행(소액 대출은행)을 설립해 노벨평화상을 수상한 무하마드 유누스의 이야기를 해보자. 방글라데시는 앞서 언급한 팅가르 스벤센 교수가 실시한 신뢰 조사에서 '다른 사람을 신뢰한다'라고 응답한 사람의 비율이 5퍼센트에 불과한 나라였다. 그런데 유누스가 수천 명의 사람에게 아무런 담보 없이 돈을 빌려줬을 때 놀랍게도 그들 중 95퍼센트가 돈을 전부 갚았다.

내가 어떤 사람이 될지 정하는 - 자유

자유는 어떤 사람이 될지 스스로 결정하는 것을 말한다. 주위에서 요구하는 대로가 아니라 내가 원하는 대로 자유로운 인생을 살기 위한 투쟁은 충분히 가치가 있다. 나는, 행복의 시작은 자유라고 생각한다.

덴마크에서는 젊은 사람의 60퍼센트가 자기가 원하는 대로 살 수 있다고 생각한다. 덴마크 사람들이 자신의 삶을 자유롭게 결정할 수 있는 주된 이유는 개성 개발에 초점이 맞춰져 있는 교육 시스템이다. 덴마크에서는 수학이나 국어 등 그 어떤 과목도 다른 과목보다 중요하게 가르치지 않는다.

아이들은 모두 자신만의 재능을 갖고 있고 모든 재능은 똑같이 가치 있게 여겨진다. 덴마크에서는 창의력만으로도 학교에서 1등을 할 수 있다. 덴마크 사람들은 아이들이 선택한 자신의 역할이 사회에서도 중요하다는 점을 아이들에게 이해시키려고 한다. 자신의 재능이 무엇이든지 사회에 중요한 존재라는 생각을 가질 때 자유로운 삶을 살 수 있기 때문이다.

얼마 전 코펜하겐에 사는 친구와 저녁식사를 함께하는데 그녀는 스물한 살 된 아들이 드디어 하고 싶은 것을 찾았다며 기뻐했다. 무엇이 되고 싶어 하더냐고 물으니 '청소부'라는 자랑스러운 대답이 돌아왔다. 한국에서라면, 자신의 아이가 청소부가 되겠다는데 이렇게 기뻐할 수 있는지 의문이 들 것이다.

자신의 가치를 깨닫게 하는 - 공동체의식

덴마크 사람들 대부분은 공동체를 위해서 책임을 기꺼이 진다. 대표적인 사례로, 그들은 세금 내는 것을 당연하게 여긴다. 납세와 사회활동은 덴마크 사람들이 공동체에 참여하는 주요 방법이다. 국민 열 명 중 일곱 명이 세계에서 가장 많은 세금을 내는데 만족하는 이유가 여기에 있다. 세금을 내서 사회의 구성원으로 참여할 때 자랑스러움을 느끼기 때문이다.

정부와 사회에 대한 신뢰가 높을 때 복지국가는 합리적일 수 있다. 내가 내는 세금이 어디에 쓰이는지 모른다면 세금을 내는 일은 즐겁지 않을 것이다. 누구나 동등한 권리와 기회를 갖고 의료복지를 누릴 수 있도록 세금을 내는 것은, 복지국가의 토대를 만드는 중요한 일이다. 비록 당신이 덴마크 사람만큼 세금을 내지 않고, 국가기관을 신뢰하지 않는다 하더라도, 공동체의식은 당신이 선택할 수 있다.

'더불어 바이러스' 운동은 내가 행복하고, 네가 행복하고, 우리가 행복하자는 운동이다.

08
그게
대세니까

2017년 현재 지구별의 시대구분을 한마디로 정의하자면 뭐라고 해야 할까? 융합의 시대? 이젠 그것도 넘어서 '통섭의 시대'라고 해야 한다. '통섭'이 대체 무엇인지 알아보자.

통섭(統攝, Consilience). 큰 줄기(통)를 잡다(섭), 즉 '서로 다른 것을 한데 묶어 새로운 것을 잡는다' 하는 의미다. 통섭이란 '막힘이 없이 여러 사물에 두루 통함'이라고 사전은 정의한다. 인문학과 사회과학과 자연과학을 통합해 새로운 것을 만들어내는 범학문적 연구다.

큰 줄기를 잡는다는 '통섭'

통섭이란 말은 최근 에드워드 윌슨의 책 《통섭, 지식의 대통합》(사이언스 북스)을 통해 세상에 다시 알려지기 시작했다. 그는 인본주의적 생물학자로 인문학과 자연과학 사이의 간격을 메우고자 《사회생물학》(민음사)을 저술했다. 윌슨은 과학과 인문학, 예술이 사실은 하나의 공통된 목적을 가지고 있다고 늘 주장했다.

통섭은 각 학문의 세세한 부분을 체계화시키는 데에만 목적을 두지 않는다. 모든 학자에게 눈에 보이는 것만이 아니라 눈에 보이지 않는 질서를 발견하게 한다. 또한 통섭은 발견한 질서들을 간단한 자연의 법칙들로 설명하고자 하는 시도이다. 어찌 보면 반대 방향으로 연구하는 것 같지만 오히려 환원주의에서 추구하는 것과 유사한 점을 발견할 수 있다.

1840년에 윌리엄 휘웰은 《귀납적 과학》이라는 책에서 'Consilience'란 말을 처음 사용했는데, 설명의 공통기반을 만들기 위해 분야를 가로지르는 사실들과 사실에 기반한 이론을 연결함으로써 지식을 통합하는 것을 뜻한다. 이후 윌슨은 《통섭, 지식의 대통합》을 저술했는데, 그의 제자인 이화여자대학교 최재천 교수가 2005년에 이를 번역 소개하면서 'Consilience'란 용어가 국내에도 소개되었다.

로봇 만드는 데 철학자, 심리학자, 언어학자가 웬말?

우리나라에서 로봇을 만들려면 네 부류의 학자들이 모인다. 기계공학, 전자공학, 컴퓨터공학, 재료공학 등의 분야다. 하지만 미국은 다르다. 앞의 네

분야는 물론, 철학자와 심리학자와 언어학자 등도 모여든다. 아니 로봇 만드는 데 무슨 놈의 철학과 심리학과 언어학이냐 싶을 거다. 하지만 두 세계에서 만든 로봇은 현격하게 차이가 난다.

한국에서 만든 로봇은 우선 외모가 출중하다. 진짜 잘생겼다. 로봇답게 생겼다. 말도 잘하고, 행동도 잘한다. 반면에 미국 로봇은 못생겼다. 외모가 영 꽝이다. 꼭 만들다 만 것처럼 생겼다. 뼈대만 앙상한 것처럼 보인다. 그런데 그 로봇은 인간의 감정을 어느 정도 공감하고, 언어를 세련되게 구사하며, 생각하고 행동할 줄 안다. 왜 그럴까. 이쯤 하면 미국에서 로봇을 만들 때 왜 철학자와 심리학자와 언어학자를 부르는지 알 수 있을 것이다. 그렇다. 로봇을 하나 만들 때도 전혀 관련 없어 보이는 학문이 들어가는 이유다. 융합, 통섭 등은 이제 이 지구별의 대세다.

휴대폰에 무슨 놈의 인문교양이 들었을까?

여기서 스티브 잡스 이야기를 해볼까? 우리는 흔히 스티브 잡스의 애플과 우리나라 삼성이 경쟁사라고 알고 있지만, 실은 그렇지 않다. 애플이 뭔가 세상에 새로운 것을 내놓으면 삼성은 따라가기 바쁘다. 삼성이 더 앞서간다고 우기지만, 그건 이미 애플이 내놓은 아이디어를 증폭시킨 것에 불과하다. 기능적으로는 삼성의 휴대폰이 더 나을 수 있다. 하지만, 결코 못 따라가는 것이 바로 창작이다. 그 창작의 힘은 어디서 올까?

스티브 잡스는 늘 말하곤 한다.

"휴대폰을 만드는 것은 우리를 앞설 수 있지만, 우리의 휴대폰에는 인문교양이 들어 있다."

무슨 소리냐고? 휴대폰 어디에 인문교양이 들어 있다는 거냐?

잡스는 항상 조그만 휴대폰에 어떻게 하면 사람의 철학과 감성과 습관을 담아볼까 생각했다. 단순히 어떻게 하면 휴대폰을 잘 만들어 잘 팔아볼까 생각하지 않았다. 말하자면 스티브 잡스야말로 '통섭과 융합'의 대표적인 주자다.

한 우물만 파는 바보는 되지 말자

이제 옛날처럼 한 우물만 파서는 경쟁력에서 뒤진다. 학문과 학문도 이젠 더불어 사는 시대가 되었다. 각종 전문분야도 더불어 살아야 생존할 수 있는 시대가 되었다. 물론 거기에 종사하는 사람들도 더불어 살아야 살아남는다. 아니 그래야 앞서나가고, 그래야 세상을 살린다.

이런 걸 두고 시대적 흐름, 즉 대세라고 한다. '대세'란 일시적 유행을 말하는 게 아니다. 유행은 한 번 반짝하고 사라지는, 그래서 있어도 되고 없어도 되는 것이다. 반면에 대세라는 것은 생존에 필수적일 때 붙여주는 이름이다. 이제 지구별의 물꼬는 '융합과 통섭'으로 트였다. 말하자면 '더불어 사는 세상'은 지구별 생존의 필수이며, 대세가 된 셈이다. 누가 이 흐름을 거역하겠는가. 아니 누가 이 흐름을 잘 타겠는가.

09 / 그게 자연스러우니까

우리는 왜 더불어 살아야 할까? 또 묻는다면, 결론부터 말하자면 이렇다. 우리는 그렇게 만들어졌으니까. 인간은 원래 그렇게 생겨 먹었으니까. 이 한 마디면 충분하다. 더 말하는 것은 사족에 불과할지도 모른다.

"사돈이 논을 사면 가본다"

이 글을 읽는 당신에게 묻자. 당신 앞에 사진이 두 장 있다. 한 장은 한 여성과 남성이 피 터지게 싸운다. 남성이 여성의 얼굴을 때려 피가 나고, 여성은 머리가 산발이 되어 남성에게 대든다. 처절한 부부싸움 사진이다. 한 장은 가족사진이다. 남편은 오른쪽에, 아내는 왼쪽에서 걷고 있다. 그들은 귀여운 여자아이의 손을 잡고 있다. 남편도 아내도 아이도 웃는다. 이 두 장의 사진 중 꼭 한 장을 선택해 가질 수 있다면, 당신은 어떤 사진을 선택하겠는가.

당신이 '사이코'가 아닌 이상 가족사진을 선택할 게 분명하다. 우리는 그런 존재들이다. 특별한 사연이 없으면, 더불어 사는 걸 좋아한다. 이웃이 잘되는 걸 보면 기분이 좋다. '사돈이 논을 사면 배가 아프다' 하는 식으로 우리의 본성을 오도해선 안 된다. 물론 그럴 수는 있다. '사돈이 논을 사면 가본다'라는 말이다. 사돈이 논을 샀을 때, 현장을 가보고 배가 아플지 말지 결정한다는 이야기다. 그 정도는 귀엽게 봐줄 만하다.

곤충과 꽃이 생존에 성공한 비결

지구별에서 '생존'으로 어마어마하게 성공한 존재들이 있다. 바로 곤충과 식물이다. 곤충(특히 개미)은 그 개체수로만 보면, 지구별에서 가장 성공한 생존자들이다. 식물은 그 개체들의 무게로 볼 때 지구별에서 최고로 무거운 생존자들이다.

이들의 생존비결? 그건 두말 할 것도 없이 서로 공생하기 때문이다. 따스한 봄날, 꿀벌들이 윙윙거리며 꽃 사이를 날아다니는 것은, 인간들이 보기 좋으라고, 인간들이 그 장면을 보고 시를 쓰라고, 인간들이 그 장면을 보고 철학을 하라고 하는 게 아니다. 그들은 그렇게 생존을 위해 부지런히 서로 도우며 살아왔다.

개미들의 세계는 그런 면에서 신비하다. 세계의 그 많은 개미들이 예외 없이 모두 공생 모드로 산다. 일꾼개미와 여왕개미와 파수개미 등 각자의 역할이 나누어져 있다.

2014년 8월 27일, '개미들의 협동 작업을 보라'(watch ants work in harmony)라는 제목의 동영상이 유튜브에 올라와 화제가 되었다.

거대한 지렁이를 개미들이 어떻게 자신들의 아지트로 데려가는지 살펴보자. 수백 마리의 개미들이 달라붙어 지렁이 시체를 옮긴다. 지렁이 몸에 다닥다닥 붙어 있는 개미도 있지만, 앞서 있는 개미의 꼬리에 꼬리를 물고, 수십 마리가 여러 갈래로 날개 펼치듯 붙어 있다. 먹이를 나르는 개미 말고도 수많은 개미들이 따라가면서 지친 개미들과 교대를 하곤 한다. 이 놀라운 동영상은 게시한 지 이틀 만에 10만 조회수를 훌쩍 넘겼다.

원시시대부터 협동이 자연스러웠다

원시시대 인간들은 밀림에서 풍족하게 살았다. 하지만 개체수가 많아지자, 밀림에 남는 사람들과 떠나는 사람들로 나누어졌다. 그들은 초원으로 바다로 떠났다. 날카로운 이빨도 매서운 발톱도 빠른 발도 없었던 그들이 살아남기 위해선 오로지 협력하여 사냥하는 수밖에 없었다. 원래 우리는 서로 도우며 더불어 살도록 프로그래밍이 되었다. 우리는 그게 자연스럽다.

그렇게 똑똑하다는 침팬지도, 인간이 손으로 어디를 가리키면 가리키는 쪽을 보는 게 아니라 성큼성큼 걸어와서 손가락에 뭐가 있나 쳐다본다. 상대방의 의도를 전혀 파악하지 못한다. 뭐 먹을 거 없나. 오로지 그것에만 관심이 있다. 한마디로 눈치가 개미 똥만큼도 없다. 속이 터진다. 당장 보이는 것만 보고, 자기가 목표하는 것만 캐치한다.

하지만 인간은 다르다. 인간은 눈치가 백단이다. 어떤 상황이 생기면 그 상황이 생긴 배경과 이유, 상대방의 속마음까지 읽어내곤 한다. 인간만이 상대방의 깊은 의도를 알아차린다. 말하자면 공감 천재가 인간들이다. 이런 뇌구조를 가진 인간을 어느 누가 더불어 사는 존재가 아니라 말할 것인가.

눈치 백단, 알고 보니 공감 천재들

이런 공감능력을 심지어 다른 종인 동물과 식물에게까지도 발휘한다. 바퀴벌레가 갑자기 튀어나오면 "놀랐다" 하며 화를 낸다. 집에 키우는 난초와 대화도 한다. "아이고 내 새끼들 추웠지? 엄마가 미안해. 내가 무심해서 니들이 고생이 많다. 내가 따뜻하게 해줄게. 너희들을 지켜줄게. 내가 잘할게 야들아"라고 대화하는 여성이 많다. 어떻게 저런 능력이 있단 말인가. 어떤 놈들이 인간이 잔인하다고 했는가.

요즘 페이스북에 흔히 올라오는 동영상이 있다. 영상 속에서는 어미 오리와 새끼 오리들이 차도를 건너가려 한다. 신기하게 도로에 있는 모든 차들이 올 스톱을 하고, '오리님'들이 지나갈 때까지 기다린다. 새끼 오리들이 모두 지나가자 그제야 차들도 제 갈 길을 간다. 이런 동영상이 페이스북에 올라오면 조회수가 높다. "저런 미친놈들. 그냥 깔아뭉개고 가지. 바쁜데 뭐하는 짓이냐"라고 댓글 달린 것을 보지 못했다. 악플의 대가들도 그것만은 하지 않는다. 누가 시킨 것도 아니다. 페이스북에 올라오면 '좋아요'를 엄청 누른다. "귀엽다. 사랑스럽다. 그렇게 하는 그 나라가 부럽다" 등의 댓글이 수백 개는 달린다. 이것이 나와 여러분의 보편적인 심상이다.

그래서 학자들은 우리 인간을 '호모 심비우스'(**공생하는 인간**)라고 표현했다. 우리는 원래 그런 인간들이다. 이제 '적자생존 약육강식'이라는 소프트웨어는 우리 뇌에서 과감하게 삭제하자. "우리는 원래부터 호모 심비우스였다" 하고 각인하자. 그게 우리 인간에게는 자연스럽다.

10 / 그게
책임이니까

　예수는 비유와 예화의 천재다. 한마디로 이야기꾼이었다. 그의 어록들은 대부분 이야기 형태로 되어 있다. 그중 '최후의 심판' 장면은 너무나 장엄하다. 볼 때마다 가슴 설레기도 하고, 무겁기도 하다. 혹시 당신이 기독교인이라면, 교회와 성당에서 배웠던 선입견을 내려놓고 이야기를 있는 그대로 한번 보기를 권한다. 자 이야기 속으로 '고고씽~~!'

우리의 최후 순간에 맞이할 준엄한 심판

사람의 아들이 영광을 떨치며 모든 천사들을 거느리고 와서 영광스러운 왕좌에 앉게 되면, 모든 민족들을 앞에 불러놓고 마치 목자가 양과 염소를 갈라놓듯이 그들을 갈라, 양은 오른편에, 염소는 왼편에 자리 잡게 할 것이다.

그때에 그 임금은 자기 오른편에 있는 사람들에게 이렇게 말할 것이다. "너희는 내 아버지의 복을 받은 사람들이니 와서 세상 창조 때부터 너희를 위하여 준비한 이 나라를 차지하여라. 너희는 내가 굶주렸을 때에 먹을 것을 주었고 목말랐을 때에 마실 것을 주었으며 나그네 되었을 때에 따뜻하게 맞이했다. 또 헐벗었을 때에 입을 것을 주었으며 병들었을 때에 돌보아주었고 감옥에 갇혔을 때에 찾아주었다."

이 말을 듣고 의인들은 이렇게 말할 것이다. "주님, 저희가 언제 주님께서 주리신 것을 보고 잡수실 것을 드렸으며 목마르신 것을 보고 마실 것을 드렸습니까? 또 언제 주님께서 나그네 되신 것을 보고 따뜻이 맞아들였으며 헐벗으신 것을 보고 입을 것을 드렸으며, 언제 주님께서 병드셨거나 감옥에 갇히신 것을 보고 저희가 찾아가 뵈었습니까?"

그러면 임금은 분명히 말한다. "너희가 여기 있는 형제 중에 가장 보잘것없는 사람 하나에게 해준 것이 바로 나에게 해준 것이다."

그리고 왼편에 있는 사람들에게는 이렇게 말할 것이다. "이 저주받은 자들아, 나에게서 떠나 악마와 그의 졸도들을 가두려고 준비한 영원한 불 속에 들어가라. 너희는 내가 주렸을 때에 먹을 것을 주지 않았고, 목말랐을 때에 마실 것을 주지 않았으며, 나그네 되었을 때에 따뜻하게 맞이하지 않았고, 헐벗었을 때에 입을 것을 주지 않았으며, 또 병들었을 때나 감옥에 갇혔을 때에 돌보아주지 않았다."

이 말을 듣고 그들도 이렇게 대답할 것이다. "주님, 주님께서 언제 굶주리고 목마르셨으며, 언제 나그네 되시고 헐벗으셨으며, 또 언제 병드시고 감옥에 갇히셨기에 저희가 모른 체하고 돌보아드리지 않았다는 말씀입니까?"

그러면 임금은 "똑똑히 들어라. 여기 있는 형제들 중에 가장 보잘것없는 사람 하나에게 해주지 않은 것이 곧 나에게 해주지 않은 것이다" 하고 말할 것이다. 이리하여 그들은 영원히 벌 받는 곳으로 쫓겨날 것이며, 의인들은 영원한 생명의 나라로 들어갈 것이다.(누가복음 25장 31∼46절)

지옥과 천국의 이야기가 아니다

이 이야기를, 최후의 심판장에서 천국 갈 사람과 지옥 갈 사람을 구분하는 장면이라는 그딴 식의 말은 하지 말자. 이는 예수가 전혀 의도한 바도 아니거니와 전형적인 '기독교 도그마 병자'들의 논리다. 교회의 영향을 받지 않은, 성경을 처음 읽는 사람들에게 이 이야기를 들려주고 어떤 이야기인지 물어보라. 그러면 답은 분명하다.

심판자가 양과 염소를 구분하는 기준은 '이웃에 대한 관심' 그 이상도 이하도 아니다. 특히 '가장 보잘것없는 사람'으로 지칭되는 '사회적인 약자, 소외된 자'에 대한 관심이다. 양과 염소의 공통점은 둘 다 자신이 그렇게 안 했다는 거다. 그렇게 한 줄도 모르고 했다는 거다. 양은 이웃을 돌아본 것이 신을 돌아본 것인 줄 몰랐고, 염소는 이웃을 돌아보지 않은 것이 신을 돌아보지 않은 것인 줄 몰랐다.

"우주 앞에서 책임지는 삶"

사실 이 심판 이야기 속에는 '이웃을 돌아보라' 하는 직접적인 메시지보다 더 깊은 메시지가 있다. 바로 우리 옆에 있는 그 사람이 바로 '신'이라는 이야기다. 특히 어려움을 당하고, 아픔을 당하고, 소외당하고, 약자로 취급받는 그들이 곧 신이라는 이야기다. 신은 그렇게 사회적 약자들과 함께 있다. 아니 그들이 곧 신이다.

사실 이 이야기의 더 깊은 메시지는 이것이다. 최후의 날에 심판을 하는 것은 신이 아니라 바로 자기 자신이라는 것. 심판은 신의 재림 이후 이루어지는 것이 아니라, 우리 각자의 인생 졸업식 날에, 자기 자신이 자기 자신 앞에서, 자신의 인생을 결산하면서 이루어진다. 말하자면, 이웃 특히 약자들에게 책임을 다했느냐고 묻는 것이 심판이다. 심판하는 신도, 받아들이는 사람도 모두 우리 자신들이다. 영적 교사 데이비드 호킨스도 "만인은 우주 앞에서 각자 책임을 진다"라고 말했다. 달라이라마는 그것을 '보편적 책임'이라 말했다. 나는 말한다. "당신의 최후의 날에 우주 앞에서 책임질 것을 기억하며 살아라" 하고.

11
살아남아야
하기 때문

"우리는 왜 더불어 살아야 합니까?"라고 누군가 물을 때, "살아남아야 하니까"라고 대답하면 더 이상 말하는 것은 군더더기에 불과하다. 살아남아야 한다는 것만큼 절실하고 본질적인 말이 또 있을까?

동물들은 같은 종끼리 서로를 잡아먹지 않는다. 그 이유는 간단하다. 종족을 보존하기 위해 그 정도는 지킨다. 사람이 짐승만도 못하다는 말을 들어도 싸다. 그런데 동물들은 종족을 보존하기 위해 단순히 서로를 잡아먹지 않는 수준을 넘어 이런 일도 한다.

어라! 시간이 지나도 고양이 수가 같네?

《대학 중용 읽기》의 저자 이현주 목사의 집은 산 쪽에 있다. 그의 집 주위엔 길고양이 20마리가 살고 있었다. 동물을 좋아하는 이 목사는 그들에게 간혹 음식을 챙겨주기도 했지만, 전적으로 챙겨주지는 않았다. 몇 년이 지나면서, 이 목사는 신기한 걸 발견했다. 분명히 고양이들이 임신해 새끼를 낳았는데, 얼마 지나지 않아서 보면 전체 고양이 수가 동일했던 것이다.

이게 어떻게 된 일일까? 신기해하던 이 목사의 의문이 풀리는 날이 오고야 말았다. 고양이들이 '야옹야옹' 하며 소리를 내기에 집 바깥을 쳐다보았다. 왕초 고양이 두 마리를 둘러싸고 있는 나머지 고양이들이 보인다. 알고 보니 왕초 고양이들은 무리 중에서 제일 나이 많은 고양이들이다. 왕초 고양이들과 무리 고양이들이 이별 인사를 하는 것처럼 보였다. 그러고는 왕초 고양이들은 산으로 떠나버렸다.

그랬다. 그동안 고양이들의 수가 20마리로 맞춰진 것은 바로 그런 이유에서였다. 갓 태어난 새끼들이 젖을 뗄 무렵, 왕초 고양이들이 산으로 떠나버렸던 게다. 이 목사의 집 주위에서 먹을거리를 구하는 게 한계가 있음을 아는 고양이들의 지혜라고나 할까……

여러 화분에다 지렁이를 키우면, 비슷한 현상이 일어난다. 지렁이들이 개체수를 스스로 조절한다. 화분의 크기와 영양분의 양이 일정함을 누구보다 잘 아는 지렁이들의 산아제한이라고나 할까.

대나무가 백년에 한 번 꽃 피는 이유

그렇다면 식물은 다를까.

대나무는 백년에 한 번꼴로 꽃을 피운다. 일정한 지역에서 우후죽순 잘 자라는 대나무는 번식력이 강해서 한 지역을 완전히 점령하곤 한다. 대나무 밭에는 누가 시키지 않아도 다른 식물들이 잘 가지 않는다. 대나무의 번식력과 대적하지 않으려는 식물들의 지혜다. 그래서 대나무 아래엔 대나무 기운에 막혀 다른 식물들이 좀처럼 보이지 않는다.

이런 대나무들도 한계지점이 올 때가 있다. 그 지역에서 열심히 번식하고 번창하다 보면, 그 지역 땅의 영양분의 한계지점이 온다. 그럴 때면 대나무들의 종족번식의 한계점도 지나버린다. 이때, 부모 대나무들은 자기의 온몸을 던져 죽어간다. 그러고는 꽃을 피운다. 왜? 그 꽃을 통해 다음 세대를 준비하는 거다. 자신들은 비록 죽지만, 자신들의 후손만은 살리려는 고상한 죽음이다. 평상시에는 죽순이 커서 대나무가 된다. 하지만, 생명의 비상신호 앞에서 그들은 기꺼이 죽음으로 꽃을 피워 다음 세대를 준비한다.

인간은 어떠한가

전 세계 34개 언어로 번역된 세계적 베스트셀러 《인간 없는 세상》을 통해 인간이 사라진 지구의 모습을 그리며 인류의 존재를 성찰하게 한 저널리스트 앨런 와이즈먼. 그는 새로 낸 책 《인구 쇼크》를 통해 인구 문제를 경제적 프레임이 아닌, 인류가 어떻게 하면 지구와 함께 살아갈 수 있을지 하는 문제로 바라보기를 권한다. 그에 의하면 지구별에서는 4.5일마다 100만 명씩 인구가 증가하고 있다. 이런 현실에서 인류는 과연 건강한 미래를 만들어 나갈 수 있을까? '지구'라는 한정된 공간 안에서 인류는 지속 가능한 삶을 영위할 수 있을까?

앨런 와이즈먼은 이러한 의문을 품고 2년 넘게 전 세계 20여개 국가의 인구 문제 현장을 직접 탐사해 《인구 쇼크》를 세상에 내놓았다. 인구 증가를 막기 위해 사람들을 설득할 방법이 있을까? 지구가 침몰하지 않고 지탱할 수 있는 인구는 얼마나 될까? 그리고 어떻게 해야 끝없는 성장 없이도 진정한 번영을 이룰 수 있을까? 우리가 존속할 수 있으려면 지구의 생태계는 얼마나 튼튼해야 할까? 지구는 과연 지속 가능할까?

상황이 이런데도 우리 사회는 '저출산'을 심각한 사회 문제로 꼽고, 그것을 극복하기 위해 다산을 권장한다. 전 세계에서 '인구밀도 높은 나라 톱 10'에 들어가는 우리나라는, 현재 4위에 랭크되어 있다. 물론 고령화 사회와 저출산이 맞물리면서 심각한 사회적 문제로 대두된 것은 사실이다. 하지만 이런 상황에서 인구를 증가시키려는 정부의 속내가 사실은 국력을 증가하기 위해서라는 이야기는 굳이 하고 싶지 않다. 이런 식으로 문제를 제기하면 마치 매국노처럼 몰아붙이는 사회적 분위기도 굳이 꼬집고 싶지 않다. 다만 인구 증가의 문제가 우리나라와 지구별 전체의 생존을 위협하고 있음을 알자는 거다.

더불어 사는 사회는 지금 당장뿐만 아니라 지속가능한 사회를 일구어 가는 사회다. 우리도 고양이, 지렁이와 대나무에게서 후손과 더불어 사는 지혜를 배워야 한다. 더불어 산다는 것은 '인류 종족이 지구별과 더불어서 계속 살아남을 수 있을 것인가'를 묻는 것이다.

7

우리가 더불어 살아온 적이 있는가

털 없는
원숭이의 미래

01

'털 없는 원숭이'들,
원래 그렇게 살았다

동물학자 데스먼드 모리스는 인간을 '털 없는 원숭이'라고 명명했다. 그의 주장을 담은 책 《털 없는 원숭이》는 세계적인 베스트셀러다. 책의 원제목이 'the naked ape'이니, 사실은 '벌거벗은 원숭이'가 맞는 해석이겠지만, 어쨌거나 이런 식의 호칭들이 불편한가? 그렇다면 당신은 "우리 인간은 동물에게 없는 영혼이 있고, 신의 형상을 따라 창조된 만물의 영장이다"라는 생각에 사로잡혀 있는 것이다. 기독교인이 아니라면 '어쨌든 인간과 동물은 차원이 다른 존재'라고 생각하고 있을지도 모른다. 하지만 분명한 건 그렇게 생각한다고 해서 인간이 존엄해지는 게 아니라는 거다. '인간우월의식'을 '인간존엄의식'이라고 착각해선 안 된다. '밤 말'을 잘 듣는다는 쥐도, '낮 말'을 잘 듣는다는 새도, '발 없는 말'을 천리까지 보낸다는 사람도, 생명체로서 동일하게 존엄하다는 생각이 우리 인간을 존엄하게 만든다.

193종의 영장류 중 유일하게 털이 없는 원숭이

지금부터 잠시 이야기할 내용은 대부분 책 《털 없는 원숭이》와 의논한 이야기다. 이 책에 의하면, 인간을 '털 없는 원숭이'라고 부르면 우리**(동물학자를 포함한 모든 인류)**가 인류를 연구하는 데 있어서 균형감각과 객관성을 유지하는 데 도움이 된다고 한다. 동물학자 데스먼드 모리스에게 '털 없는 원숭이'는 동물이다.

오늘날 지구별에는 193종의 원숭이와 유인원이 살고 있다. 그들은 하나같이 온몸에 털이 있는데, 유일하게 털이 없는 별종이 있다. 그 '털 없는 원숭이'를 우리는 '호모 사피엔스'라고 부른다. 이·원숭이는 영장류 중 두뇌만이 아니라 성기도 가장 크다. 이들은 지적 능력과 섹스 능력을 다른 유인원보다 더 발달시킨 특이한 원숭이들이다.

이들은 원래 식충류 즉 벌레를 잡아먹는 영장류였다. 공룡과 같은 파충류가 지구의 강자로 있을 동안, 그들은 숲속에 사는 하찮고 조그만 동물이었다. 그러다 5,000만~8,000만 년 전에 파충류 시대가 무너진 후, 새로운 영토로 흩어져 수많은 모양으로 진화했다. 일부는 초식동물이 되어 몸을 지키기 위해 땅 밑에 굴을 팠다. 일부는 적으로부터 도망치기 위해 기다란 다리를 발달시켰다.

원래 곤충만 먹던 이들은 점차 과일, 견과류, 딸기류, 나뭇잎 등을 소화하는 능력을 키웠다. 점차 눈이 얼굴 앞쪽으로 나오면서 시력도 좋아졌다. 과일 등을 딸 때 먹을 수 있는 것인지, 몸에 해로운 것인지 구분해야 했기 때문이다. 또 먹이를 따먹기 위해 두 손도 발달시켰다. 이렇게 두뇌가 서서히 커지고, 두 손과 두 발을 발달시킨 이들은 숲속의 강자로 등장했다.

이상 기후로 에덴동산을 떠나다

이들은 2,500만~3,500만 년 전에 진짜 원숭이로 진화하기 시작했다. 몸의 균형감각을 위해 꼬리도 발달했고 몸집도 커졌다. 일부는 여전히 초식성으로 살아가지만, 대부분 잡식성으로 자리를 잡아갔다. 나무 위를 다니던 이들은 육식동물의 공격으로부터 자유로웠다. 이들이 살던 숲속은 한마디로 에덴동산이었다.

약 1,500만 년 전, 문제가 생겼다. 이상기후로 인해 숲이 줄어들었다. '털 없는 원숭이'를 비롯한 영장류의 개체수가 줄면서 위기가 왔다. 이때 침팬지, 고릴라, 긴팔원숭이 등은 숲에 남기로 했다. '털 없는 원숭이'들은 숲을 떠나기로 했다.

그들은 숲속에서 초원으로 자리를 옮기면서 초식성에서 육식성으로 급격하게 자신들을 바꾸어 나갔다. 동물을 사냥하는 솜씨도 발전시켰다. 그러기 위해 더욱 똑바로 섰다. 더 빨리 달려서 다른 동물을 잡아야 했기 때문이다. 도구를 사용하는 동물에서 이젠 도구와 무기를 만드는 동물로 진화했다. 이들은 '개별 사냥'이 아닌 '집단 사냥'의 방식을 선택했고, 다른 동물을 사냥하기 위해 온갖 전략을 동원했다. 이들의 두뇌는 점점 더 영리해지고, 커져갔다. 이들은 이때부터 협력문화를 발전시켰다. 혼자 혹은 몇몇

보다는 여럿이 협력하여 사냥하는 것이 효율적이고 생산적이라는 걸, 그들은 몸으로 체득했다.

사냥하는 수컷들만 아니라 수컷을 기다리는 암컷들도 머리를 쓰기 시작했다. 잡아온 사냥감을 분배하고, 안전하게 나눠 먹을 수 있는 베이스캠프를 만들기 시작했다. 이들은 정처없이 떠돌아다니던 생활을 접고 주거생활을 시작했다. 바야흐로 에덴동산을 완전히 떠난 것이다. 암컷들이 캠프를 안정시키면서 원시사회는 모계사회가 되었다. 어쨌든 암컷들과 수컷들은 각자의 역할을 서로 분담하고 협동하며 더불어 살았다.

우리는 '털 없는 원숭이'이며, 똥도 싼다

이렇게 살았던 '털 없는 원숭이'들이, 지금은 달나라를 갔다 오고, 휴대폰 하나로 세계를 돌아다닌다. 하지만, 아무리 그래도 '털 없는 원숭이'이며, 똥도 싼다. 우리가 초식동물에서 육식동물(잡식동물)로 바꿀 때, 판다는 육식동물에서 초식동물로 바꿨다. 차이는 단지 그것뿐이다. '털 없는 원숭이'들은 원래부터 서로 돕고 협동하며 살았다. 그렇게 살아보지 않은 적이 없다. 인류 문명을 발달시키면서, '싸가지'가 조금 없어졌을 뿐이다.

02

인류만이
문명 창조자인 이유

인간과 침팬지는 참 많이 닮았다. 심지어 DNA가 99퍼센트나 일치한다. 하지만 이런 침팬지들도 문명은 만들어내지 못했다. 혹 당신은 "무슨 소리를 하느냐? 침팬지도 문명을 만들어낸다"라고 말할 수도 있다. 아마도 아래와 같은 이유 때문일 게다.

무기 사용하고 고구마 씻어먹는 침팬지지만……

2007년 2월 22일, 과학저널 《커런트 바이올로지》 인터넷 판에 놀라운 뉴스가 전해졌다. 침팬지가 창을 만들어 작은 동물을 사냥한다는 연구결과가 발표된 것이었다. 침팬지 등이 도구를 사용할 줄 안다는 사실은 이미 전 세계인이 알고 있다. 하지만 사냥무기를 만들었다는 게 확인된 것은 처음이었다.

아프리카 세네갈에 사는 이들 침팬지들은 나뭇가지 끝을 입으로 다듬어 날카로운 창 모양으로 만든 다음, 이 창으로 덤불에 숨은 사냥감을 끌어낸다. 힘이 센 수컷보다는 암컷이나 어린 새끼들이 주로 사냥무기를 사용한다. 수컷보다 힘이 약한 암컷이 무기를 사용했는데, 이를 어린 새끼들이 모방한 것이다.

1950년대 초 일본 교토대학교 영장류연구소는 흥미로운 실험을 했다. 미야자키현 고지마 섬의 원숭이를 대상으로 한 실험이었다. 원숭이 한 마리에게 바닷물로 고구마를 씻어 먹도록 훈련을 시켰는데, 이를 본 다른 원숭이들도 점차 따라 하기 시작하더니 얼마 지나지 않아 그 수는 100마리를 넘겼다.

이때, 놀라운 일이 생겼다. 이 섬과 동떨어진 곳에 사는 원숭이들도 이를 따라 했던 것이다. 미국 생태학자 라이얼 왓슨은 이것을 보고 '100마리째 원숭이 현상'이라는 이론으로 발전시켰다. 특정 집단에서 새로운 특정 행동을 하는 개체의 숫자가 일정 수치를 넘어서면, 공간을 넘어 평소 접촉이 없던 다른 집단으로도 전파가 된다는 이론이다.

사실 침팬지는 개미를 잡아먹을 때도 나뭇가지에 침을 묻힌 후 개미집에 넣고 개미가 딸려오면 입으로 훑어 먹는다. 이런 행동을 수많은 침팬지들이 따라 한다. 돌로 단단한 열매를 깨서 먹는 것도 마찬가지다.

하지만 설사 그렇다 해도 침팬지나 원숭이들은 공동체 생활을 하는 것

말고는 인간과 구별된다. 통치자가 있는 것도, 나라를 세우는 것도, 도시를 건설하는 것도, 농사를 짓는 것도, 가축을 기르는 것도, 분업제도가 있는 것도, 대규모 전쟁이 있는 것도, 대량학살을 저지르는 것도, 전쟁에서 납치한 포로들을 노예로 만들어 부려먹는 것도 아니다. 그런 면에서 침팬지는 단순한 모방은 하지만 본격적인 문명은 창조하지 못한다.

인간보다 더 훌륭한 사업을 하는 개미사회도……

하지만 위에 열거한 것처럼 침팬지가 하지 못하는 일들을 다 해내는 동물이 있다. 더 정확하게 말하면 곤충이라 해야겠다. 바로 개미다.

개미는 자신보다 훨씬 큰 먹잇감을 발견하면, 그 먹잇감을 입에 물고 개미왕국으로 향한다. 이때, 배의 끝부분을 땅에 질질 끌면서 '냄새 길'이란 지도를 그려나간다. 왕국으로 돌아온 그 개미는 다른 일개미들에게 먹잇감을 맛보게 한다. 먹이에 자극을 받은 일개미들은 그 개미가 그려놓은 '냄새 길'을 따라 간다. 이렇게 해서 수많은 개미 군사들이 출동을 하게 된다.

개미들은 분업도 하지만, 각자 사업도 잘 한다. 수렵채집 사업도, 사냥 사업도, 동물 시체 수거 사업도, 식물성 음식 수거 사업도, 진딧물을 보호해주고 진딧물로부터 단물을 얻어오는 용역 사업도, 식물을 초식곤충들로부터 보호해주고 식물이 제공하는 영양분을 취하는 경호 사업도 한다. 심지어 농업도 한다. 6,000만 년 전부터 이미 지하 버섯농장을 경영했으니, 지구별 최초의 농업 사업가들이다.

이들이 이처럼 협동할 수 있는 것은 그들 중 누군가가 기꺼이 희생을 하기 때문이다. 열대지방에 사는 거북이개미 사이에서는 종종 이마가 넓적하고 평평한 일개미가 태어난다. 그들이 그렇게 태어나는 이유는 왕국 문을 막기 위해서다. 그 이마로 왕국 문을 막고 있다가 동료 개미가 돌아오면 이마를 비켜주지만, 다른 왕국 일개미들이 들어오고자 하면, 절대로 길을 터주지 않는다. 그 개미들은 평생 그 일만 하다가 생을 마감한다. 사실 우리 인간들은 개미들을 통해 배울 게 무궁무진하다.

더불어 사는 문명을 창조해가는 인간에 비하면……

하지만 개미에 비해서도 여전히 인간이 일구어낸 문명은 독보적이다. 문화가 '생활양식'이라는 광범위한 의미로 쓰인다면, 이 세상 모든 생물은 문화를 가지고 있다. 하지만 인간처럼 독특하고 탁월한 문명은 어느 동물에게도 없다. 인간이 만든 문명은 더불어 살다 보니, 아니 더불어 살려고 노력하다 보니 저절로 일구어낸 인간만의 창조물이다. 세계 인류 문명들이 결국 '로빈슨 크루소'처럼 살지 않고자 하는 인간들이 만들어낸 '더불어 살기 문화'들이다.

비록 전쟁과 대량학살, 자연파괴를 일삼은 우리 인류지만, 인간의 잔인함에 분노하고, 그것을 기억하며 다시는 그러지 말자고 다짐을 하는 인류가 대부분이다. 수많은 다른 인류가 기아에 허덕인다는 소식을 듣고 자신만이 배부르게 먹고 사는 것이 미안해서 그 사람들을 구하려고 십시일반 공동모금을 하는 사람들이 부지기수다. '지구촌'이란 이름을 붙여가며 자신들이 사는 지구별을 하나의 공동체라고 생각하는 존재가 인간이다. 개미들이 아무리 협동문화가 뛰어나도, 인간처럼 지구별 모든 존재가 더불어 사는 것을 고민하지는 않는다. 지구별에 원죄(**동물을 죽이고, 자연을 파괴한 죄**)를 가장 많이 범한 인간이지만, 그것을 반성하고 행동하려는 존재 또한 인간이다. 고민만 하지 않고 실제로 자연과 더불어 사는 문명을 만들고자 부단히 애쓰는 존재가 인간이다. 인간은 그런 존재다.

03
제사문화, 알고 보니
더불어 사는 문화

제사를 단순히 '조상을 섬기는 일'로만 안다든지, 개신교인들처럼 '귀신을 섬기는 우상숭배'로 아는 것은 제사의 본질을 모르는 일이다.

제사의 사전적 의미가 '신령에게 음식을 바치며 기원을 드리거나, 돌아간 이를 추모하는 의식'이라고 되어 있는 것은 우연이 아니다. 우리가 흔히 알고 있는 대로 '돌아간 이를 추모하는 의식'에 앞서 '신령에게 음식을 바치며 기원을 드리는 의식'이 있다.

신령에게는 기원을, 돌아간 이에게는 추모를

원래 제사의 기원은 종교의 기원과 동일하다. 원시인들은 자연의 변화에 경이로움을 느꼈지만, 천재지변 앞에서는 말할 수 없는 두려움을 느꼈다. 이 두려움을 극복하고자 하늘과 자연에 제사를 드렸다. 자신들의 안녕을 기원하는 자리였다. 좀 더 세월이 지나면서 그 제사는 천지 만물의 생성화육에 대해 외경심·신비감을 갖게 되는 동시에 생명에 감사를 표하는 행사로 이어졌다.

우리 민족의 제천행사를 예로 들 수 있다. 우리 민족은 아득한 고대로부터 하늘을 공경해 제천의식을 거행했다. 농사를 주로 짓던 고대사회는 우순풍조(雨順風調)와 풍년을 기원하는 제사의식이 성행했다. 옛 기록에 나타나 있는 부여의 영고, 고구려의 동맹, 예의 무천 등이 모두 제천의식인 동시에 농사와 연관이 있다. 이밖에도 각 농촌 마을마다 행해졌던 각종 산신령 제사와 어촌 마을마다 행해졌던 풍어제 등도 이런 제사의 연속이었다.

사시사철 조상에게 제사를 지낸 이유

조상에게 드리는 제사 또한 단순하지 않아, 일곱 가지 종류의 제사가 있었다.

1) 제의: 집 안에 고조 이하 4대의 신위를 봉안하는 사당을 모셨다. 집안에 중대한 일이 생겼을 때는 반드시 고유(告由)를 하고, 색다른 음식이 생겼을 때는 먼저 드리며, 계절의 신미(新味)가 났을 때도 마찬가지다.

2) 사시제 : 사계절에 드리는 제사로 중월(2·5·8·11월)에 사당에서 지낸다.

3) 시조제 : 시조를 잇는 대종손이 제주가 되어 동지에 지낸다. 동지는 일양

(一陽)이 시생(始生)하는 날이라, 이를 상징하는 뜻에서 시조의 제사를 지낸다.

4) 선조제: 초조(初祖) 이하 고조 이상을 입춘(立春)에 제사 지낸다. 입춘은 만물이 싹을 틔우기 시작하는 날이기 때문에 이를 상징하여 선조에게 제사를 지내는 것이다.

5) 이제: 계추(季秋: 음력 9월)에 아버지의 사당에 지내는 제사다. 계추는 만물을 거두는 무렵이라 이를 상징하여 조상 중에 제일 가까운 아버지에게 제사를 드린다.

6) 묘제: 산소에서 지낸다. 기제(忌祭)로 받들지 않는 조상에게 드리는 제향이다.

7) 기제: 죽은 날, 즉 기일에 지낸다. 사대봉사(四代奉祀)라 하여 보통 4대를 지내는데, 해당되는 신위에만 드린다.

이렇듯 죽은 날(기일)에 드리는 기제뿐만 아니라 사시사철 나름의 의미가 있는 조상 제사가 행해진다. 종가집이 1년 내내 제사를 지내는 것은 바로 이런 이유다.

제사는 '봉제사 접빈객' 그리고 '천인합일' 문화

제사는 '가부장제도의 폐해'라느니, '형식에 치우친 예식문화'라고 치부할 수 없는, 너무나 본질적인 것을 담고 있다. 그것이 바로 제사의 기본 정신인 '봉제사 접빈객'이다. 말하자면 제사는 '제사를 받들고, 손님을 대접하는 행위'다. 시간적으로는 과거의 사람들과 더불어 살려는, 현실적으로는 지금의 사람들과 더불어 살려는 행위다. 사시사철 과거 사람들(조상들)의 정신과 함께하고, 그 정신을 이어받아 현재 주위 사람들과 나누며 교제하는, 일련의 모든 행위가 바로 제사다. 그래서 제사가 끝나고 나면 '음복'(飮福)을 한다. 조상과 하나 되고 이웃과 하나 되는 마음으로 제사 음식을 나눠 먹는 것이다.

또 하나의 중요한 의미는 '천인합일'(하늘과 하나가 된다)이다. 고대시대의 국가적 제사가 모두 하늘에 드리는 제사였기에 그렇다. 각 가정에서 드렸던 조상 제사 또한 그랬다. 사시사철 절기를 맞춰 제사를 드린 것은, 사시사철의 창조자인 하늘에 대한 경외심과 합일정신의 표현이었다.

이처럼 제사는 '봉제사 접빈객 천인합일'의 세 가지 요소로 이루어진다. 제사만큼 더불어 사는 세상을 잘 표현한 문화가 또 있을까?

04

한반도의 문화유산,
홍익인간

'홍익인간'이란 '붉게 익은 인간' 즉 '술에 취한 인간'이라고 우스갯소리를 하곤 한다. 그렇다. 그 '홍익인간'이 취한 술이 바로 우리 민족 '전통주'다.

혹자는 단군조선의 처음 시작이 한반도가 아니고 중국대륙 쪽이기에 우리 민족이라 볼 수 없다는 이들도 있다. 난 역사학자가 아니라서 굳이 어느 쪽 손을 들어주고 싶지 않다. 다만, 분명한 건 우리 민족의 책《삼국유사》나《제왕운기》《세종실록지리지》 등에 '단군신화'가 담겨 내려온다는 사실이다. 단군신화가 성서 속 신화들처럼 상징적이고 허구적인 요소가 담겨 있음에도 그 속에 빛나는 정신이 있으니, 바로 '홍익인간'이다.

단군신화, 길지 않은 내용 속에 담긴 것은……

먼저 우리나라 사료 가운데 최초로 '단군신화'를 언급한 《삼국유사》에 기록된 내용은 이렇다.

"옛날 환인의 서자 환웅이 세상에 내려와 인간세상을 구하고자 하므로, 아버지가 환웅의 뜻을 헤아려 천부인 세 개를 주어, 세상에 내려가 사람을 다스리게 했다. 환웅이 무리 3,000명을 거느리고 태백산의 신단수에 내려와 신시라 이르니, 그가 곧 환웅천왕이다. 그는 풍백·우사·운사를 거느리고, 곡·명·병·형·선·악 등 무릇 인간의 360여 가지 일을 맡아서 세상을 다스렸다.

이때 곰 한 마리와 범 한 마리가 같은 굴 속에 살면서 환웅에게 사람이 되게 해달라고 빌었다. 환웅은 이들에게 신령스러운 쑥 한 줌과 마늘 20쪽을 주면서 이것을 먹고 100일 동안 햇빛을 보지 않으면 사람이 된다고 일렀다. 곰과 범은 이것을 먹고 근신하기 3·7일(21일) 만에 곰은 여자의 몸이 되고 범은 못 참아 사람이 되지 못했다. 웅녀는 그와 혼인해주는 이가 없어 신단수 아래에서 아이를 배게 해달라고 축원했다. 이에 환웅이 잠시 변해 혼인해서 아이를 낳으니 그가 곧 단군왕검이다. 왕검이 당고(唐高: 삼황오제 가운데 요임금을 말함) 즉위 50년인 경인(庚寅: 당고의 즉위년은 戊辰이며, 즉위 후 50년은 丁巳이고 경인이 아니니 틀린 듯하다)에 평양성에 도읍을 정하고 비로소 조선이라 일컬었다. 이어서 백악산의 아사달로 옮긴 뒤 그곳을 궁홀산 또는 금미달이라 했다.

단군은 1,500년 동안 나라를 다스리다 주나라 호왕이 즉위한 기묘년에 기자를

조선의 임금으로 봉한 후 장당경으로 옮겼다가, 아사달에 돌아와 숨어서 산신이 되니 나이가 1,908세였다

단군조선의 건국이념을 넘어서 인류 공영으로

참 간단하고 짧은 신화다. 저 짧은 신화가 우리에게 주는 영원한 메시지가 있다면 바로 '홍익인간'이라는 네 글자다. 《삼국유사》에서는 '하시삼위태백가이홍익인간'(下視三危太伯可以弘益人間)이라 했다.

'널리 인간을 이롭게 한다'는 홍익인간은 단군조선의 건국이념이다. 여기서 말하는 '인간'이란 단순한 개개인이 아니라 '사람들이 사는 세상'을 모두 담은 말이다. 말하자면 '널리 세상을 이롭게 한다'라는 말이다. 그럼에도 굳이 '인간'이라고 한 것은 세상이 곧 인간이고, 인간이 곧 세상이기 때문이다. 인간이 곧 하늘과 통한다는 사상이다. 이 사상은 후세에 동학의 '인내천'(사람이 곧 하늘이다) 사상으로 이어진다.

하여튼 단군은 조선이라는 국가를 통해 이 홍익인간을 구체적으로 실현해 나가고자 했다. 나아가 전 세계 인류에 퍼뜨려 인류 공영, 즉 '더불어 사는 세상'을 꿈꾸었다.

"결코 편협하고 고루한 민족주의 이념의 표현이 아니다"

'홍익인간'이 우리나라 교육이념으로 등장한 것은 미군정 시절이었다. 1945년 광복에 이어 바로 미군정이 실시되었다. 미군정은 그해 11월 23일에 조선의 교육계와 학계 인사 100여 명으로 조선교육심의회를 구성하고, 그들로 하여금 조선의 교육이념과 제도와 방향을 협의하고 결정하게 했다. 그리고 4차 전체회의에서 단군의 '홍익인간'을 우리 민족의 교육이념으로 채

택했다. 그 내용은 "홍익인간의 건국이념에 기하여 인격이 완전하고 애국정신이 투철한 민주국가의 공민을 양성함을 교육의 근본이념으로 함"이었다.

그러다 1949년 12월 31일 법률 제86호로 제정, 공포된 '교육법' 제1조에 우리나라 교육의 근본이념을 "교육은 홍익인간의 이념 아래 모든 국민으로 하여금 인격을 완성하고, 자주적 생활능력과 공민으로서의 자질을 구유하게 하여, 민주국가 발전에 봉사하며 인류공영의 이상 실현에 기여하게 함을 목적으로 한다"라고 천명했다.

당시 문교부가 이를 교육이념으로 다시 채택하게 된 동기가 주목할 만하다. 문교부는 "홍익인간은 우리나라 건국이념이기는 하나 결코 편협하고 고루한 민족주의 이념의 표현이 아니라, 인류 공영이라는 뜻으로 민주주의 기본정신과 완전히 부합되는 이념이다. 홍익인간은 우리 민족정신의 정수이며 일면 기독교의 박애정신, 유교의 인, 그리고 불교의 자비심과도 상통되는 전 인류의 이상이기 때문이다"라고 밝혔다.

위의 동기에서도 알 수 있듯이 '홍익인간'은 단군조선의 건국이념이며, 우리 민족의 정신유산이기는 하지만 고루한 민족주의 이념의 표현이 아니라 '인류 공영'이라는 깊고 넓은 뜻이 있음을 잊지 말아야 할 것이다. 누가 뭐래도 '홍익인간'은 우리 민족을 넘어 인류사에 빛나는 '더불어 정신'이다.

05
《참전계경》이 야무지게
더불어 살라 하네

　《참전계경》은 단군시대의 예절을 종교철학적으로 규범지은 수양경전이다. 말하자면, 단군시대의 기본이념인 '홍익인간'을 구체적으로 실천하는 경이라 하겠다.

참전계경 의 역사

　《참전계경》의 효시는 고구려의 국상 을파소다. 이 경은 민족종교인 대종교의 삼대 경전(《천부경》, 《삼일신고》, 《참전계경》) 중 하나로서 8리 즉, 성(誠)·신(信)·애(愛)·제(濟)·화(禍)·복(福)·보(報)·응(應)의 원리를 기본 강령으로 하고 있다. 그래서 《팔리훈》이라고도 하고 《성경팔리》라고도 한다. 대종교 초창기에는 《팔리훈》이란 이름이 주로 사용되었다. 1965년에는 공주의 박로철이 《단군예절 교훈 성경8리 36사》라는 제목으로 출판을 했고, 7년 뒤인 1972년에는 '단단학회'에서 《참전계경》이라는 이름으로 출판을 했다. 2015년부터 대종교는 《참전계경》이라는 이름을 공식적으로 사용하고 있다. 뿐만 아니라 다수의 민족종교들이 《참전계경》이란 이름을 널리 사용하고 있다.

"을파소가 단군을 만나부렀네"

《참전계경》의 효시 을파소는 고구려 제9대 고국천왕 시대의 재상이었다. 일찍이 묘향산맥 자락인 백운산(평안북도)에 들어가 하늘에 원도하면서 천경신고(天經神誥)를 면학했다. 그러던 어느 날 밤, 그는 신비한 체험을 하게 되었다. 하늘로부터 오색구름을 타고 내려오는 단군성신을 만나 계시를 받은 것이다. 그 후 어느 석굴암 벽에서 하늘의 글을 얻게 되었는데, 그는 그 글을 제대로 이해하기 위해 가부좌를 하고 지켜보았다. 그렇게 꿰뚫어보고 깨달은 것이 바로 《팔리훈》 즉 《참전계경》이었다.

《팔리훈》을 늘 옆에 두고 공부했던 을파소는 "신시이화(神市理化)의 세상에 팔훈을 날줄로 하고 오사를 씨줄로 하여, 그 교화가 크게 행하여져 홍익제물했으니, 참전(參佺)의 이룬 바가 아닌 것이 없다"라고 역설했다. 을파소도 밝혔듯이 홍익제물과 참전은 불가분의 관계였다.

참전이란 '사람으로서 온전하게 되는 것에 참여한다'라는 뜻이다. 온전한 것에 참여하려면 《팔리훈》의 팔리를 행해야 한다. 팔리를 행한다는 것은 바로 온전한 '홍익인간'이 된다는 이야기다. 단군 시대의 사람들은 팔리를 행함으로써 모두가 어질고 어리석은 이가 없어 쉽게 하늘의 이치를 알았다. 그 시대에는 '홍익세상' 즉 '더불어 사는 세상'이 자연스럽게 이루어졌다.

호물과 존물, 이보다 더 좋을 순 없다

《참전계경》에 나오는 366가지의 가르침 모두가 '더불어 사는 세상'을 추구하지만, 특히 다음 두 가지는 '딱'이다.

첫 번째가 '호물'(護物)이다.

호물이란 "존재하는 모든 것을 아끼고 사랑하는 것을 말한다. 만일 천지간에 사람은 사람대로 만물은 만물대로 따로따로 존재한다면 결국 사람도 없고 만물도 존재하지 못할 것이다. 따라서 밝은이는 만물을 감싸고 포용하되 천지간의 모든 존재가 하나임을 아는 그 마음으로 남이 가진 것을 내가 가진 것처럼 기뻐하고, 남이 잃은 것을 내가 잃은 것처럼 안타까워한다" 하는 가르침이다. '천지간의 모든 존재가 하나임을 아는 그 마음'은 도대체 어떤 마음일까? 바로 '존재하는 모든 것을 아끼고 사랑하는' 마음일 게다. 즉 호물이란 '만물을 사랑하고 보호하는 것'을 말한다.

두 번째가 '존물'(存物)이다.

이 가르침은 "선한 사람은 만물이 생존하는 것을 기뻐하고 만물이 멸망하는 것을 싫어하느니라. 그래서 그물에 잡힌 것을 놓아주고 사냥에 잡힌 것을 보면 슬퍼하느니라. 놓아준다는 것은 자유로이 하늘에 날갯짓하는 것을 보고 기뻐하는 것이고, 슬퍼한다는 것은 언덕을 뛰어다니는 짐승을 보지 못하는 것을 안타깝게 여긴다는 것이니라" 하는 뜻이다. 홍익인간은 생명지지의 길 즉 만물이 생존하는 것을 기뻐하는 길을 간다. 홍익인간은 생명부정의 길 즉 만물이 멸망하는 길을 가지 않는다. 그는 사람뿐만 아니라 짐승들과도 기꺼이 더불어 사는 인간이었다. 우리 민족에게 이렇게 진한 '더불어 사는 유산'이 있었다. 이 시대에 그 정신을 되살리지 않을 이유가 없다.

duboora virus

8

우리는 어떻게 더불어 살 것인가

'더불어 프로젝트'를 가동해보자

01

더불어 살기로
결정하자

당신과 나는 숨 가쁘게 이 길을 더불어 걸어왔다. 이제 막바지다. 막바지의 주제는 '어떻게 더불어 살 것인가'이다.

이쯤에서 당신과 내가 합의할 사항이 하나 있다. 누군가 무엇을 하자고 해놓고 말이 길어지면 그건 좀 생각해볼 일이다. 어떻게 하자고 할 땐, 최대한 요점만 간략하게 전달해야 상대방도 무엇인지 알고 함께할 수 있다. 말이 길어지고 부연설명이 많아지면, 상대방은 짜증을 내면서 함께할 마음이 사라진다. 당신도 이 의견에 동의하시리라 믿고, 7부는 최대한 간략하게 요약하고자 한다. 다른 부와 달리 각 장을 소제목 없이 짧게 이어갈 것이다.

지금부터 11장을 단숨에 읽을 준비를 하시라. 일단 숨을 크게 한 번 쉬시라. 자, 준비됐는가? 레디 고!

그거 아는가. 사람들의 얼굴 형태가 자꾸 바뀌고 있다는 것을. 주변 아이들을 보고 있노라면 어쩌면 저렇게 예쁠까 싶다. 눈은 커다랗고 얼굴은 작고 코는 오똑하고 턱은 갸름하다. 분명 서너 살 아기인데, '자연산 얼굴'이 어떻게 저게 가능할까? 어린 아기를 성형수술을 시킨 것도 아닐 텐데 말이다. 이런 현상을 무엇으로 설명할까? 바로 저자 서문에서 밝힌 '밈 이론'으로 설명할 수 있다.

텔레비전을 틀면 나오는 브라운관 속 미남미녀들은 하나같이 '서양 미인'처럼 생겼다. 잡지에서 만나는 미인들도 마찬가지다. 동일한 성형외과에서 성형한 것도 아닐 텐데 말이다. 그렇다. 그런 얼굴을 하루 종일 쳐다보고, 닮고자 애쓰는 사람들의 유전자가 달라진 게다. 우리는 엄연히 몽고족처럼 생겨야 하는 동양인이지만, 이젠 우리 스스로가 서양 미인을 닮고자 결정했다. 우리의 뇌가 그렇게 결정하고 나니, 우리의 얼굴 형태가 바뀌었다. 우리는 우리가 마음먹은 대로 얼굴 형태도 바꾸는 진화의 천재들이다.

앞의 이야기를 불교적 용어로는 '일체유심조'라고 한다. 우리의 마음은 만물 일체를 창조해낸다. 그 출발점이 바로 우리의 마음이다. 그렇다면, 더불어 사는 세상의 출발점은 당신과 나의 마음이다. 그 길이 어려울 수도 있다. 하지만 당신과 나는 이제부터 더불어 살기로 마음먹자. '이기적인 유전자'에서 '상생적인 유전자'로 우리 자신을 프로그래밍 하자. "모든 것은 동기에 달렸다. 이타적인 동기를 가지는 게 시작이다"라고 말한 티베트 승려 마티유 리카르의 말을 실천해보자. 실천하고자 하는 당신이라면, "이타주의란 때때로 선한 행동을 하는 것이 아니라 끊임없이 다른 사람의 행복에 신경을 쓰고 관심을 가지는 것"이란 마티유 리카르의 말도 마음에 담아가시라.

02

생각을
바꾸자

살다 보면 "그게 가능해?" 하고 놀랄 일이 생기곤 한다. 우리의 편견과 상식을 넘어선 기적 같은 일들이 빈번하게 일어난다. 지금 소개할 두 부류의 나라도 그런 나라들이다.

'괌, 그레나다, 그린란드, 나바사섬, 나우루, 안틸레스, 니우에, 노퍽섬, 누벨칼레도니, 도미니카연방, 리히텐슈타인, 마셜제도, 마요트, 모나코, 모리셔스, 몬트세랫, 미크로네시아연방, 바누아투, 바티칸시국, 북마리아나제도, 산

마리노, 사모아, 세인트루시아, 세인트헬레나, 세인트빈센트그레나딘, 솔로몬 제도, 아이슬란드, 아이티, 안도라, 코스타리카, 키리바시, 투발루, 파나마, 팔라우, 홍콩, 마카오.'

이 36개국은 자체적으로 군대가 없는 나라들이다. 자신의 나라를 강대국들이 지켜주는 곳도 많지만, 코스타리카처럼 아예 헌법상 군대를 두지 않기로 한 나라도 꽤 많다.

더 놀라운 것은 코스타리카는 2012년도 지구별에서 '가장 삶의 질이 높은 나라 1위'로 선정되기도 했다는 것이다.

"외국 관광객이 주는 수입을 포기하고 자국민이 농사를 짓도록 한 나라. 외국 관광객이 늘어나고 농민들이 농사를 포기하려 하자, 관광수입을 포기하고라도 의무적으로 농민에게 농사를 짓게 한 나라. 공장이나 오염지대가 없는 나라. 세계에서 신호등이 없는 유일한 나라. 맥도날드 등 패스드푸드점이 없는 나라. 인구 70만의 개발도상국이면서도 전 국민의 의료와 교육을 무상으로 하는 나라. 헌법 1조1항이 '국토의 60퍼센트를 산림으로 유지하라'로 되어 있는 나라. 경제적 풍요함을 추구하다 보면 가족과의 시간이 희생된다고 판단해 일감을 줄이는 나라. 인구의 90퍼센트가 가이드와 짐꾼이면서, 동시에 인구의 90퍼센트가 유기농 농사를 하는 나라. 국왕이 앞장서서 자신의 농토를 나눠주고, 농민 모두가 자신의 농지를 갖고 있는 나라. 부양할 사람이 있으면 친척과 이웃이 함께 부양하므로 양로원, 고아원, 노숙자가 없는 나라."

성경에 나오는 에덴동산이 아니다. 2017년 현재 우리 지구별에 있는 나라, '부탄'이다.

"'더불어 사는 세상', 그게 가능해?"란 말은 개나 줘버리자. 우리의 생각을 바꾸자. '더불어 사는 세상'은 얼마든지 가능한 일이다. 제2의 부탄, 제3의 부탄을 우리의 생각에서부터 시작해보자. 가장 먼저 해야 할 것은 우리 생각의 전환이다. 이걸 고상한 말로 '패러다임의 전환'이라고 한다.

03
주체적으로
살자

스티븐 코비의 《성공하는 사람들의 7가지 습관》은 우리에게 더불어 사는 지혜를 소개해준다. 코비는 이 책에서 세상 사람을 크게 세 부류, 즉 의존적인 사람, 독립적인 사람, 상호의존적인 사람으로 나눈다. 그리고 우리의 성장과정 또한 의존적인 사람 → 독립적인 사람 → 상호의존적인 사람으로 바뀌어간다고 일러준다.

지구별의 대부분의 사람들은 의존적인 사람들이다. 그들은 단체와 종교와 국가 등에 의존하여 삶을 살아가는 평범한 사람들이다. 그들은 삶의 주체가 자기 자신이 아니라 환경(**타인을 포함**)이다. 모든 삶을 자신이 주도하지 못한다. 이루어진 결과에 대해 자신이 주체적으로 판단하기보다 타인과 비교하게 된다. 잘 풀리지 않을 때는 환경과 타인을 탓하기 일쑤다. 그들은 행복보다 불행과 친하게 지낸다.

독립적인 사람은 그와 반대로 자신의 삶을 주도해 나간다. 단체와 종교와 국가 등에 속해 있지만, 얽매이지는 않는다. 무엇을 선택함에 있어서도 '내가 어떻게 생각하느냐'가 우선이다. 이루어진 결과에 대해서도 마찬가지다. 그들은 설령 일의 결과가 잘못되었다 할지라도 환경을 탓하지 않고 자신을 돌아본다. 그들은 자신이 어떻게 하면 행복할지 잘 알고 있다.

하지만 우리는 독립적인 사람에 머물러선 안 된다. 독립적인 사람이 자신의 승리에 자신감이 있는 사람이라면, 상호의존적인 사람은 '우리의 승리'에 주목하는 사람이다. 그들은 자신의 주도력과 독립심도 중요하지만, 우리의 평화와 성과를 중요하게 여긴다. 그들은 자신의 의견보다 상대방과 전체의 의견에 늘 귀를 기울인다. 그들은 '배려와 신뢰'가 몸에 밴 사람들이다.

그들은 누구라도 함께하지만 부화뇌동(**附和雷同-아무런 주관이 없이 남의 의견을 맹목적으로 좇아 함께 어울림**)하지 않고, 항상 화이부동(**和而不同-남과 사이좋게 지내기는 하나 무턱대고 한데 어울리지 않는 것**)하는 사람들이다. 그래서 더불어 살려고 하면, 자기 주체적으로 사는 삶에서부터 시작해야 한다.

04
골고루
가난하자

앞장에서 모든 일의 시작이 '나의 생각 바꾸기'부터라고 했다. 하지만, 여기서 조심할 것이 있다. 생각을 바꾸면 다 된다고 해서, 아무거나 하면 안 된다. '우리가 다 같이 더불어 잘 살아보자' 하는 생각은 얼마나 좋은가. 하지만 이 생각이 얼마나 많은 사람들을 절망에 빠뜨리고, 사회의 불평등과 갈등을 조장하는지 우리는 실험해보았다. "잘 살아보세. 우리도 한번 잘 살아보세"라며 목에 핏대를 세우고, 함께 힘써 보았다. 우리는 이제 안다. 그것이 가능하지도 않지만, 결국엔 부유한 사람 몇을 위해 얼마나 많은 가난한 사람이 희생해야 되는지를 말이다.

돌이켜보면 모두가 평등했던 원시인류사회에서 불평등과 계층이 발생한 지점은 바로 '잉여농산물의 발생'이었다. 씨족들이 모여 살면서 당장 먹을 것을 구하는 것이 가장 중요하던 시대에는 서로가 평등했고, 서로가 나누며 살았다. 하지만 농산물이 남아돌기 시작하면서, 그 잉여농산물로 인해 그것을 관리 감독하는 지도계층이 생겼다. 지도계층은 생산에는 참여하지 않고 권력자가 되어 생산계층 위에 군림했다.

잉여농산물이 고대사회 계층의 분화를 부추겼다면, 잉여공산물은 현대사회 계층의 분화를 부추겼다. 말하자면 현대사회에 들어오면서 '잉여농산물'은 '잉여공산물'로 대체되었다. '잉여공산물'은 '부의 축적'과 '권력의 집중'을 가져왔다. 소수 상위계층에 부가 몰리는, 자본주의적 결과가 나왔다. 잉여공산물은 계층의 분화를 가져왔으며 '빈익빈 부익부' 현상을 가중시켰다. 이런 상황에서 '모두가 잘 사는 사회'는 어림도 없는 이야기다. 잉여공산물은 무한하지 않다. 더군다나 잉여공산물을 가능하게 한 자원은 점차 메말라가고 있다.

우리가 인정해야 할 것이 하나 있다. 현재 지구별에 생긴 모든 문제 즉 환경 문제, 기아 문제, 부익부 빈익빈 문제, 전쟁 문제 등의 주범이 우리 인간 자신이라는 것 말이다. 더 직접적으로 말하면, 너나 할 것 없이 잘 살아보겠다고 '무한경쟁'한 결과다. 모든 사람들이 부유한 사회를 꿈꾸다가 이 지경이 된 것이다. 결국엔 소수 몇 퍼센트만 부유하고 나머지는 가난하고 배고파 죽어도, 여전히 우리는 부를 추구한다.

이건 정말 아니다. 이런 메커니즘에서 우리는 탈출해야 한다. 그러기 위해서는 '가난'을 선택해야 한다. 일찍이 인류사에서 가난을 자발적으로 선택한 사람들이 있다. 예수, 석가, 공자, 마호메트 등이다. 현대로 넘어와서는 '스콧 니어링'과 '데이빗 소로우' 같은 사람들이 있다.

여기서 잠깐. 그들이 좋은 모델을 제시하긴 했지만, 그들의 삶은 모든 사람들에게 적용될 수 없다는 한계가 있다. 가난하면서도 행복한 사람들이 실제로 많아지는 것이 관건이다. 무엇으로 가능할까? 그렇다. 사회 전반의 목표와 패러다임을 '골고루 가난한 사회'로 두는 것부터 출발해야 한다. 산업사회에서 줄곧 추구해온, '모두가 부자가 되는 사회'라는 환상을 내버리고, '골고루 가난한 사회'로 가자고 합의하자. 이 길이 인간에게는 행복을, 지구에게는 환경을 돌려주는 길임을 확신하자.

'골고루 가난한 사회'를 말하면 좌파니 공산주의니 하면서 엄청난 저항에 부딪히겠지만, 그것이 우리 지구별이 살 길임이 분명하다면 끝끝내 가야 한다.

사실 개별적으로 '자발적인 가난'에 머물지 않고, 사회적으로 '골고루 가난한 사회'가 되기 위해서는 고도의 정치행위가 필요하다. '골고루 가난한 사회'에 대한 합의부터 하고, 더불어서 만들어 가야 우리 모두가 산다.

05
친족파벌연대에서
인류보편연대로 나아가자

앞에서 '친족파벌연대'와 '인류보편연대'를 설명한 바 있다. '친족파벌연대'
란 '자신의 친족과 친구 등 이해관계를 중심으로 특정한 사람들과 파벌을
만들어 연대하는 세상 관계 방식'이다. 일종의 '패거리의식'이다. 말하자면
소아(작은 나) 상태라 할 수 있다. 이런 패거리의식은 '국가, 종교, 단체' 등에
적용되곤 한다.

반면에 '인류보편연대'란 '자신의 친족과 친구를 넘어 인류라는 보편적인

가치에 자신의 중심을 두고 연대하는 세상관계방식'을 말한다. 이런 연대
는 개인의 이해관계와 득실이 중요하지 않다. 모든 삶의 초점은 인류 보편
의 가치에 맞춰져 있다. 자신의 필요나 이해가 아닌 대의(**인류보편연대**)에 의
해 연대할 줄 아는 사람이다. 이들은 '소아에서 벗어나 대아에 이른 사람들'
이라고 할 수 있다.

인류보편연대를 추구하는 사람이라도 당장 자신의 단체(**국가, 종교, 기관 등**)
에서 나올 필요는 없다. 오히려 거기에 붙박고 살면서, '인류 보편의 가치'
를 실현해야 한다. 자신이 속한 가정과 단체가 '인류보편연대의 길'로 가
도록 노력해야 한다. 그렇게 하려면 자신 속에 잠재하고 있는 '친족파벌연
대의식'을 극복해야 한다. 자신의 마음이 '내 가정, 내 교회, 내 단체, 내 회
사, 내 국가' 등에 머물러 있지 않은지 돌아볼 일이다. 이렇게 하는 것이 바
로 '명상'이며 '공부'다.

06 모든 생명에게
친절하자

당신이 '더불어 사는 사람'인지, 아니면 아직 못 미치는지 알고 싶은가? 아주 간단하다. 당신은 모든 사람에게 친절한가, 아니면 선별적으로 친절한가? 전자라면 '더불어 사는 사람'에 많이 가 있고, 후자라면 아직 멀었다.

당신이 전자인지 후자인지 알아볼 수 있는 손쉬운 방법이 있다. 상대방을 알 수 없는 전화 즉 미확인 전화가 왔을 때 당신이 어떻게 하는지를 보면 알 수 있다. 대부분의 사람들은 처음엔 "여보세요"라고 퉁명하게 받지만, 누구라는 게 밝혀지면, 특히 자기와 가까운 사람이라고 판단되면 목소리가 180도 달라진다. "아하! 안녕하세요!"라고 말이다. 당신도 모르게 이렇게 전화를 받는다면, '더불어 사는 사람이 되려면 아직 더 가야겠구나' 생각하면 된다.

그런데 누구인지 확인이 되지 않아도 늘 친절한 목소리를 내는 사람이 간혹 있다. 그는 길을 걸어가다 누군가 다가와 말을 걸어도 "무슨 일이시죠?"라고 따져 묻지 않고 "아 네. 무얼 도와드릴까요?"라고 한다. 그는 일단 '저 새끼가 나에게 무얼 주려고 저러지는 않을 테고, 나에게 무엇을 얻어가려고 그러는 거야? 혹시 사기 치려는 건 아니겠지?' 하는 마음이 없다. 이미 만물이 하나이고 '자타불이'이기에 경계심이 없다. 상대방이 사기를 치면 그것도 운명이고 인연이라 받아들일 자세가 되어 있다. '인자무적'이란 이럴 때 쓰는 말이다.

이런 사람은 사람에게만 그러지 않는다. 모든 생명에게 그러하다. 나아가서 만물에게 그러하다. 세상 어떤 것이라도 함부로 대하거나 무시하는 법이 없다. 개미와 바퀴벌레에게도 기꺼이 존중함을 보낸다. 만물을 있는 그대로 보고, 있는 그대로 받아들인다. 편견과 선입견이 없기에 항상 친절할 수 있다. 혹여나 자신이 친절하지 않았다면, 자신을 늘 돌아보고 고칠 자세가 되어 있다.

'선택적 친절'이 '친족파벌연대의식'이고, '무조건적 친절'이 '인류보편연대의식'이다. 아직 당신이 부족하다 할지라도 '무조건적 친절'의 길을 포기하지 말라. 그 길이 바로 생명지지의 길이다. 생명을 지지해줌으로써 자신의 생명이 지지받는 길이다.

07 중용에 서자

'잘 나가가다가 삼천포로 빠진다'라는 말이 있다. 삼천포 사람들은 이 말이 하도 싫어서 지역 이름까지 사천으로 바꾸었다는 후문이 있다. 당신도 혹시 지금 "더불어 사는 것을 한창 이야기하다가 갑자기 웬 중용?" 그러실 수도 있겠다. 설마 이유 없이 그랬을까.

'중용의 도'는 동양철학의 진수다. 서양의 학문처럼 '자로 재는 합리성'을 추구하는 데서는 '중용의 도'를 죽었다가 깨어나도 모른다.

사실, 심리학의 거장 '칼 융'도 동양의 '중용'을 빌어 자신의 심리학을 완성했다. 대표적인 이론이 바로 '대극의 통합'이다. 칼 융은 '남과 여, 하늘과 땅, 빛과 어두움, 사랑과 미움, 하느님과 사탄' 등의 대극이 통합의 길로 가는 것이 인격 완성의 길이라고 갈파했다. 음양오행설과도 통하는 말이다.

이 대극의 통합이 바로 '중용의 도'다. 지나침과 모자람이 없는 길을 말한다. 양극단의 길을 아우르면서도, 양극단에 치우치지 않는 길이다. 그러면서도 자신만의 길은 분명히 가지고 있다. '중용의 도'는 양극단을 제거하는 게 아니라 균형을 잡는 길이다. '중용의 도'는 산술적인 중간이 아니라 항상 유연하게 적용된다.

우리 사회는 지나치게 각자의 입장을 분명하게 할 것을 요구하는 사회다. 우리나라에만 있는 파가 있으니, '한겨레파'와 '조선파'다. 좀 더 풀어 쓰면 '종북 빨갱이'와 '친일 꼴통' 등이다. 우리 사회는 누군가를 이 둘 중 하나로 줄을 세워 몰아붙이는 걸 취미 삼은 지 오래다. 얼마나 많은 색깔과 얼마나 다양한 사고가 존재하는데, 오로지 그 두 가지로 구분한단 말인가.

이때 '중용의 도'는 빛을 발한다. '종북 빨갱이'도 '친일 꼴통'도 아닌 듯 그런 듯하지만, 사실은 '모든 생명에게 친절하기'를 실천하고, 둘 사이의 균형을 잡는 일을 한다. 중용의 사람은 세상을 바꾸겠다는 집착부터 내려놓은 사람이다.

모든 사람들은 자신의 운명(카르마)대로 살아가는 것임을 인정하는 사람이다. 자신이 설정한 결과와 정의에 집착하지 않는 사람이다. 모든 위치성(좌파와 우파, 보수와 진보 등)은 결국 '자신의 정의'에 의지한다. 모든 다툼과 갈

등 또한 '자신의 정의'에 집착하기 때문이다. 집착하지 말고, 중용에 서자.

혹시 이 글을 보는 당신이 나의 글에 대해 언짢다면, 무언가에 집착하고 있지는 않은지 돌아보라.

08

건강한 시스템을
만들자

이 책은 크게 두 가지 목적으로 쓰였다. 개별적으로는 '의식혁명'이고, 사회적으로는 '건강한 시스템 구축'이다. 이 두 가지는 불가분의 관계로, 우선순위의 문제가 아니다. '건강한 시스템'은 '더불어 사는 세상'의 필수 항목이다.

이 지구별에 인간이 만들어놓은 시스템 중에서 두 가지 건강한 시스템이 있다. 사회정치적으로는 '민주주의 시스템'이고, 경제적으로는 '협동조합 시스템'이다.

우리 사회가 민주주의 시스템을 안착하기 위해 치른 희생은 막대하다. 이승만 독재에 맞서 4.19학생운동이 일어났고, 박정희 독재에 맞서, 부마항쟁 등의 희생이 있었고, 전두환 독재에 맞서 5.18광주민주화운동이 있었다. 우리나라 헌법 제1조 1항에 "대한민국은 민주공화국이다. 대한민국의 주권은 국민에게 있고, 모든 권력은 국민으로부터 나온다"라고 명시되어 있지만, 실제로는 갈 길이 너무 멀다. 헌법의 기본정신이 실현될 수 있는, 사회적 합의와 제도적 장치가 이루어져야 한다. 더불어 사는 사회로 가려면, 이것을 해야 한다.

우리 사회는 누가 뭐래도 자본주의 사회다. '생산과 소비' 그리고 '기업과 시장' 구조를 떼놓고 우리 사회를 설명할 수는 없다. 그러니 자본주의의 폐해와 역기능만 강조해서 그것을 부정하고 몰아낼 수는 없다. 가능하지도 않거니와, 그렇게 된다면 극심한 사회혼란과 재난이 닥칠 게 분명하다. 이런 자본주의 시스템 또한 인류가 시행착오를 거치고 창조한 사회경제 시스템이다. 그 아류로 '사회적 기업' 등이 있다. 그걸 묶어서 '사회적 경제' 또는 '호혜경제'라고도 한다. 우리 곁에는 이렇게 훌륭한 '더불어 사는 경제 시스템'이 있다. 이제는 우리가 이걸 활용하기로 하자.

09

약자를
배려하자

더불어 사는 사회란 무엇일까. 생각해보면, 약자를 돌아보는 사회라 말할 수 있다.

이상적으로는 '약자란 개념조차 없는 사회'가 맞지만, 실제적으로는 항상 약자가 발생하기 마련이다. 구약성서 신명기에도 "그렇다고 하여 너희가 사는 땅에서 가난한 사람이 없어지지는 않을 것이다. 너희가 사는 땅에는 너희 동족으로서 억눌리고 가난한 사람이 어차피 있을 것이다. 그

러므로 이렇게 너희 손을 뻗어 도와주라고 이르는 것이다"(신명기 15장 11절)
라고 일러주고 있다. 구약성서 신명기는 약자에 대한 세심한 배려로 꽉
차 있다.

"너희가 사는 성 안에 있는 레위인, 떠돌이, 고아, 과부들이 와서 배불리 먹게
하여라. 그래야 너희가 손으로 하는 모든 일에 너희 하느님 야훼께서 복을 내
리실 것이다. 레위인은 너희가 받은 유산을 함께 받지 못한 사람들이다."(신명
기 14장 29절)

"너희는 이 축제를 올리면서 아들과 딸, 남종과 여종, 너희가 사는 성문 안에 있
는 레위인, 떠돌이, 고아, 과부들도 함께 즐기게 해야 한다."(신명기 16장 14절)

"떠돌이와 고아의 인권을 짓밟지 말라. 과부의 옷을 저당잡지 말라."(신명기
24장 17절)

"밭에서 곡식을 거둘 때에 이삭을 밭에 남긴 채 잊고 왔거든 그 이삭을 집으러
되돌아가지 말라. 그것은 떠돌이나 고아나 과부에게 돌아갈 몫이다. 그래야 너
희 하느님 야훼께서 너희가 손수 하는 모든 일에 복을 내려주실 것이다."(신명
기 24장 19절)

"포도를 딸 때에도, 한 번 지나간 다음 되돌아가서 다시 뒤지지 말라. 그것은 떠
돌이나 고아나 과부에게 돌아갈 몫이다."(신명기 24장 21절)

"삼 년째 되는 해 곧 십일조를 바치는 해가 되면 네 모든 소출에서 열의 하나를
떼내어 레위인과 떠돌이와 고아와 과부에게 나누어주고 그것을 너희 성 안에서
실컷 먹게 하여라."(신명기 26장 12절)

이토록 세심하고 자상한 배려가 약자에게 베풀어지는 사회라면, '더불어

사는 사회'가 아니라고 누가 말할소냐. 한 사회가 더불어 사는 사회냐 아니냐를 판단하는 바로미터는 역시 '약자에 대한 배려 유무와 정도'일 것이다. 신이 말한 정의는 '재화를 공평하게 나누는 것이 아니라, 약자를 배려하는 것'이라고 말해야 한다.

10

내가 할 수 있는 일을
나부터 하자

이 책을 여기까지 읽을 만큼의 소양이라면, 적어도 다음과 같은 질문을 해봤을 것이다.

"나는 어디에서 왔는가. 나는 왜 사는가. 이 세상은 왜 서로 죽이고 죽이는가. 누구보다 사랑을 원하면서 실제로는 서로를 미워하며 사는 건 뭔가. 세상은 발전되었다고 하는데, 왜 여전히 세상의 기아는 끊이지 않고, 부조리와 불평등은 넘쳐나는가. 자연이 파괴되면 결국 공멸한다는 걸 누구보다 잘 아는 인간이, 끝끝내 경제성장과 부의 축적을 포기하지 않는 이유는 무엇인가. 더불어 사는 것이 아름답고 안전하다는 걸 누구보다 잘 알면서, 틈만 나면 남을 밟고 일어서려는 우리는 도대체 어떤 인간들인가. 동물들이 하나둘 멸종하면 결국 우리 인간도 멸종한다는 걸 알면서도 여전히 사냥과 동물 학대를 끊지 못하는 인간들은 무엇인가. 무엇이 잘못되었는가. 어떤 단추부터 잘못 끼웠는가. 도대체 무엇이 문제란 말인가……."

사실 이런 식으로 생각하면 끝이 없다. 시어머니도 모르고 며느리도 모르고 아들도 모르는 '네버 엔딩 스토리'다.

하지만 '내가 할 수 있는 일'부터 시작하고, '나부터' 시작하면 조금씩 해결의 실마리를 찾을 수 있다. 왜냐하면 적어도 각자 자신에게는 '내가 우주요 세상 전부'이기 때문이다. 뿐만 아니라 해답도 없는 일에 계속 질문만 던지면서 에너지를 낭비하지 않고, 자신이 할 수 있는 일을 자신부터 시작하는 사람이 자신을 바꾸고, 세상을 바꾼다.

소설 《빙점》의 저자 미우라 아야코는 원래부터 소설가가 아니었다. 그녀는 한때 구멍가게 주인이었다. 그가 친절하게 잘 운영하다 보니, 구멍가게가 잘 되었다. 그러던 어느 날 그녀는 새로운 진실을 알게 되었다. 자신의 가게가 잘 되니 주변 가게들이 문을 닫고 그만둔다는 것을. 아야코는 그 사실을 알게 되자 자신의 가게의 문을 닫아버렸다. 그리고 그녀는 글 쓰는 일에 전념했다. 이러한 행동이 신자유주의를 바로 무너뜨릴 수는 없지만, '내가 할 수 있는 일을 나부터' 하는 것이다.

이 책을 여기까지 읽어온 당신이라면, 적어도 '더불어 살기 위한 나의 한 가지 실천 사항'은 결심했으리라 믿는다. 그리고 이 '혁명의 대열'에 함께하리라 믿는다. 아내도 남편도 자식도 부모도 친구도 말할 것이 없다. 당신 자신부터 당신이 할 수 있는 일을 당장 시작하라. 전에는 풍뎅이가 뒤집혀서 고생해도 아무 생각 없이 지나쳤다면, 이젠 풍뎅이에게 다가가 그것을 굳이 뒤집어서, 가던 길을 가게 하는 것부터 하라.

11

'더불어 프로젝트'를
가동해보자

지인인 서울대학교 교수가 들려준 이야기다. 그는 자신이 가르치는 제자 중 성적이 좋은 100명을 상대로 설문을 해봤다. 질문은 "어떻게 그렇게 좋은 성적을 낼 수 있는가"였다. 돌아온 대답은 충격적이었다. 수업시간에 들려준 교수의 강의를 토씨 하나 틀리지 않게 녹음하고 기록한다는 학생들. 그들은 시험 때에도 자신의 생각은 숨기고 교수가 일러준 모범답안을 작성하기에 성적이 좋게 나왔다고 했단다.

외국으로 강의를 나간 그 교수는 외국 학생들에게 똑같은 질문을 던졌다. 외국 학생들은 교수의 이야기를 좀체 '필기'하지 않는다. 간혹 교수와 자신의 생각이 다를 때는 그것을 기록한다. 시험 때는 물론 교수의 생각보다 자신의 생각을 거침없이 써낸다. "그렇게 되면 교수가 학점을 낮게 줄 거라는 걱정은 없느냐" 하고 학생들에게 물었다. "교수가 자신과 생각이 다르다는 이유로 성적을 낮게 주지는 않을 거라는 믿음이 있다"라고 외국 학생들은 자신 있게 말했단다.

미국에는 4년 내내 '인문교양서적 100권 읽고 토론하는 대학'이 있다. 이 대학은 2016년 '뉴욕타임스'가 '미국 최고의 학사과정' 대학으로 선정한 '세인트존스 칼리지'다. 뉴멕시코주 산타페와 메릴랜드주 아나폴리스 등 두 곳의 캠퍼스를 가지고 있는 이 대학의 학생은 양쪽을 모두 합해도 채 1,000명이 되지 않는다. 이 학교는 말 그대로 4년 내내 인문교양서적 100권을 읽고 토론하는 대학이다. 전공과목도 따로 없고, 졸업하면 문학학사 학위를 받는다. 이 대학에는 교수가 강의자로 나서지 않고, 시험도 없다. 교수들은 가르치는 자(professor)가 아니라 토론참여자(tutor)가 된다. 혹시 교수가 결강을 해도, 수업은 학생들끼리 진행된다.

위의 두 가지 사례를 말한 이유가 있다. 더불어 사는 사회로 가려면 우선 '인문 교양적 소양'이 풍부해야 한다고 나는 믿는다. 되는 대로 열심히 산다고 해서 더불어 사는 세상이 오는 게 아니다. 우리의 의식을 고양시키는 데 독서만 한 것이 있을까? 그래서 '더불어 프로젝트'에서는 1차적으로 '독서운동'을 하고자 한다. 지역에서든 전국단위든 우선 청소년들과 어른들을 상대로 '독서운동'을 할 것을 제시한다. 이건 "'경계 없는 독서생활'이 나를 키워 왔다"는 내 경험의 소산이기도 하다.

'독서 + 노동 + 명상'이 어우러진다면, 더 말할 나위 없이 좋다. 이것을 학교로 풀 것인가, 공동체로 풀 것인가, 센터로 풀 것인가 등은 머리를 맞대고 논의해볼 일이다.

'더불어연구소'를 설립할 수도 있다. 여기에서는 '사회, 경제, 정치, 교육, 문화' 등 사회 각 분야에서 어떻게 더불어 사는 세상을 실현해갈지를 연구하게 될 것이다. '더불어연구소'가 연구를 하는 곳이라면, '더불어센터'는 그것을 어떻게 구체적으로 실천하고, 조직하고, 파급시킬지 직접 행동하는 곳이 될 수 있다. '더불어센터'는 굳이 따로 독립된 곳이 아니라 기존의 단체와 얼마든지 연대하고 보완해서 실행할 수 있는 센터가 될 것이다.

마지막으로 더불어 사는 세상을 만들기 위해 혹은 나와 당신이 무언가를 하고자 할 때, 우리 사회가 무언가를 하고자 할 때 점검할 수 있는 네 가지 기준을 일러주려 한다.

"1)지구가 지속 가능한가. 2)약자를 배려하는가. 3)공공영역을 확보하는가. 4)개개인의 자유가 보장되는가."

이 네 가지 기준의 핵심은 '개인과 지역의 득실에 따라 행동하던 것'을 돌이켜서 '전 지구적 차원에서 생각하고 행동하자는 것'이다.